西华师范大学出版基金资助

The Psychological Effects
of Advertising Synesthesia and Beauty

广告联觉与美感心理效应研究

李佳源 ◎ 著

科学出版社
北京

内 容 简 介

在经济新常态与大数据时代背景下,多感官广告井喷式发展,渐成广告的新主流。多感官广告的重要基础是联觉,联觉多见于广告创意中,同时也是心理学研究的前沿热点之一。

本书以平面广告为例,采用实验方法,细致深入地分析了广告联觉与美感领域诸多重要命题,厘清了关键概念的理论纷争,总结了联觉研究的最新进展,量化了广告联觉与美感的心理效应,对于进一步拓宽广告社会心理、消费心理等相关领域的研究是一次全新的尝试。本书既为当下的广告设计与创意提供了心理学依据和有价值的参考,也为联觉现象在市场营销学、语言修辞学等广阔领域中的实证研究奠定了理论与实践基础。

本书适用于社会心理学、广告心理学、消费心理学、认知心理学、市场营销学领域的学者和研究生,同时对广告主、产品设计者、营销从业人员有重要的参考价值。

图书在版编目（CIP）数据

广告联觉与美感心理效应研究 / 李佳源著. —北京：科学出版社，2017.8
ISBN 978-7-03-054206-9

Ⅰ.①广… Ⅱ.①李… Ⅲ.①广告心理学–研究 Ⅳ.①F713.80

中国版本图书馆 CIP 数据核字（2017）第 202180 号

责任编辑：朱丽娜　王英峰　王　丽 / 责任校对：何艳萍
责任印制：张欣秀 / 封面设计：楠竹文化
编辑部电话：010-64033934
E-mail: edu_psy@mail.sciencep.com

科 学 出 版 社 出版
北京东黄城根北街 16 号
邮政编码：100717
http://www.sciencep.com

北京虎彩文化传播有限公司 印刷
科学出版社发行　各地新华书店经销

*

2017 年 8 月第　一　版　开本：720×1000　B5
2019 年 2 月第三次印刷　印张：13 7/8
字数：240 000
定价：79.00 元
（如有印装质量问题，我社负责调换）

前言 Preface

"科学的广告依据心理学的法则",广告的作用在于影响广告受众的心理活动,并使广告受众产生积极的购买行为,广告受众对于广告的心理效应在很大程度上会决定一则广告的成功与否,因此广告心理效应很自然地成为广告心理研究的焦点之一。广告心理效应是广告传播所引起的广告受众的心理反应,它包括受众在感知、记忆、理解、情感体验及态度倾向等心理特征方面的影响。广告心理效应充当了广告刺激输入与购买行为输出的媒介,对于衡量一则广告起着至关重要的作用。本书旨在从联觉与美感及其交互作用的视角来探讨广告心理效应,通过系列实验证实联觉与美感对广告心理效应的影响。

首先,广告联觉心理效应的实证研究可以说是极具理论意义与应用价值的。其一,随着认知革命的兴起和人类神经科学新实验技术的迅速崛起,对联觉的兴趣作为科学研究的显性问题得到复兴。特别是近十年,对联觉的研究更是持续升温,呈现井喷之势。联觉是一种感官刺激引起另一种感官的反应与表象。联觉并不是单一形式的,而是存在强联觉和弱联觉两种形式。弱联觉在具体表现、发生的普遍性等方面与强联觉存在一定的差异,但两者在内在机制方面却很相似。生活实践中存在大量的弱联觉现象,广告中的联觉就是一种弱联觉现象,这一现象已经引起了一些学者的注意,但他们一般是从理论思辨层面提及,缺乏实证的分析与研究。其二,从注意力经济时代到大数据时代,多感官广告已成广告新主流,联觉广告是多感官广告的重要基础,理应成为相关研究的先行者。其三,联觉广告的内核是广告感知觉的信息处理与多通道整合。而感知觉信息处理与多通道整合,是我国"十三五"学科发展战略报告中心理学优先资助的重点交叉研究领域之一。

其次,情感诉求广告也是广告心理研究的一个热点,目前的情感诉求广告研究主要集中在幽默性等积极情感诉求方式中。广告中"美无处不在",美感作为积极情感的范畴，理应作为情感广告研究的有益拓展。但在情感广告研究的可得文献中，关于美感对广告心理效应影响的实证研究也罕见涉及。

最后，联觉与美感皆是重要的广告心理刺激与说服手段，广告实务界也不乏两者结合的经典之作。例如，受到消费者青睐的德芙巧克力广告，就是把巧克力的味觉和丝绸给人的触觉联系起来，这样，受众在观看这则广告时，就会不自觉地想起丝绸在手上划过时细腻滑润的触觉，对巧克力产生口感与美感体验，从而对德芙巧克力留下深刻而美好的印象并产生积极肯定的广告态度和强烈的购买意愿。这一则经典的广告可谓联觉与美感效应的完美典范，然而却鲜见联觉与美感交互效应的实证研究，这可能是因为联觉与美感的广告诉求方式都较难控制，从而增加了其实证研究的难度。因此，这是值得我们研究的课题。

基于上述背景，本书将以平面广告为例，采用实验与作品分析的方法，细致深入地分析联觉与美感广告领域诸多重要问题，厘清关键概念，量化研究广告联觉与美感心理效应。书中采用的部分图片未联系到原作者，在此我表示最诚挚的歉意。具体而言，首先，本书细致地梳理了联觉理论研究的进展，尤其对联觉的一种新形式——弱联觉给予了特别的关注，拓展了弱联觉这一范畴及这一重要心理变量在广告领域中的应用。其次，从广告的视角探讨联觉与美感的关联，辨明"联觉"与"通感"两个概念，指出两者在本质上的内在关联并揭示其差异性，得出审美通感=联觉+美感。最后，通过系列实验研究提供了联觉与美感广告对消费者心理影响的实证证据，即对广告联觉心理效应、广告美感心理效应及其交互效应进行实验研究，提出联觉虽是一项很好的广告刺激，但在具体使用时需要注意联觉诉求与美感体验的匹配性。本书主要通过五项研究解决上述问题。

研究一（第四章）通过三个步骤制作联觉词汇表以筛选实验材料——广告图片，并通过深度访谈验证筛选材料效度，提炼进一步研究的变量。第一步，开放式收集被试对广告的联觉反应词汇，进行词频统计并进行专家评定，从而确定广告联觉反应词汇表。第二步，采用利克特七点量表评定广告的美感体验和联觉反应强度，筛选出能诱发不同水平联觉与美感体验的广告，并用联觉词汇表验证筛选出的高低联觉广告。第三步，进行半结构深度访谈，验证筛选材料的有效性并为进一步的研究提取变量与解释依据。

研究二（第五章）与研究三（第六章）采用实验法，分别考察在不同联觉水平下和不同美感水平下的广告心理效应。

研究四（第七章）是本书的重点，研究以广告态度和购买意愿为广告心理效应的测查指标，以广告图片为实验刺激，通过两个实验考察联觉与美感的广告心理效应。实验 3a 采用 2（美感：高低水平）×2（联觉：高低水平）被试内设计，检验美感是否对不同联觉水平的广告心理效应起调节作用。实验 3b 通过对广告心理效应采用不一样的操控方式，对联觉与美感的交互效应进行更加直观、有效的考察，重复检验了实验 3a 的研究结果。

研究五（第八章）通过引入产品类型变量来考察跨产品类型的联觉与美感的广告心理效应。

通过以上五项研究，得出如下结论：

（1）高低联觉组广告的广告态度与购买意愿都存在极其显著的差异（$p<0.001$）。

（2）高低美感组广告的广告态度与购买意愿都存在极其显著的差异（$p<0.001$）。

（3）广告的联觉与美感存在相关，除低美感高联觉组，其他组广告的美感与联觉均呈显著正相关（$p<0.01$）。

（4）在广告态度上，美感和联觉主效应极其显著（$p<0.001$），联觉与美感交互作用不显著（$p>0.05$）。

（5）在购买意愿上，联觉和美感存在极其显著的主效应（$p<0.001$），与此同时，联觉和美感具有显著交互作用（$p<0.01$）。对于高美感来说，高低联觉广告的购买意愿没有显著差异。低美感条件下，高低联觉广告的购买意愿存在显著差异，且低美感高联觉组广告显著低于低美感低联觉组广告。联觉对购买意愿的影响受制于美感。

（6）高美感高联觉组和高美感低联觉组的广告选择频数最大，具有最佳广告心理效应。

（7）在广告态度上，产品类型和联觉存在极其显著的交互作用（$p<0.001$），高联觉享乐型产品广告的广告态度显著好过高联觉实用型产品的广告态度。

（8）在购买意愿上，产品类型和美感存在显著的交互作用（$p<0.05$），产品类型和联觉对购买意愿存在极其显著的交互作用（$p<0.001$）。在享乐型产品条件下，高低美感广告的购买意愿存在显著差异，且高美感享乐型产品广告的购买意愿显著高于低美感享乐型产品广告。在高联觉条件下，享乐型广告明显激发了比实用型广告更积极的购买意愿。

本书对广告心理研究领域中理论研究的盲点与缺憾有所弥补，对进一步拓宽广告心理、消费心理的研究领域也是一次全新的尝试；同时，研究结论对于广告设计具有非常积极的实践意义，可为当下的广告设计与创意提供心理学依据和有价值的参考，为企业的营销策略提供新的视角。

本书只揭示了广告联觉与心理效应的冰山一角，还存在着诸多问题，有待在以后的研究中进一步深入、完善、解答。比如，实验得到的联觉与美感广告心理效应的结论还有待广告实践效力的检验，在强联觉的神经机制模型指导下应该综合考虑广告跨通道感知的内在加工机制，增加不同类型的联觉（视听、视触、听触联觉等）广告心理效应考察，还可考虑广告产品刺激的特点、受众的认知因素、人格特征和情感状态等对联觉与美感广告心理效应的影响，从而发展一个具有更高生态效度的理论。

　　最后，感谢我的老师、同学还有家人提供的精神支持和智力支持，他们的智慧、勇气、视角对我的研究至关重要。本书是西华师范大学英才项目成果之一。由于本书探讨的主题系探索性课题，确为"初生之物"，书中难免有不足之处，敬请专家与广大读者批评指正。特别要提的是，衷心感谢科学出版社各位编辑的帮助与支持！

李佳源
2017 年 1 月

目录 Contents

第一章 导论 1

第一节 广告联觉研究概览 ································· 2
第二节 广告美感的特征与类型 ························· 19
第三节 社会及学科研究需要 ····························· 22
第四节 广告心理学研究中存在的问题 ·············· 25

第二章 广告联觉与美感心理效应研究的基本架构 29

第一节 广告联觉与美感心理效应研究的基本问题 ············ 30
第二节 广告联觉与美感心理效应的研究设计 ·················· 33

第三章 广告联觉与美感心理效应实证研究进展 39

第一节 广告心理效应及其层次模型 ················· 40
第二节 联觉与美感对广告心理效应的正向作用 ·· 43
第三节 联觉的特征与定义 ······························· 50
第四节 联觉的解释理论与模型 ························ 57
第五节 联觉的大脑机制与遗传 ························ 62
第六节 联觉的发展与习得 ······························· 69
第七节 弱联觉与美感体验 ······························· 79

第四章 联觉词汇表编制与实验广告筛选 87

第一节 广告诱发的联觉反应词汇表编制 …………………………… 88
第二节 不同水平的联觉与美感广告筛选 …………………………… 91
第三节 半结构式访谈 ………………………………………………… 94

第五章 不同联觉水平下的广告心理效应 103

第一节 不同联觉水平下的广告心理效应的实验构成 ……………… 104
第二节 不同联觉水平下的广告心理效应的结果分析 ……………… 106
第三节 不同联觉水平广告的受众广告心理效应的综合讨论及结论 …… 107

第六章 不同美感水平下的广告心理效应 111

第一节 不同美感水平下的广告心理效应的实验构成 ……………… 112
第二节 不同美感水平下的广告心理效应的结果分析 ……………… 113
第三节 不同美感水平广告的受众广告心理效果实验的综合讨论及结论 …… 114

第七章 联觉、美感与广告心理效应的关系 119

第一节 实验 3a 广告图片主观评定实验 …………………………… 120
第二节 各联觉及美感和广告态度与购买意愿的性别、年级、
　　　　专业差异比较 ……………………………………………… 123
第三节 广告联觉与美感的交互心理效应 …………………………… 126
第四节 广告联觉与美感交互心理效应的综合讨论 ………………… 131
第五节 实验 3b 广告图片选择实验 ………………………………… 134

第八章 不同类型产品的广告联觉与美感心理效应 145

第一节 享乐型产品的内涵和广告联觉与美感心理效应 …………… 146

第二节　广告联觉与美感心理效应的实验构成 ················ 148

第九章　广告联觉与美感心理效应的总讨论与总结论　155

第一节　心理学联觉与美学通感的异同 ························ 156
第二节　平面广告多媒介的"联觉"制造 ······················ 158
第三节　悦目者夸之趋之——广告美感的积极心理作用 ······ 159
第四节　"美的就是好的"——广告联觉与美感的交互效应 ··· 163
第五节　联觉与美感广告的产品类型差异：享乐产品的优势效应 ··· 164
第六节　结论 ··· 167

第十章　基于广告联觉与美感心理效应实证研究的对策与建议　169

第一节　联觉广告：多感官广告的先行者 ····················· 170
第二节　美感广告：积极情感广告的有益拓展 ················ 174
第三节　联觉与美感交融的广告：广告王者 ··················· 178

第十一章　研究局限与展望　181

第一节　研究局限 ·· 182
第二节　研究展望 ·· 184

参考文献　189

第一章 导 论

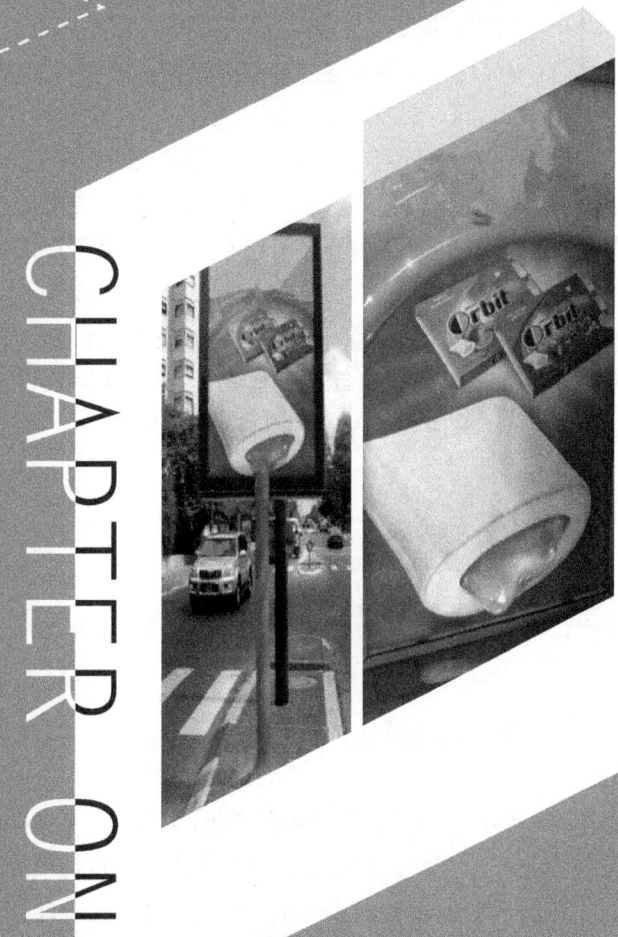

广告联觉与美感心理效应的研究是广告心理效应（psychological effect of advertisement）研究的重要组成部分，具有重大的现实意义与长远价值。对广告联觉与广告美感的研究探讨，多从广告学和美学等学科视角及理论层面出发，心理学实证研究取向的成果相对较少。本书从应用心理学的角度，对广告联觉与美感心理效应开展一系列的研究。本章主要寻找研究展开的概念与知识背景、现实与学科视角、问题线索。首先，本章梳理了多学科视野中的联觉认识，展现联觉在平面广告中的运用及意义，讨论实务界中联觉平面广告的类型，考量广告美感及其研究的重点。其次，本章从社会现实与学科科学研究的视角出发，简要阐释了广告联觉与美感心理效应研究的必要性，认为关注广告联觉与美感心理效应研究既是回应社会现实的需要又是学科研究趋势的内在要求。最后，本章剖析了广告心理学研究存在的问题：联觉与美感广告显而易见属于感性广告研究范畴，缘何成为其研究的盲区？联觉广告研究的具体局限与新的突破可能是什么？情感广告历来的盲点与焦点又分别是什么？本章通过对已有研究中存在的这些问题进行剖析，继而寻找研究问题的线索。

第一节 广告联觉研究概览

一、多学科视野里的联觉现象

在了解广告中的联觉现象之前，我们首先需要认清联觉这一奇妙的现象。联觉是一种感官刺激引起另一种感官反应的心理现象，当客观事物作用于人的大脑时，它们会以相互联系的状态对大脑发生作用，与此同时，大脑具有主观能动性，它所接受的虽然只是某一感官的刺激，但却能通过大脑的工作形成与其他感官的联系。心理学上的联觉作用，能够使人们打破单一感觉的局限，从一种感觉体验到另一种感觉，甚至从一种感觉体验到多种不同的感觉。具体而言，眼睛、耳朵、鼻子、舌头、身体等，都不是彼此独立的，五个感官所产生的视、听、嗅、味、触五种感觉能通过个人的心理活动而"互相串通"，这就是联觉（马谋超，2008），如图1-1所示。例如，生活中，颜色不好看的饭菜，即使味道特别好也会对口感产生很大的影响；颜色好看的饭菜，即使味道一般也会使人产生极佳口感，所以古人有秀色可餐的说法，其实这就是一种颜色-味觉联觉的体验。

图1-1 联觉：各个感官的"互相串通"

资料来源：马谋超，2008

那么，在不同的学科领域，学者们是如何描述与看待联觉现象的呢？

（一）生理学上的联觉现象

生理学的基本知识告诉我们，人体的局部都有自己特定的功能，它们具有相对独立的活动。但人体又是一个统一的整体，它的各个部分又相互影响、相互联系。生理学家认为，我们常用"冷""暖"等表示生理感受的字眼去形容某些色彩给人带来的感受，很可能是由于某些特定波长的光线在大脑神经系统中产生的刺激，在强度和结构上与不同温度产生的刺激有着同形同构的关系（叶朗，1999）。同时，生理学家研究发现，人类大脑的前额叶（prefrontal lobe）部分感官之间在很大程度上是相互关联并结成一体的，这一发现为联觉的存在提供了强有力的生理基础，联觉的生理基础决定了我们能听音乐或看图画，而不是我们产生了幻觉、联想或想象。一些生理学者不断尝试提出各种理论来解释联觉现象的生理基础。Meltzoff和Borton（1979）提出"跨感官迁移（cross-modal transfer，CMT）假说"，神经科学家Daphne等（2006）随后提出了"新生儿感觉互通假说"（neonatal synaesthesia hypothesis）。神经生理科学家Lewkowicz（1992）和Turkewitz等（1992）也在对婴儿进行白光（white light）和白噪声（white noise）刺激的实验中发现，婴儿能识别强度相当的听觉和视觉刺激，并且其神经系统的反应随着刺激强度的变化而有所不同。

（二）中西哲学视域里的联觉现象

对于联觉，中西方的哲人们也早已有所认识。事实上，联觉的哲学基础就是自然界普遍相通的原则，客观事物都不是孤立存在的，而是有着千丝万缕的联系的。我国古代道家就不仅提出过"耳目内通"，即耳目的感官感受是相通的，还提出过耳视、目听之类，"无目而见""无耳而听""非鼻闻香""无身觉触"，即不需要通过眼睛就能看见事物，不需要通过耳朵就能听见事物。例如，庄子就赞成各种感官可以相通互借，在《庄子·人间世》中有"夫徇耳目内通而外于心知"的说法，在《列子·黄帝》中可见"眼如耳，耳如鼻，鼻如口，无不同也"的论述。古希腊的亚里士多德也曾明确说过，如果没有相应的感官，我们怎能认识各种不同感觉的各类事物，可是如果像复杂的声调可用适当的通用字母（注音）组成一样，一切事物组成的要素皆为各感官都能相通的要素（赵春雨，2015）。

（三）语言文学中的联觉现象

联觉在语言系统中也得到了充分的体现，譬如甜美的歌声、温柔的话语，这些形容词都具有双重感觉的特征。歌声、话语本来都是听觉系统的功能表现，而甜美是味觉和视觉的综合，温柔属于温度觉和触觉。为什么在语言系统中会出现这样的现象？因为在客观上，这些不同的感觉不仅独立发挥作用和功能，而且相互依赖、相互影响，所以在语言上就会有所体现（程宽，2016）。我国文学作品中也有不少关于感官相通的描述，例如，西汉《礼记》中有文："故歌者，上如抗，下如队（坠），曲如折，止如槁木，倨中矩，句中钩，累累乎端如贯珠。"唐朝孔颖达解释为："'累累乎端如贯珠'者，言声之状累累乎感动人心，端正其状，如贯于珠，言音声感动于人，令人心想形状如此。"就是说"累累乎端如贯珠"是指歌声一字一句都清脆悦耳，就像一颗颗连缀起来的珠子。这里把视觉意象——珠子的圆润柔滑、晶莹剔透投射到听觉感官，用视觉体验描述听觉感知的歌声之美妙。南朝宋刘义庆《世说新语·假谲》中说道："魏武行役，失汲道，军皆渴，乃令曰：'前有大梅林，饶子，甘酸，可以解渴。'士卒闻之，口皆出水，乘此得及前源。"这就是家喻户晓的"望梅止渴"，当听到前面有酸梅子，就想到酸梅子而流出口水，因而止渴，这是典型的听觉-味觉联觉。陆机描写佳人抚琴"哀响馥若兰"，是借嗅觉强化听觉；宋祁写"红杏枝头春意闹"，是典型的视觉-听觉联觉；贾岛写虫鸣是"促织声尖尖似针"，真使人感觉有针刺向心里，这是听觉-触觉联觉。《红楼梦》中也有描述，"宝玉此时与宝钗就近，只闻一阵阵凉森森甜丝丝的幽香，竟不知系何香气"，这里触觉感知的"凉森森"和味觉感知的"甜丝丝"都用来表达嗅觉感知的"香"。在朱自清先生的《绿》中这样描写绿色："这平铺着，厚积着的绿，着实可爱。她松松的皱缬着，像少妇拖着的裙幅……她滑滑的明亮着，像涂了'明油'一般，有鸡蛋清那样软，那样嫩。"把"绿"形容为"鸡蛋清那样软，那样嫩"，是用触觉意象——蛋清的柔嫩光滑、吹弹可破投射到色觉域，类比"绿"色，因为这里的"绿"是"平铺着、厚积着"，激发了认知主体的触觉感受"软"和"嫩"，就像触摸鸡蛋清一样，于是出现了视觉-触觉联觉（赵春雨，2015）。

（四）音乐研究中的联觉现象

在音乐研究中，有不少关于联觉的重要思想。古希腊人认为七种音调具有不同的情绪色彩，试图把各个音符与各种光谱色对应起来，这说明几千年前人类就开始在音色联觉方向有了实践性的尝试。而对音乐和色彩的联觉最早进行实证研究的是近代物理学家牛顿，他在物理学的色光实验中，就曾证实音阶中的各音和音阶中的各色可完全对应，他利用 H 棱镜将阳光折射成为红、橙、黄、绿、青、蓝、紫七种光谱色，各色相间并呈渐次变化，这与音乐中的七个音符 1（do）、2（re）、3（mi）、4（fa）、5（sol）、6（la）、7（si）相匹配，并且通过实验的方法把听-色联觉用色彩表达了出来（苏新庆，2015）。俄罗斯工程师列昂节夫利用联觉现象，创造了一种能够把声音信号转换成颜色信号的仪器。当人们专注听音乐的时候，这种仪器能够把不同的声音转换为不同的颜色，并且在荧屏上表现出各种色彩的交织。这充分表明了听-色联觉的真实存在。

（五）绘画艺术中的联觉现象

在绘画创作中，联觉常常成为一种比较特殊的表现方式，联觉打开了绘画领域的另一扇门。绘画创作中要示音以画，表味于色，贯通五觉，创造有意味的形式，并赋予意味更丰富的内涵，就要使用联觉。在联觉绘画的图示中，往往会达到多种感官相通，立体感增强，进而会上升到审美的至境，而这种联觉绘画常常是由联觉艺术家来完成的。联觉绘画艺术家在欧美被发现得较多，而在中国则几乎没有被报道或发现过，这主要跟国内对联觉理论的认识不足，以及国内绘画艺术家缺乏联觉自觉有关。有学者在国内尝试收集有关联觉绘画艺术家信息无果的情况下，把目光投向了国外绘画艺术圈，他们发现，联觉绘画艺术家可以从卡罗尔·斯蒂恩策划的 2008 年加拿大麦克马斯特大学艺术馆中的联觉展览找到，因为那里曾集中了数位知名联觉艺术家的绘画作品（麦克马斯特大学连年被誉为加拿大一流大学，是最富有创造力与革新精神的学府，麦克马斯特大学在心理课程中开设联觉课程，对于联觉现象及相关艺术都极为关注）。联觉艺术展中展出了琼·米歇尔、玛西娅·斯密拉克、卡罗尔·斯蒂恩、大卫·霍克尼、查尔斯·埃弗拉伊姆·伯奇菲尔德、汤姆·汤姆森、康定斯基、凡·高等许多著名绘画艺术家的作品。其中,琼·米歇尔、玛西娅·斯密拉克、卡罗尔·斯蒂恩、大卫·霍克尼被证实是严格意义上的联觉者,其他几位虽然没有被严格证实,但也常常被认为是联觉表现者(苏新庆,2015)。

二、平面广告联觉的特征

广告若能有效调动人类最奇妙的东西——联觉,让人产生跨通道体验,使情感触发共鸣,就能有效地实现多感官信息的整合与转译,有利于实现信息的快速传达与有效沟通,有利于带给消费者积极的广告态度和购买意愿(王怀明和王咏,2003;季涛频,2012),如图1-2所示。

图1-2 I Scream 冰淇淋广告

在适度夸张的同时,以上作品进行了同一广告主题联觉诉求的重复,即在 I Scream 冰淇淋广告中,简单直观地将代表冰淇淋具体口味的食品直接醒目地置于包装袋上,让消费者在看到产品的同时就能觉察其口味,这无疑是联觉在广告中的成功运用,让消费者同时体验到视觉刺激和味觉刺激(官甜甜,2014)。联觉是广告传播的重要策略,尤其对平面广告作品更是如此。平面广告由于受作品表现空间的局限,往往对广告作品的联觉效应提出了更高的要求——必须经得起受众的反复观看、推敲、联想,还不能引起受众的厌烦,这就必然要求在有限的表现空间中触动更多的感官感受。巧妙地利用联觉效应既能强化受众的认知,又不会引起受众的心理反感,甚至可以让受众在这样的重复联觉效应体验中找到乐趣。可以说,只有遇见联觉,平面广告才能够在消费者感官疲劳的年代得以生存,并日益创新。

那么,联觉于广告,尤其是平面广告有何突出的运用特征呢?

(一)平面广告的"去平面化"

"人类的所有职业都一样,要想成为任何一个行业的专家,都必须具备该职业特有的第六感觉"(黄美琴,2008),而联觉可以说是广告人必备的第六感觉。通常,广告对消费者外部感觉的刺激传达表现为视觉感觉、听觉感觉、味觉感觉、触觉感觉和动觉感觉。广告研究人员也长期致力于以上五种感觉的分别诱发,以带给消费者更多的感官刺激与享受,促进、促成其购买行为。2008年,美国哈佛商学院有关研究人员的分析资料表明,视觉约占感受器获取外部信息的83%,人类最主要的信息源是视觉,而视觉与广告尤其是平面广告,有着密切的关系。平面广告设计是在二维的空间里利用视觉元素,借助各种平面媒介,向目标受众传递产品、品牌、活动等信息,以达到促进销售并提高企业知名度和美誉度的有计划的活动。我国古代早期的广告就是平面广告,主要表现为店面招牌和幌子,其设计要素简单而直接。但现代的平面广告设计不是平面设计要素的简单呈现和组合,而是集电脑技术和艺术创意为一体的综合艺术,是一种复杂的创造性活动。随着现代社会经济文化的发展,平面广告迅速崛起,平面广告的竞争也越来越激烈。平面广告作为一门视觉艺术,对广告画面设计的要求也越来越高,甚至在当前设计界出现了"唯视觉"风的趋向。这说明平面广告设计要在视觉方面做足功课,不断创新。目前,信息传达的速度越来越快,内容越来越多,消费者的视觉被海量的视觉信息所侵占而形成排斥状态。单一信息传达的广告模式无法消解消费者的这种排斥状态。如何用有限的视觉元素,拓展出更多的感官体验?如何在狭窄的二维空间创造出更为立体的感官享受?如何让平面广告不再"平面"?如何突破平面广告设计的边界?在体验型消费的社会环境下,要使消费者接受平面广告并被平面广告所打动,跨越视觉、呈现多感官传达必然成为现代平面广告设计的不二选择,联觉广告必然会大行其道。联觉广告考虑到广大且不同文化语言的消费族群,充分利用多感官、多方式传达信息的特点,人为地补充和丰富了消费者的感官体验,通过跨感官通道接收广告信息,而不是只局限于某一单一感官的体验,从而实现广告信息的多感官、无障碍传达。这一类广告突破往往以视觉要素表达为重点,通过人为设计增强其他感官刺激,弥补某种感官刺激的缺失,依靠联觉营造一个完整的感官体验,消解消费者对海量广告信息的排斥状态与迫切需要简洁、清晰广告信息之间的矛盾,达到符合当代消费者日益增长的广告质量的要求。联觉在平面广告中必然会占据至关重要的地位，它是视觉信息传达的核心元素，它的成功与否决定了平面广告跨感官体验的优劣。广告要善于运用联觉理论，让自己的产品最大限度地被消费者所感受。换句话说，广告设计的出发点已经不再是设计的对象物本身，而是更趋向于全方位的感知系统（彭立林，2014），广告设计要具有更为多元化和"去平面化"的特性。联觉广告要充分调动消费者的广告联觉心理效应，从而让单一视觉传达出更多、更丰富、更深刻的内容，传递出更多层次的情感和更高远的意境。

（二）实现无障碍传播

无障碍传播首先指的是突破文字说明的禁锢。德国当代著名视觉设计大师霍尔戈·马蒂斯曾经说过："一幅好的平面广告，应该是靠图形语言而不是仅靠文字来注解说明的。"（王端，2014）一则优秀的联觉平面广告设计无须使用过多的文字语言表达，而是运用新颖、简洁而富有联觉创意的广告图形与颜色来展示，这样不仅能确切地传递出视觉信息、广告诉求，而且能起到烘托视觉气氛、增强视觉感染力的作用。例如，一则奶油广告中，一只装了奶油的透明玻璃酒杯放在桌上，里面放了三只鲜嫩的草莓。人们从鲜红欲滴的草莓、乳白色的奶油，还有那晶莹透亮的玻璃杯底所显示的画面中，似乎感受到一种酸甜、清爽的味道。由于联觉的运用，两个以上感觉器官同时被诱发比一个感觉器官被诱发带给消费者的刺激更为有力，从而使广告不着一字就更加突出了产品特点。

其次，伴随全球经济一体化，越来越多的跨国企业需要面对跨文化沟通的挑战。一则广告需要跨越语言、文化、信仰等诸多沟通障碍去打动不同国家、不同区域的消费者。清晰的联觉广告可以轻松地卸下人们在不同文化地域背景下形成的沟通交往盔甲，在人们"一触即发、有感而发"的瞬间完成广告品牌和消费者之间的信息传递。极具广告联觉效应的视觉表达几乎可以称为一种全球通用的语言，是进行跨地域沟通的有效表达形式，无须繁冗的文字说明，就可以让全球的消费者跨越文化、人文背景差异，轻松地理解广告产品所想表达的诉求，并让消费者形成鲜明的认知印象。

总之，广告联觉效应于平面广告而言，首先就是要通过打破平面广告单一的视觉感官刺激，从人的五感入手，多匹配、多层次地激发使用者的感官经验，将不同感官通道内的信息整合，形成整体的知觉，最终更能吸引消费者注意，更利于消费者认知广告诉求，形成更为深刻的印象，增加消费者的情感偏好与喜爱度，从而更能说服消费者，促使消费者购买。

三、平面广告联觉的类型与关键诱发因素

（一）平面广告中的联觉类型

在平面广告设计中，设计师利用联觉现象，可以使广告传递的信息涉及消费者的各种感觉通道，使他们仅仅从平面广告的视觉画面中就能"尝到""听到""触摸到""闻到"什么，如此将会在某种限度上打破广告单一媒介的局限性（王泳，2009）。就平面广告而言，联觉皆由视觉诱发，一般分为以下若干类型，如表 1-1 所示。

表 1-1　平面广告联觉类型

诱发刺激	伴随感觉
视觉	味觉
视觉	嗅觉
视觉	听觉
视觉	触觉
视觉	动觉

如何使广告受众产生嗅觉和味觉体验，是广告尤其是平面广告需要解决的一个问题。卖香水的平面广告不能让消费者闻到香水，卖食物的平面广告不能让消费者品尝到味道，这些都会影响受众的广告态度、情感体验和购买决策。因此，平面广告设计者会使用各种联觉手段通过消费者的视觉来诱发其味觉和嗅觉。

我们来看一些视觉诱发味觉的典型平面广告作品。图 1-3 是一则著名的啤酒广告，该啤酒因其独特的透明瓶包装及饮用时添加白柠檬片的特别风味，一度深受时尚青年的青睐。广告中炎炎烈日与雪山相互映照，广告主旨鲜明、设计巧妙，充满创意的视觉构思让消费者能够直观感受到啤酒那冰爽、清新的口感，从而迅速感知到广告所要传递的产品信息。

图 1-3　啤酒广告

本土的广告作品中也不乏此类联觉设计的精品,"红鼎轩麻辣烫"的广告就是其中一例,如图 1-4 所示(马谋超,2008)。画面上,两根红黑标明两极的电线紧贴在舌面上,而舌中央呈现出河流状花纹。这一切都让观众的舌尖感受到一种强烈的麻、辣和烫的味道,这就是一种典型的视觉-味觉的联觉表现。

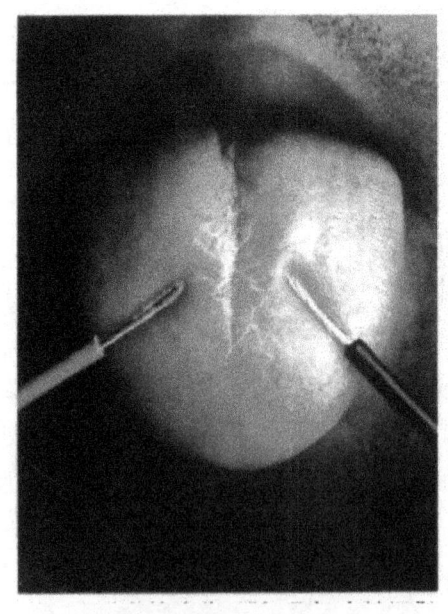

图 1-4　红鼎轩麻辣烫广告

资料来源:马谋超,2008

一些经典的"方便面"广告惯用视觉-味觉联觉效应，如康师傅方便面广告。大碗热腾腾冒着香气的白面条与令人垂涎的鲜虾、牛肉和蔬菜，通过广告平面的视觉冲击诱发了消费者的味觉体验，印证了康师傅方便面曾经的广告口号"好吃看得见"，产生了非凡的感召力。

获得2009年"中国元素广告创意大赛"银奖的福临门蒜蓉辣椒酱广告是值得一提的著名视觉-味觉联觉创意作品。该广告运用清朝十大酷刑对舌头的"折腾"让广告受众感受到强烈的、火爆的、劲道的辣味体验（佚名，2009）。广告将中国奇妙的文化借助视觉-味觉联觉方式进行广而告之的呈现，更能够求同存异，比其他手法更为完满，能够更多地获取感官认同，从而柔化产品商业广告中那些生硬、不合时宜的因素，使广告能够在维持其原本诉求的情况下展现出更为强烈的、持久的感染力，令大赛的评委印象深刻。他们认为联觉的使用让产品特质和创意点之间的转换非常融洽，明确地展现了产品特色，加深了感官体验。总体而言，联觉使中国元素成功地融入平面广告中（佚名，2009）。

视觉-味觉类型的联觉经常被运用于食品广告中，而在食品广告中食物本身的色泽、质感、造型等视觉元素的表现会对广告受众的味觉唤醒产生巨大的影响力。比如，肯德基汉堡广告中，金灿灿的炸鸡外皮，新鲜稚嫩的肉块，整个汉堡的大小、形状、颜色、质感及肉块切面的纹理等细节，都直接刺激了人们的视觉感官，让人们直接"看"到了食物的美味。在食物广告中，对视觉表现的细节要求极为严苛，因为它的质感、颜色、光泽等的不同微妙表现都会给受众的味觉联觉体验造成差异。首先，色彩无疑是非常关键的因素，我们会在后面予以进一步讨论。其次，图形元素也是形成平面广告联觉效应的重要因素。食品广告通常会通过不同的形状表达不同的口感，直线、折线、三角形、方形等给人严谨、呆板、规整、紧张之感，易于引发冰冷、坚硬、脆爽、干涩等味觉体验，而曲线、圆形、椭圆形的图形则会给人松软的味觉体验（严晨，2013）。最后，平面广告中针对产品的独特创意设计也是唤起广告受众味觉体验的一大因素。例如，Orbit水果夹心口香糖户外广告中的创意设计，图1-5（a）中水果夹心口香糖中浓浓的、诱人的夹心果酱已然溢出画面，垂流直下，滴落地面，让人不禁垂涎欲滴；图1-5（b）中的口香糖中的夹心果酱呼之欲出，且地面上已有溢出的夹心果酱。两张广告图片都成功地把味觉转移为视觉，让广告受众实现味觉与视觉的联通，令人印象深刻。

(a)　　　　　　　　　　　(b)

图 1-5　水果夹心口香糖广告

除了视觉诱发味觉的联觉类型以外，平面广告联觉类型中较为普遍的联觉就是通过平面广告的视觉画面"闻"到什么，即视觉-嗅觉类联觉。对于一些特定产品的广告，这一类联觉是必不可少的诉求手段。例如，香水产品的广告就是需要刺激消费者的嗅觉，从而使其产生购买欲。香水广告的重点在于如何通过精心的画面设计与色彩应用来突出其"香"的特色，将嗅觉转换到视觉的层次上，激发消费者的感官联觉，从而丰富产品形象。迪奥香水广告就是通过此种联觉设计很好地突出了产品的特点。其广告选用的是鲜活的粉色系，让其呈现出在自然乐园中各种淡粉、深粉、玫红的花朵，围绕在女主角的周边，争相怒放。广告通过对颜色和画面的精巧处理，让观众透过画面"闻"到香气。针对熟女的产品给人浪漫、成熟的感觉；针对少女的产品则添加了一些年轻、俏皮的小元素，与迪奥的风格融为一体，给人以青春活力的即视感。两幅既相似又有区别的画面，向观众展现了一个"闻到"的信息：前者香水的味道是偏向于成熟的花香，而后者香水的味道则偏向于青春活力的果香。

其次，咖啡等产品的广告也是惯用视觉-嗅觉类的联觉设计。如图 1-6（a）所示，整个画面比较简洁醒目，一杯咖啡正在"猎艳"，由此引来了一群蝴蝶的围观；图 1-6（b）中的金鱼虽被困在鱼缸中，却不自觉地被鱼缸外的咖啡吸引，还好像挣扎着说："不要拦我。"两幅广告图片构图都很简洁幽默，却因其出众的创意设计很好地把食物的香味传达给消费者，使消费者通过平面广告的视觉刺激体验到嗅觉刺激。透过两幅广告画面，消费者不只看见了咖啡，还仿佛"看"到了咖啡那扑鼻的浓香。

(a)　　　　　　　　　　(b)

图 1-6　咖啡广告

最后，有些产品属性特殊的广告也需要借助于视觉-嗅觉类的联觉设计，如空气清新剂广告。有一款空气清新剂的广告，产品本身的形象与联觉设计简单明了。广告中，创意者将具有浓郁气味的水果外形置于产品顶部，人们仅通过眼睛就可以"看"到这款空气清新剂所具有的不同气味。这则平面广告中，仅仅通过平面图片视觉传递信息就能充分唤起消费者特定的嗅觉，使消费者对产品定位有了明确认知，产生积极情绪体验，强化了购买意愿。

在平面广告联觉类型中，还有一种极受关注的视觉-触觉（肤觉）类型，如饮料广告。广告上半部分图片呈现给我们的是干旱沙漠中炎炎夏日的酷暑情景，每个人都热得满头大汗，疲惫无力得像要中暑了。广告下半部分图片向我们展示的是在饮用了雪碧之后，他们立刻神清气爽，沙漠已不再是沙漠，而变成了凉爽的海洋，他们纷纷跳入海里，感受大海的清凉。这一视觉-触觉的设计传递，让广告受众体会到了夏天喝雪碧就像肌肤与清凉的大海接触的感觉一样，视觉与触觉的联通在这一广告中得以巧妙实现。

不得不提的还有德芙巧克力经典系列广告。广告中无论男女主角如何改变，对视觉-触觉联觉的应用都一直贯穿始末。德芙的广告语分别是"尽享丝滑"和"丝滑到心跳"，其侧重点都在"丝滑"二字。在广告中，"丝滑"不仅可以表现在口感上，也可以体现在触觉上。通过柔顺、光滑的巧克力色的丝绸缠绕、轻抚女主角柔嫩的皮肤来表现德芙巧克力在口中融化的丝滑口感，使广告受众自然而然地从视觉过渡到触觉与味觉体验。

空调广告充分利用了视觉-肤觉的联觉设计。画面上出现的是赤日炎炎，当空调打开后，画风一转，清风缕缕，只见一位女性身着清爽的蓝色连衣裙，体态轻盈。看到这个画面，消费者也仿佛经历了从酷热难耐到凉爽舒服的肤觉感受过程。

力士沐浴露的户外广告设计堪称视觉-触觉类联觉的经典之作。广告借助于视觉-触觉联觉，力求带给消费者一种肌肤倍受呵护的感官体验。广告以"超滑"这一沐浴露产品特性为宣传诉求点进行了夸张设计，以一个女人光滑、洁净、紧致的背部肌肤为主体形象，配上产品的标识、广告语，投放于滑冰场上。广告中呈现出洗浴过的肌肤，犹如冰面一样超滑，受众可以在超滑的带有广告产品的冰面上自由滑行。超滑的肌肤与冰面的完美结合，给受众带来似乎是在肌肤上滑冰一样的感觉。在滑行的过程中，受众就已经领略了力士沐浴露的宣传广告魅力，并留有深刻的印象。而滑冰场周围的人们也同样被巨大的人物形象所吸引，突破感知阈限轻松接受了产品广告信息的传达。这则巧妙运用视觉器官体验与触觉器官体验交互作用的广告，通过视觉器官调动触觉感官，在带给消费者触觉体验的同时，也有效地强化了消费者的购买意愿。此则广告依靠消费者的参与，并融入联觉设计理念，实现了强烈的多感官刺激，这显然比视觉单一的感官刺激更能打动人心。

视觉-触觉类的联觉已然成为平面广告中不可或缺的联觉类型。触觉是消费者在接收平面广告时所不能直接感知与获取的，但又是购买服装、化妆品、食品等体验型产品时所要评估的重要感官指标，因此，如何利用平面广告联觉类型中的视觉-触觉体验来激发、促进、改变消费者的触觉感知，是平面广告所要解决的问题。已有研究表明，触觉与视觉之间可以进行信息转换和整合，并且触觉感知很大程度上受视觉线索的影响（刘晟楠和董大海，2011）。进而言之，当消费者不能实际触摸某些广告商品时，可以采用视觉-触觉联觉手段来诱发消费者的触觉感知。首先，可以通过改变呈现产品的背景颜色来影响消费者的触觉感知，红色、黄色能引起温暖的感觉，而青色、蓝色能引起冷的感觉；深色使人感到重些，浅色使人感到轻些；等等。比如，如果某夏日真丝服装的卖点是轻薄透气，商品背景就应采用浅色系来激发消费者"轻、薄"的触觉感知。其次，可以通过改变平面广告文字说明的位置来影响消费者的触觉感知。有研究表明，文字呈现在商品上方比呈现在商品下方，更容易让消费者产生"轻"的感觉。因此，羊绒衫的文字说明可以放在广告图片上方以激发消费者"轻"的触觉感知，而钻石戒指的文字说明可以放在广告图片下方以激发消费者"重"的触觉感知。再次，可以通过广告产品尺寸来影响广告受众的触觉感知。例如，如果要激发受众"重"的触觉感知，可以将广告产品的外观设计成"矮、胖"型。相反，如果要诱发消费者"轻"的感觉，可以将广告产品外观设计成"高、瘦"型。最后，可以用改变广告产品的质感来诱发触觉体验。如图1-7所示，这则猕猴桃果汁广告被认为更萌、更诱人，因为图片中的产品包装采用了植绒技术，取材于真正的猕猴桃皮毛。不用触摸，就已让消费者感知到猕猴桃的手感，光是看看就已经很诱人了（原研哉，2006）。

图1-7 猕猴桃果汁广告

由视觉引发听觉的联觉类型并不是平面广告中常见的联觉类型，但对于某些特定的产品，如果广告无法激发受众的听觉体验，就无法传达产品的特质，无法唤起受众的购买意愿，这种产品往往会运用视觉-听觉联觉。比如，一则有关音响产品的广告，广告透过画面向人们展示了老虎吼叫的形象，人们看见的是老虎张开血盆大嘴，与此同时又仿佛听到了音响产品那震撼人心的音效效果，视觉-听觉联觉效应得到充分体现（马谋超，2008）。

最后一种是视觉-动觉联觉平面广告，如一则果汁饮料广告。广告中饮料瓶盖打开，饮料喷涌而出，运动员被推至广告上端，活力四射、动感十足的形象跃然于图上。这则广告创意的设计者就是力图通过鲜艳、有质感的图片形象带给广告受众一种动感体验，从而展现广告产品——果汁饮料能带给广告受众强劲动力。视觉-动觉联觉平面广告在广告设计中比较少见，因为用静态的广告图片来诱发动感的体验，对于广告设计者来说是相当困难的，而且视觉-动觉类的联觉机理还有待考证。但不可否认的是，平面广告创意设计就是尽量创造可能性，尝试呈现各种联觉类型的广告，从而带给广告受众新颖的、多感官的体验。

（二）色觉：平面广告联觉心理效应的关键因素

从以上平面广告的各种联觉类型及其经典案例中，我们可以发现，视觉无疑是平面广告联觉效应唯一的诱发因素，而视觉中的色觉又是最为关键的一个因素。色觉是对色彩的视感知觉，包括色调、饱和度、明度三种要素，能够承载消费者最丰富的心理感官体验。例如，我们知道色彩本身没有重量，但色彩使人感觉有轻重。同样重量的白色箱子和黑色箱子对比时，人们就会觉得白色的轻一些，而黑色的重一些。在生活实践中，保险箱往往是黑色的就是运用这个原理，让盗窃者产生联觉反应，觉得保险箱很重，从而给盗窃者心理上造成一定的影响。而在联觉广告设计中，色彩是平面广告先声夺人的主要视觉元素。色彩具有影响消费心理、唤起人类特定感觉与情感的作用，带给人迅速、深刻和持久的印象。有关研究表明，人们在观察物体时，最初20秒内色彩感觉占整体感觉的80%、形体感觉占20%，2分钟后色彩感觉占60%、形体感觉占40%，5分钟后两者各占50%，并且这种此消彼长的状态会继续保持（冉秋，2013）。同时，色彩的三种要素共同作用，与其他感官觉形成跨通道体验，能诱发广告受众的联觉体验，使他们产生特定的味觉、嗅觉、肤觉、触觉、温度觉等，并引发情绪反应。具体而言，色彩可以使人对广告产品产生冷暖感、轻重感、缩胀感、薄厚感等触觉感知。例如，明度高的颜色给人轻盈的感觉，明度低的颜色显得厚重。色彩可以改变受众关于广告产品的味觉（嗅觉）感知（Rolls & Baylis，1994）。色觉与味觉（嗅觉）之间有着丰富且微妙的关联，通过色觉引发味觉（嗅觉）是十分普遍的现象，因而有"观其色而知其味"的说法。消费者通过色彩与味觉之间的长期经验积累，能根据食物的不同色彩感受到酸、甜、苦、辣，从而形成了固定的色觉-味觉联觉反应。因此包含了酸、甜、苦、辣的广告产品的味觉，完全可借助色觉-味觉的联觉效应体现出来。例如，明亮的黄色东西让人感觉它是"酸的"，因为它让人联想到柠檬的味道；鲜艳的红色东西让人体验到它是"甜的"，因为它让人联想到红糖的味道（Clydesdale，2004）。而色彩缺失则会影响广告受众对食物气味的感知，并影响其最终的满意度和购买意愿，因为消费者习惯把无色同无味联系在一起。Zellner和Whitten（1999）研究发现，无论色彩和食物是否匹配，食物色彩越深，消费者对气味的感知越强烈；而食物色彩越浅，消费者对气味的感知越微弱。例如，当某食品广告的卖点是浓稠、营养丰富时，商品背景应采用深色系来激发消费者"浓稠、味重"的味觉感知，而不是用浅色系。此外，研究者还做了一系列实验，发现味道的浓淡可以仅靠色彩的明暗和纯度来表现，如果色彩与食物质地接近则更佳。消费者喜爱的巧克力的包装色彩以暖色居多，是因为这与可可粉的色彩相近，可以产生对其味觉的跨通道诱发，让消费者产生即刻感觉与情感。同样，有一则口香糖广告，为了体现清新口味，让人产生青柠檬的味觉，画面就采用了清爽的绿色。

不同的色彩诱发的联觉反应和象征意义具体是什么呢？有人曾对此做了专门研究，参见表1-2（陈烨，2014）。

表 1-2　色彩的联觉反应与象征意义

色彩	具体联觉反应	抽象象征
红色	太阳、火、鲜血、鲜花	热情、喜庆、活力、危险
黄色	阳光、丰收、香蕉	活泼、光明、富贵、嫉妒
蓝色	天空、大海、水	平静、忧郁、冷静、理智
绿色	森林、树叶、草地、蔬菜	希望、和平、安全、青春、新鲜
紫色	葡萄、花朵、茄子	高贵、神秘、优雅、沉闷
黑色	夜晚、煤炭、墨水	坚硬、严肃、刚毅、恐怖、死亡
白色	白云、雪、盐	纯洁、简单、安静、朴素、悲哀
灰色	乌云、阴天、树皮	平凡、谦和、失意、中庸、不安

资料来源：陈烨，2014

　　色彩是广告作品构成的一个关键因素，具有相当的象征意义和联觉反应，因而色彩也具有了向消费者传递产品信息的功能，诱发相应的联觉反应与情感体验。色彩的象征意义和联觉反应是和消费者的日常生活经验密不可分的，长期的生活经验对色彩经验认知的积淀，使得特定文化背景下的人们在心理上逐步形成了比较统一的色彩象征意义和联觉反应。例如，中国消费者青睐红色。红色的视觉刺激最为强烈，在中国传统文化中，它象征着喜庆、激情、热烈、活泼和幸福，易于唤醒消费者热的温度觉、火辣的味觉等。绿色是大自然的色彩和生命的象征，象征着柔和、宁静、新鲜、安全等。广告中的绿色带给消费者的通常是凉爽感、青柠味、酸味等感觉体验。蓝色是天空和大海的色彩，象征着深远、永恒、沉静和理智。但蓝色又属于极端的冷色调，容易使人产生清澈、冰爽的感觉。

　　不同广告产品独具特色的色彩，能够带给消费者不同的情绪体验，因此，对于平面广告而言，虽然无法直接透过屏幕和纸张将产品的味道传达给观众，但是可以通过色彩的应用和画面的精心设计，营造出令人垂涎欲滴的氛围，从而诱发出消费者的味觉。比如，许多蛋糕广告都以粉色为主的暖色调作为其广告的基本色调。究其原因，首先，粉色在视觉上极具吸引力，能够迅速捕获观众的目光；其次，粉色调也与蛋糕的口感相符，具有甜蜜、细腻的感觉，从而刺激观众的味蕾。有一则绿茶粉广告，其基本色调用的是渐变的绿色，而产品本身的颜色也是绿色，它用茶杯中已被融化的绿茶充当了一个趣味的游泳池，并在旁边安装了一个小型的跳水台，还在广告图片上方写着"为了口感更好，我们决定拉柠檬下水"。这则广告合理地使用了色彩联觉，广告的色调和产品相互融合，使受众有多感互动的反应，并产生强烈的共鸣，即使大家不看广告语，也能通过广告的色调想到柠檬清新爽口的味道。在这里，广告色彩的联觉作用得到了极大的发挥，联觉享受使平面广告艺术作品更具有感染力、张力和说服力（杨莹，2010）。

有一则辣椒酱的广告创意为，只看一眼广告图片，消费者就能感受到辣椒酱如岩浆般火力十足、辣力无限的味觉冲击力。这则广告是使观众从视觉向味觉转变的联觉表现。通常广告作品中是用深红色引发消费者强烈的辣味觉体验，用大红色引发中等的辣度体验，用朱红色唤起轻微的辣度体验。

色觉不仅能诱发消费者的味觉、嗅觉，还能诱发消费者的触觉，产生色彩-触觉联觉。在织物设计中，我们通常会用柔和色与彩灰色来表现织物的柔软触觉与亲肤感，如常见的米色、驼色、绢色、卡其色等（潘红莲和李杰，2016）。值得一提的是宝洁公司的洗发水平面广告。宝洁公司的洗发水平面广告设计善于运用色彩-触觉的联觉，通过色彩-触觉的联觉传达海飞丝的"去屑实力派"理念：不断推进去屑技术，深入彻底解决头屑问题，更高效地清除多余皮脂，直击头屑的隐匿部位，达到持续去屑、让秀发健康贯彻始终、持久保持头部皮肤清爽的效果。因而宝洁公司的旗下产品广告设计一般都采用了符合产品的色彩。例如，海飞丝洗发水产品广告在图片色彩处理方面，更多地运用了蓝色基调，因为蓝色带给消费者一种清透、清爽的感受，与产品的功能特性相辅相成，其达到的广告心理效果是一般广告设计无法比拟的。

由此可见，在读图时代，色彩的搭配或组合对平面广告的效果有着决定性的影响。从远古时代的黑色、白色、红色的纹样到莫高窟绚丽的壁画，从文艺复兴的理性色彩到20世纪的颜色革命，色彩的联觉作用使二维的平面广告变得更有生命力。由色彩的视觉刺激引起的联觉审美，使广告受众和作品的交流变得更加丰富，更加强烈，加深了广告受众对广告的认知与理解。但是在平面广告的色彩诱发的联觉应用中，需要注意以下两个问题。

第一，特定色彩必须与产品自身的特性匹配，注意把"色""味"融合，让消费者能够更加方便快捷地选择产品。例如，巧克力食品一般用暖色调的颜色来包装，不同的口味需要用不同颜色来标明，黑色表示纯黑巧克力，白色则表示牛奶巧克力。而巧克力中加牛奶的百分比越大，在广告产品中呈现的色彩就越接近褐色，这与现实生活中巧克力加牛奶后的颜色相符。同样，果汁饮料可将代表水果颜色的色彩直接印制到平面广告中，作为平面广告图片的底色，消费者可以直接依靠之前的感官经验来选择不同口味的果汁。这样的平面广告设计将色觉感觉与味觉感受联系在一起，即便是无法读取文字信息的老年人或儿童，也可以凭借颜色轻松选择口味，一般消费群体更可以凭借广告中色觉-味觉联觉设计而快速做出选择（宫甜甜，2014）。

第二，要准确把握广告受众的广告色彩心理。广告受众对平面广告作品中色彩的印象和理解还取决于不同的文化背景。不同文化背景的国家，不同色彩代表的感觉与情感不同，赋予人们的心理效应也不同，甚至同一色彩对于不同文化背景、不同风俗习惯、不同宗教信仰的人而言，产生的联觉与情感效应也会不同。因此，人们对色彩的情感评价带有深深的文化烙印。在面临不同文化背景的受众时，平面广告的色彩运用需要充分考虑其文化背景，以免适得其反。

第二节 广告美感的特征与类型

美是平面广告设计中永远不会摒弃的主题。不管未来的平面广告设计如何变化，有一点是毋庸置疑的，那就是更注重美感。美感是人的基本情感类型，是心理学家马斯洛提出的需要层次论中的高级需要。只有注重广告美感的传递，才能增强广告受众的积极情绪，产生强烈的购买意愿。平面广告的美感让人们在获取广告信息的同时得到一种艺术审美上的愉悦，只有让广告受众获得更多的审美愉悦，获得更多的精神层面上的享受，才能吸引受众更多的注意力，否则就无法对广告受众形成良好的广告心理效应。所以广告设计应按照美的规律，运用艺术技巧，创造出鲜明生动、绚丽多彩的形象，使其作用于广告受众视觉以满足人们的审美需求，实现营销与审美的融合，从而提高广告受众对于产品的认可度。那么，广告中的美感与其他媒介传递的美感有何不同呢？

一、广告美感的特征

广告美感不同于一般艺术作品的美感，它是需要实现营销的美感，而不仅仅局限于精神的愉悦。实现营销需要平面广告设计必须在视觉审美上更加迎合现代消费者，但前提是广告审美建立在实现营销功能的基础之上，因为缺乏或者忽略营销功能，不能实现广告特定心理传播效果而独具艺术美感的平面广告设计是苍白的，也是无效的（刘艺琴，2012）。因此，营销是平面广告设计的终极目标，而美感是为了增加广告产品的营销，这样就需要在广告心理学研究视野里考量广告美感对消费者的广告产品注意力、兴趣、记忆、偏好及广告态度、购买意愿的影响。目前，广告心理学的发展体现出两大特点：一是实证性研究增多，关于广告心理学的研究越来越趋向于实际的量化证据；二是涉及的领域更加广泛，涉及广告的认知过程、各种广告表现或诉求手段的心理效果分析、广告的情感作用等（舒咏平，2010）。因此，关于广告美感，特别是关于广告美感对消费者的心理影响（广告美感效应），有必要从实证的角度来进行细致深入的量化研究，而不应仅仅像美学那般进行思辨性的、感悟性的描述。只有这样，研究才能更科学、更准确地揭示广告美感，揭示广告美感效应。

广告美感注重美感的生成过程，即生成审美愉悦或产生一种赏心悦目的快感的过程。审美愉悦是一种情绪反应，是被审美对象激发和调动起来的心理活动过程，它从感官刺激开始，渐次进入愉悦的情绪化状态。将一种商品制作成审美对象之前，必须要了解审美对象是如何使消费者生成审美愉悦的，只有这样，广告才能更切合消费者的审美需求。但是，广告美感不仅仅注重美感的生成过程，还注重广告的美感效应，即广告美感发生时消费者的各种心理反应，包括广告认知、广告态度、产品认知、记忆、偏好与购买意愿。把握了消费者的心理反应，才能有针对性地满足他们的审美需求，迎合他们的审美情感，唤起他们的审美意识，满足他们的审美能力和审美境界，从而激发起他们对广告产品的购买欲望，达到广告的目的（宋玉书和王纯菲，2004）。

广告美感常常会与广告联觉交织在一起。广告实务界不乏既有广告联觉效应又颇具美感效应的经典广告。比如，深受消费者青睐的德芙巧克力系列广告，可谓美感与联觉结合的完美典范。消费者在观看此系列广告时，无疑都会不自觉地产生丝绸在手上划过的细腻滑润触觉，与此同时产生巧克力的口感与美感体验，从而对德芙巧克力留下深刻而美好的印象，产生积极肯定的广告态度、强烈的购买意愿。但是广告美感与联觉的交互心理效应到底是怎样的？目前鲜见对广告美感与联觉交互心理效应的实证研究，可能是因为联觉与美感的广告诉求方式都较难控制，但这显然是值得深入研究的问题，我们试图通过理论梳理与实证研究来解决这个问题。

二、广告美感的类型

广告美感类型的划分常用两种方式：一是基于广告产品。根据广告产品诉求手段的不同，将其分为信息型的、情趣型的、艺术型的和综合型的四种。信息型的广告美感以通过广告美感传递产品信息为主，这类广告美感包含的理性诉求较多，因而是一种理性的广告美感。情趣型的广告美感通过广告塑造美的形象来表达对美的追求，如怀旧式的、幽默式的、向往式的、娱乐式的等。艺术型的广告美感通过广告来表现较强的形象塑造力和较高的艺术境界，具有深刻的审美内涵和意蕴，如朦胧式的、夸张式的等。综合型的广告美感就是融以上几种于一身的，它既有信息告知，又有情趣，还有艺术创意。二是基于广告元素。根据广告构成元素表现出来的美感，将其分为质料型和组合型。质料型的广告美感是指构成广告的感性质料表现出来的美感，广告的感性质料主要有色彩、形状、线条等，这样就有色彩式的、线条式的、形状式的等形式的广告美感。组合型的广告美感是指把色彩、线条、形状等按照一定的构成规律组合起来所表现出来的美感。比如，齐一与参差式的、对称与平衡式的、质感与肌理式的、调和与对比式的、多样与统一式的等。广告美感的第一种方式的划分实际上参照了一般的广告类型划分，与一般的广告类型划分很相似；而第二种方式主要是依据广告的"形式美法则"来进行划分的，实际上"形式美法则"就包含了质料美和构成组合美。这两种形式的划分都是从广告设计方向角度来进行的，或者说是从广告设计者与制造者角度来进行的，这种形式的划分实际上都预先假定了广告美感会以什么样的方式来呈现。

其实，我们还可以从广告受众的角度进行划分，即广告受众面对一则广告时，他会将这幅广告视作哪种类型的美感广告，而这样的划分最符合广告美感的即时生成性，而避免了广告美感的预先假定性。这样划分的一个好处就在于它真实地反映了广告美感是什么样的，因为广告美感不是广告设计者认为它是什么样的美感，它就是什么样的美感，而是带给广告受众是什么样的美感，它才是什么样的美感。依据这样的思路，我们根据广告受众面对的审美对象的差异性，或者说根据广告中主要是什么内容带给了广告受众美感，可将广告美感分为自然风景类的广告美感、人物类的广告美感和物品类的广告美感。

自然风景类的广告美感是指广告通过自然风光、自然景物等向广告受众呈现出来的美感。比如，一则杂志的广告中，主人公在不同的地方以不同的倒置姿势在看杂志，无论如何坐着，只要手中拿着这本杂志看，主人公就会忘记他真实的环境，而坐在那种安静的、奇妙的倒置环境中怡然自得。

人物类的广告美感是指广告通过人物向广告受众展现出来的美感，如人物的形体、穿着、气质等体现出来的美。比如，肖邦表的广告，请靓丽、有品位的著名演员代言，这样不仅仅给广告受众展示了这款表的精致、优美，而且展现了其高雅、时尚的特质。

物品类的广告美感是指通过广告中各种物体因为其构图包括线条、颜色、形状等带给广告受众的美感。比如，诺基亚手机系列广告中，手机本身的质感、简约的流线型特征被淋漓尽致地展现出来，带给广告受众柔美、小巧、心旷神怡的美感。再如图 1-8 所示的香水广告，画面呈现了一只柔媚、秀雅的手，一个精致透亮的香水瓶，以及几朵明暗相间的小花，再配以淡淡的背景，体现出一种柔媚、清香、安静和秀雅的美感，给人一种清新、透亮的感觉，像刚刚沐浴完般舒爽，从而充分地说明该品牌香水的纯正和香水的功能。

图 1-8　香水广告

第三节　社会及学科研究需要

一、社会现实的需要

当今的中国，是开放的中国，当今的世界，是开放的世界。广告这扇令人目不暇接的信息传播窗口，不仅可以使人们看到一个五光十色的商品世界，更能让人感受到市场跳动的脉搏和重要影响。因此，对于无论是世界哪个国家的商品生产者而言，如果想要让人们了解它的商品，期望商品能够销售得更多、更好，那么最好的一种手段就是借助广告这一媒介，通过广告将它的商品信息传递给人们。而对于生活在现代社会中的每个人而言，自小就已经被海量的广告信息所包围，广告在人们身边非常普遍，随处可见。人们通过互联网、手机看到广告，在报纸和杂志上读到广告，从电台广播和商场促销的广播中听到广告，在随处可见的电梯间、公交车站牌、建筑物立面或屋顶、立交桥、霓虹灯、手提包装等视觉可及的每一个角落几乎都有广告的存在。正是由于此，广告已经成为商品生产者和消费者离不开的东西，成为搭建在商品生产者和消费者之间的桥梁。

同时，随着改革开放和中国特色市场经济的发展，我国广告产业以极快的速度发展，经营规模迅速跨越4个数量级，从最初的1000万元发展到2017年的数千亿元，广告行业已具相当规模。尤其是近几年，随着国家宏观经济的稳定发展，以及移动通信、互联网、社交媒体等新兴媒介的飞速发展，广告业也进入一个空前活跃时期。截至2014年年末，中国广告产业的市场规模已高达4728亿元，较2013年增长9.8%，过去5年复合增长率超过15%，快于国内生产总值增长率。不过，对比欧美发达国家的广告支出情况，我国的广告产业规模依然显著偏低，尽管近几年来整个产业进入转型发展阶段，增速逐渐放缓，但持续增长的势头依然明显，年均增速仍然保持在11%左右，因此中国广告产业未来增长空间巨大。未来广告产业的发展与提升需要更多有创意的、好的广告来推动。

有创意的、好的广告可以通过不断地劝服、诱导消费者，刺激消费者的需求，并确立消费者的消费观念，改变消费心理，促使产生消费行为，最终达到广告的目的——促进销售，从而进一步提高商品知名度和美誉度，降低商品生产者的经营成本。因而，可以说消费者的消费行为高度依赖有创意的、好的广告，但是目前随处可见的广告良莠不齐，大量平庸、无味、雷同的广告混迹其间，拉低了消费者对广告的期待，甚而在心理上产生排斥。为了满足消费者对有创意的、好的广告的期待，对不断提升的广告创意设计的感知阈限，以及对好广告新的要求，我们需要创造设计出更多有创意的、好的广告。那么有创意的、好的广告的科学依据是什么？如何才能让广告对消费者心理产生巨大影响呢？这是需要我们进行更加深入研究的问题。

二、学科研究的需要

美国的迈克尔·H. 戈德海伯（Michael H. Goldhaber）在20世纪90年代最早提出的注意力经济指出，在知识经济模式中，贫富分化最终将以赢得注意力的多寡为标准。诺贝尔经济学奖获得者赫伯特·A. 西蒙（Herbert A. Simon）也指出，随着信息的发展，最有价值的不是信息，而是注意力——争夺公众的注意力（徐光远和王旭海，2013）。关于广告如何才能引起公众的注意力，需要我们进行专门的研究。与此同时，随着现代科学的发展，学科的问题也变得越来越复杂，研究的领域也不断扩大，学科交叉性及多学科性得以出现，使得20世纪的学科研究呈现出明显的跨学科研究的趋势。广告学也不例外，日益与其他学科相交叉、相融合，如广告学与心理学的融合。在这种背景下，广告心理学应运而生，科学的广告依据心理学的法则，广告心理学是基于心理学原理，是依托心理学技术的一门应用型学科。它将现代心理学的方法与技术引入到消费心理活动的分析过程中来，探究如何赢得消费者的注意力，引起消费者的兴趣，激发消费者的想象、联想、幻觉、错觉、记忆等，刺激消费者的心理需求，从而极大地深化了广告学研究的深度与效度，扩张了广告研究的领域。

优秀的广告人应该懂得心理学，而且懂得越多越好。广告人约耳·本顿（Joel Benton）即主张广告人应当具有懂得消费者的"读心术"：必须看穿人类的特性，探索思想的规律。而沃尔特·D.斯科特（Walter D. Scott）更是直接写道："商人必须懂得消费者的心理，并且需要明白如何才能有效地影响他们——这就要求他们掌握如何把心理学原理应用到广告中去。"（吴柏林，2011）为此，他在《广告原理》（1903）和《广告心理学》（1908）里进一步加强了心理科学知识在广告学科中的"知识谱系的基本基点"地位，提出广告活动是一种视听活动，它是通过视觉和听觉刺激引起人们的心理感应，而消费者的心理历程与广告活动密切相关，广告的成功与否取决于它是否符合广告对象需要的心理。广告从策划、设计、制作到广告的时间、空间的选择及媒介的运用，都会遇到一系列的心理学问题。要提高广告效果，实现广告目标，就要使广告符合人的心理规律。从这个角度来看，广告学是研究消费者心理活动及其变化规律的学科。如果缺乏对消费者心理活动规律的分析，广告基本功能的实现也就无从谈起。

那么广告如何与消费者的心理活动发生交互作用？广告如何影响消费者的心理活动？这实际上就是要求我们要知道一则广告所具有的广告心理效应。广告心理效应是广告传播所引起的广告受众的心理反应，包括受众在感知、记忆、理解、情感体验及态度倾向等心理过程、特征方面的影响。广告心理效应充当了广告刺激输入与购买行为输出的媒介，对于衡量一则广告起着至关重要的作用。因为广告心理效应是广告与消费者之间发挥重要作用的中介，只有通过广告心理效应的中介作用，广告才能对消费者产生影响。同时，广告的各种功能，都是通过广告的感知、情知、意知等心理过程，以及与之相关的注意、兴趣、联想、欲望、比较、信念、决心、行动等心理机制来实现的。从某种程度上讲，广告的心理效应是广告各种功能的基础，尤其是对广告的心理功能而言更是如此。广告的心理功能之一就是刺激观众、听众，使他们产生对某种商品、劳务或观念的信赖与需求，从而产生某种消费行为或观念行为。因此，广告心理效应自然地成为广告心理研究的焦点之一。

此外，20世纪以来，流行的"功能主义"广告设计风格过多地强调功能性诉求，千篇一律的几何造型不仅缺少个性，还漠视了人的视觉和心理感受，疏离了趣味性和愉悦性，给人一种机械之感。尤其是模式化、标准化的广告作品难以突出商品之间微小的差异，很难吸引消费者的注意。广告在设计理念与形态上逐渐转变，感性诉求广告日渐回归。感性诉求广告指广告采取感觉、情感等感性的打动方式、说服手法"动之以情"，使消费者对广告商品产生好感，建立情感上的纽带，进而采取购买行为的广告。感性诉求广告通常被认为更能激发受众的广告心理效应，侧重于从广告产品的感染力方面来激发消费者的购买动机，从而引发购买行为。联觉广告指向广告的感觉诉求，美感广告指向广告的情感体验的愉悦诉求，两者无疑都是感性诉求广告，因此，两者的心理效应及交互心理效应研究将成为广告心理学关注的重要问题。

与此同时，近年来广告心理学的研究主要体现出两大特点与趋势：①实证性研究增多。关于广告心理学的研究越来越趋向于实际的量化证据。②研究领域更加广泛。研究的领域涉及广告的认知过程、各种广告表现或诉求手段的心理效果分析以及广告的情感作用（舒咏平，2010）。感知觉信息处理与多通道整合是我国"十三五"学科发展战略报告中心理学优先资助的重点交叉研究领域之一，而广告联觉恰是属于广告中感知觉信息处理与多感官通道整合研究范畴，亟待我们进行更多的关注，因此我们将对广告联觉与美感心理效应进行实证性的研究，而这正好是广告心理学这门学科研究发展的需要。

第四节 广告心理学研究中存在的问题

一、感性广告研究存盲区

感性广告中究竟怎样的诉求手段最为常见？常见的认知（感觉、知觉和理解）与情感体验（偏爱和喜好）是感性广告常见的两大诉求手段，这是学界的共识，也是业界实践的惯有做法，但在感性广告具体研究中有许多充满争议的问题，如联觉与美感两大诉求。联觉与美感是感性广告研究中长期存在的问题，有关广告心理学的理论书籍几乎都会提及这两者。尤其是联觉广告，常常被认为是十分有趣、不可或缺的问题，而且联觉也是广告实务界不断使用的诉求元素，留下了大量经典的运用案例。可是对这一问题研究者却常常采用片面的、思辨性的研究，鲜有系统深入的理论探析与实证研究，可以说是广告心理学中感性广告领域的盲区与缺憾。同样，美感作为广告业界经常提及和使用的诉求方式，也被感性广告的其他问题研究所掩蔽，而没有引起学者们进行深入的理论与实证研究。那么，为什么在感性广告研究中，广告联觉与广告美感虽时有提及，却少有理论与实证探究呢？

二、广告联觉研究有局限

感性广告研究中，尤其不应被忽视的就是联觉广告研究，但是目前联觉广告研究存在一定的局限，其最大的局限就在于实证性研究成为学界盲区。究其原因主要有两个：一是联觉这一概念的界定长期存在争议，未有突破，对联觉的界定不是太宽泛就是太片面与狭隘。诸多研究者曾将联觉概念与联想、通感、意象等概念混为一谈，不加区分地来使用，使得联觉这一概念过于泛化。此外，联觉曾长期被西方心理学界严格界定为少数人拥有的特殊能力，从而将生活实践中大多数人拥有的联觉体验排斥于联觉范畴外，这一狭隘、过于简单的界定致使人们难以深入地对大多数人拥有的联觉体验展开研究。近些年，随着认知革命的兴起和人类神经科学新实验技术的迅速崛起，对联觉的兴趣作为科学研究的显性问题得到学者的重新研究。学者研究发现，联觉并不是单一形式的，而是存在强联觉和弱联觉两种形式，弱联觉与强联觉在内在机制、发生的普遍性等方面存在一定的差异，但两者在具体表现形式方面却相当类似。这一令人鼓舞的发现将会推动联觉研究的方向向广度发展，学者们从此可以突破以往严苛的狭隘的联觉界定，即不再把联觉等同于强联觉，不再认为联觉只存在于少数拥有特异感知能力的人群中，而将生活实践及诸多领域存在的大量弱联觉现象纳入研究范围之中，如广告中的联觉现象。可见，联觉的强弱之分为联觉广告诱发的心理效应提供了更为坚实的理论研究基础与实践推广空间。二是联觉的量化研究虽有突破，但因广告心理效应研究中存在的干扰变量过多，难以将联觉测查的行为实验技术及脑科学技术直接应用于广告联觉效应研究中。虽然如此，但是我们仍然可以通过其他的实证方法来尽量准确地反映广告联觉心理效应。那么，在联觉广告中，我们应该采用什么样的实证方法来测量广告联觉心理效应呢？

三、情感广告研究应拓展

20世纪40年代，面对大众化消费时代的到来，罗瑟·瑞夫斯（Rosser Reeves）提出了USP理念，USP是unique selling proposition的简称，指的是"独特的销售主张"。罗瑟·瑞夫斯认为任何广告活动要想获得成功，在运作过程中必须提出独特化的产品销售主题，以实证手法突出产品的显著特点和产品带给公众的独特利益。USP理念包括三项基本内容：一是每则广告必须寻找并提炼出产品能够带给公众的利益，给公众提供一个明确的概念主题，特别是利益主题；二是广告提出的主题必须与众不同、独具一格，是竞争对手没有提出的理念；三是主题内容必须具有感动公众的力量，能够有效地唤起公众的注意力，引导公众的消费行为，具有强大的销售力。在此基础上，后继学者受USP的启发，又提出情感销售的主张（emotional selling proposition，ESP），将广告诉求重点定位于情感，引导公众产生美好的消费情感体验，借助亲和力，强化广告的影响。其实，ESP可理解为USP的灵活运用，当独特的销售主张定位于情感时，USP就成了ESP（张建华，2007）。逐渐地，情感广告就成为广告心理学研究的热点。情感广告是指为了激起人们对产品的兴趣和购买欲望而引发某种情感的广告。

情感诉求设计通常包括积极情感与消极情感。消极情感包括恐惧感、罪恶感、羞耻感，这些消极情感愈强烈，引起的心理紧张愈厉害，产生的驱动力也就愈大。在消极情感中，恐惧感要适度，不能威胁人的身心健康，强度不能太大，否则会发生超限反应，引起消费者的逆反心理。积极情感分为喜爱、幽默、自豪、快乐等。广告中积极情感更能吸引人的注意力，诱使消费者极有可能在情感的驱使下产生强烈的购买欲望，从而取得较好的广告心理效应。美感是人们审美时产生的情感，表现为对事物美的评价，并由此产生肯定的、愉快的、喜好的等情感反应。审美是人类自我意识的体现，是人类的情感反应，是人通过对形式的观照而获得的对生命意义的领悟和人生价值的体现。因此，美感也属于积极情感范畴，理应进入广告心理学研究的视野。然而，目前广告心理学对于这方面的研究主要集中在幽默等积极情感，对于广告中"无处不在的美感"缺乏科学的、实证的研究。

美国广告大师大卫·奥格威（David Ogilvy）认为，广告不应该被视为一种艺术形式的表现，广告唯一的功能就是销售，而不是取悦大众，也不是运用创作者的原创力或美学天赋使人们留下深刻的印象。但在许多研究者与从业人员看来，这并不尽然。原因很简单，广告既是科学，也是艺术。美国著名广告人、业界旗手威廉·伯恩巴克曾有过这样精辟的阐述，独特的品位、卓越的艺术才是促销的好工具，广告必须对受众的视听产生冲击，带给他们心灵的震撼，唤起他们的注意和情感共鸣，只有这样才有可能让他们产生购买行为（郅阳，2013）。如果广告根本没有办法吸引消费者的注意力，那么何谈使消费者产生购买行为，何谈实现其销售的功能？因此，利用广告唤起人们的情感可使广告对消费者产生极强的感染力与冲击力，特别是在商品经济发达、市场竞争激烈、广告像空气一样弥漫于日常生活空间的今天，创造与设计出具有极强情感冲击力的美感广告，将会极大地增加广告产品的销售量。广告心理学的研究理应拓展情感广告的研究范围，深入地研究广告美感及美感广告效应的问题，那么，在美感广告中，我们应如何来研究广告美感心理效应呢？

第二章 广告联觉与美感心理效应研究的基本架构

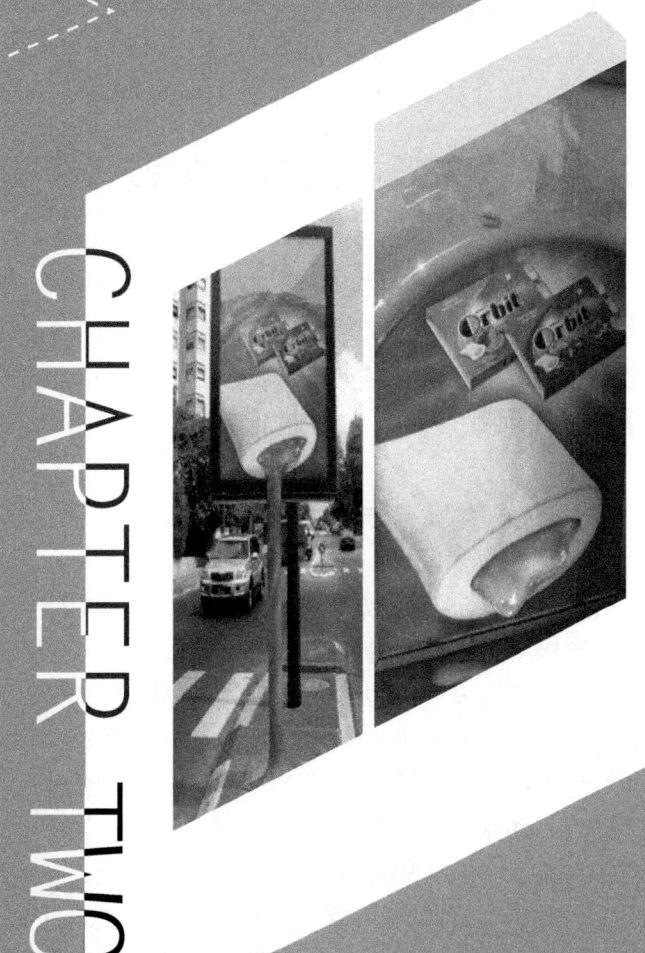

本章首先提出了问题：心理学联觉与美学中的通感是什么关系？联觉与美感的广告设计对消费者心理有何影响？然后基于对问题的思考，提炼研究假设，厘清研究思路，沿袭广告心理学的研究取向，确定研究方法，并提出实证研究方案。在此之后，尝试为解决问题提出具有参考价值的心理学视角与策略。最后总结与论述研究的理论价值、应用价值及创新点。

第一节 广告联觉与美感心理效应研究的基本问题

目前，大量的研究要么完全混淆心理学中的联觉与美学中的通感这两个概念，要么割裂两者之间的内在关联；同时对广告载体中长期存在的联觉与美感心理效应未进行与现实实践需求匹配的系统实证研究，很少对两者间的微妙关系进行深刻揭示。基于此，提出如下几个问题。

一、心理学联觉与美学通感的关系

synaesthesia 这个英文单词由希腊文 syn（综合）+aisthēsis（感官知觉）构成，意指各感官之间的相互交错与综合反应。这种感觉互通的现象在生活中普遍存在，有些表现类型在普通人群中都属多发现象。比如，我们说的"甜蜜的歌声"——当听歌声时体验到的甜蜜（味觉）；"温暖的颜色"——看到某一种颜色时体验到的温暖（触觉）；"冰冷的脸色"——当看到别人的脸色时体验到的一种冰冷（触觉）。

在心理学中常常将 synaesthesia 译为联觉，定义为当某种感官受到刺激时出现另一种感官刺激的感觉和表象（黄希庭，2007；Simner，2012）。自1812年心理学家 Georg T. L. Sachs 对联觉进行第一次描述以来（Jewanski et al.，2009；Simner，2012），联觉便已是心理学中令学者非常感兴趣的问题，到目前已经有超过60多种联觉被报道（Novich et al.，2011）。一般认为联觉有三个基本特征：一是真实的跨通道感觉过程（Beck et al., 1996；Treisman & Gelade, 1980）；二是主体无意识和自动产生的，不通过记忆或其他的意愿控制产生（Cytowic, 1995, 2002；Dixon et al., 2000；Mattingley et al., 2001）；三是具有家族的遗传性（Cohen et al., 1996；Barnett et al., 2008；Spector & Maurer, 2009）。

与此同时，联觉也一直是现代美学关注和探讨的一个重要问题（李有亮，2007），在美学中常常将 synaesthesia 译为通感或审美通感，将通感当作一种审美现象在美学中有深厚的理论沉淀。其中 aesthesia 与 esthestic 属同一词源，而 esthestic 一词表达"美感、美学"的意思。根据"美学之父"鲍姆嘉通的表述，esthestic 一词最初指涉的并不是艺术，而是人的整体感知觉区域，与抽象的概念思维相对照；其在本源的意义上就是一种"感觉学"，美学的目的是感性认识本身的完善（鲍姆嘉通，1987）。克罗齐也说 aesthetic（美学）就是"研究感觉认识的科学"（克罗齐，2009）。因此，通感（synaesthesia）是感觉的"融合"与"贯通"，所谓感觉的"贯通""融合"从词源上来说是美的融合，含有审美的因子，亦指各种感官的感觉特征所产生的表象的融合。因而，通感在美学中又被称为审美通感，即在审美活动中，审美主体的视觉、听觉及其他各种感觉之间的相互影响，审美对象之间引起的某种感觉能够唤起另一种感觉的现象（郭成和赵伶俐，1998）。通感在形式上则表现为感觉的挪移、沟通，但其在实质上更多被视为借助联想、想象而产生的综合性、整体性的感受，不单单是纯粹的感性因素，还具有理性的因素，是感性与理性的交融统一。

有学者指出，审美通感亦称感觉的挪移，与心理学中的联觉相似、相通，具有感性的特征（朱立元，2010）。钱钟书先生就把联觉译为通感，意指感觉的挪移，并指出通感的心理学根源，这是通感研究的基础，也是通感研究取得突破的前提，引起了后人对通感生成的心理机制研究的高度重视（高志明和朱玲，2010）。赵伶俐更是指出通感实质上就是普通心理学中感知过程研究中的联觉现象，人类正是以这样的"美的感觉来求得美的存在"。各种感觉发生了联系，由此产生通感，形成审美知觉的高级神经活动基础。各种感觉的高度沟通和兼容，形成了审美通感。而审美通感是审美感觉的高级形式，是人与人之间的美感的沟通与交流（刘兆吉，1989；赵伶俐，1999）。

那么，心理学联觉与审美通感的关系究竟是怎样的？两者之间存在怎样的异同？联觉研究的最新进展较多地揭示了其与审美通感的内在联系，是否认为两者之间还具有不可逾越的概念鸿沟，具有不可融合的实质差异呢？

二、联觉与美感的广告对消费者心理的影响

改革开放30年来,经济的快速发展彻底影响了消费者的价值观,消费者的需求早已经不仅仅局限于产品的功能或是外表的花哨,在由物质社会向非物质社会过渡的时期里,形式的非物质化、功能的超级化,逐渐使设计脱离了物质层面而向纯精神的东西靠近(马克·第亚尼,1998)。这就意味着单一的物质层面上的刺激已经不能满足消费者,更多的不同感官层面上的互相交融的刺激,才能满足其情感层面的需求,这样一来,日益增加的需求为联觉与美感说服手段在广告中的应用提供了契机。

联觉在广告中的使用正在逐渐增多,并引起了大量学术研究者的巨大兴趣(Nelson & Hitchon, 1995)。那么,广告中联觉的创意设计到底对消费者的心理效应有何影响呢?我们可以来看两则视觉引发味觉的联觉广告。其中一则是有关澳柯玛(Aucma)冰箱的创意广告,该广告将鱼的形象、螃蟹的形象与新鲜的绿色蔬果组合在一起,带给消费者一种清新、鲜嫩的味觉感受,从而突出了该产品"保鲜"的特殊功能(闫珂,2016)。另一则广告是曼妥思(Mentos)酸酸豆的广告,该广告的正中央是一个头部轮廓,由多个卡通人形挤压、拼凑组合而成,在每个卡通人物伸出的舌头上放了一粒曼妥思酸酸豆,卡通人物扭曲的面部表情给人一种酸不可言的感觉。

毋庸置疑,不用过多的文字说明,联觉设计的广告会让消费者耳目一新、印象深刻、心领神会。然而,近20年来却鲜有对这一问题的实证研究,这可能是因为国外心理学家长期拘于严苛的狭义联觉,使得研究难以寻觅到合适的被试——"联觉者",进而无法开展严格控制实验条件的实验。国内学者几乎无人对此进行实证的研究。因此,基于当前联觉理论研究的突破性进展,我们尝试用实验的方法更为深入地探析广告中联觉对消费者心理的影响。

与此同时,无论是常识还是科学研究都告诉我们美感是一种积极情感(郭秀艳等,2005;周象贤和金志成,2006),但目前对情感广告的研究都集中在幽默(Spotts et al., 1997;Cline et al., 2003)等积极情感类型,较多探讨了其作用机制和传播效果,但对广告中作为典型积极情感的美感却关注不够。那么,广告美感的心理效应又如何呢?

如果一则广告同时具备了联觉与美感两种经典诉求设计,对消费者又会产生怎样的广告心理效应呢?备受消费者青睐的德芙巧克力系列广告就是把巧克力的味觉和丝绸掠过人的肌肤的触觉联系起来,使受众在观看这则广告时,就

会情不自禁地产生丝绸在肌肤划过后细腻滑润的触觉体验，进而诱发美味的口感，实现感官体验的视觉、触觉、味觉"三通"，且伴有强烈的美感体验。最终广大消费者对德芙巧克力留下了深刻而美好的印象，产生积极肯定的广告效应和强烈的购买意愿。这一则经典的广告可以说是广告联觉与美感心理效应匹配的完美典范。

联觉的广告心理效应如何？美感的广告心理效应如何？广告中的联觉与美感心理效应又究竟是怎样的？两者对消费者的广告心理效应是否存在交互影响？目前，广告心理学界对上述问题的研究非常有限，仅仅从理论层面上进行只言片语的说明，少有广告中联觉与美感对消费者心理效果影响的实证研究。

在各种联觉类型中，视觉是主要诱发成分，如视听、视嗅、视味、视触等联觉（林崇德等，2003）。与此同时，视觉又是首要的美感体验来源，在广告设计中是获得信息的主要方式。视觉表现处于五感设计中的重中之重，广告界有一句名言——"一图值万言"，今日的社会也从"文本时代"过渡到了"读图时代"（裴学胜，2005）。因此，本书拟以平面广告图片为实验刺激，尝试探讨广告联觉与美感的心理效应，力求从理论层面上辨明心理学联觉与美学通感的关系，从实证层面上考察联觉与美感对消费者心理的影响，尝试把广告心理的科学研究带到一个新的、有趣的、复杂的探索研究的前端。

第二节　广告联觉与美感心理效应的研究设计

一、基本假设

根据对联觉与美感属性的界定，以及对广告心理效应测查的了解，我们提炼出研究的几个基本假设。

H1a：联觉对广告态度存在影响。
H1b：联觉对购买意愿存在影响。
H2a：美感对广告态度存在影响。
H2b：美感对购买意愿存在影响。
H3a：联觉与美感对广告态度存在交互影响。

H3b：联觉与美感对购买意愿存在交互影响。

H4：不同类型产品的广告，其联觉、美感广告心理效应存在类型差异。

二、研究思路

研究的目的在于对比联觉广告、美感广告各自的优势效应，与此同时，探讨广告中联觉与美感的交互作用。基于此，研究的基本思路是以联觉与美感两种广告诉求手段为研究对象，以平面广告为载体，以广告心理学为研究视角，运用广告学、心理学、美学的多学科交叉知识，采用文献法、实验法等研究方法进行综合研究。具体而言，首先，明确提出"广告联觉心理效应"这一概念，并将其纳入广告心理效应的研究范畴；基于联觉概念界定——联觉是一种感官刺激引起另一种感官反应和表象（黄希庭，2007），采取编制的联觉反应词汇表与利克特七点量表作为测查联觉反应的指标；对联觉进行深刻的再认识与再思考，寻找联觉在广告中的作用，探讨在广告设计实践中运用的可行之路。其次，界定美感概念。美感是人类所特有的一种复杂情感，是人们欣赏美的自然物、艺术品和其他人类产品时所产生的愉悦感受的经验（黄希庭，2004），采取利克特七点量表测查美感体验。再次，进一步研究广告联觉与美感的交互心理效应。依照通常的广告心理效果的测量方法，以被试观看广告后的广告态度与购买意愿两个指标来检验不同广告条件下，各变量是否存在显著差异。最后，我们将引入产品类型这个自变量，探讨其和联觉、美感对广告心理效应是否有交互作用，为以后进一步的研究奠定基础。

三、实证方案

广告联觉与美感心理效应研究作为广告心理学中的重要问题，其研究取向取决于作为主要理论基础的母体学科——心理学的研究取向，因此心理学的研究取向为本书提供了一个总体的理论框架。而现代心理学主要有两种研究取向：科学主义（自然科学）研究取向和人文主义（人本主义）研究取向。科学主义研究取向是采用自然科学观和实证研究范式的研究取向，依赖于实证和客观数据；而人文主义研究取向是采用社会科学观和主观研究范式的研究取向，是与科学主义的研究取向相对的，依赖于非实证和主观的分析。广告心理学的研究取向，一方面受现代心理学科学主义的影响，试图为广告心理效应的研究提供更多的客观指标和数据，另一方面又偏重于实践应用，深受社会文化心理的影响，因而采用的是科学主义、人文主义并重的研究取向。本书属于广告心理学的范畴，因此本书同样坚持两大主义并重的研究取向。

研究方法对科学研究真实地揭示事物发展规律起着至关重要的作用，基于上面提及的研究取向，在研究方法上坚持多元性与互补性相结合的原则，具体有如下几种研究方法。

（1）文献研究法：由于研究的问题涉及多门学科知识，笔者主要从心理学、美学、设计学等学科，收集、梳理、分析、归纳有关联觉、美感、平面广告、平面设计等方面的文献资料，从心理学的视角切入，深入研究其中的理论和观点，吸纳其中对本书的问题有启发与支撑的知识，同时结合相关研究领域的前沿动态，将不同领域与本书有关的知识融会贯通，为本书奠定理论基础。

（2）作品分析法：搜集各类联觉与美感平面广告，围绕本书中心"广告联觉与美感心理效应"，寻找关联度高的代表性广告作品进行举例、分析，用实际案例配合理论说明观点。通过作品分析法，能够用实际的案例来佐证文中的结论与观点，丰富研究的直观效果。

（3）访谈法：通过半结构式访谈方法，为正式实验确定实验变量与解释依据，以及验证、支撑实验结果。

（4）实验法：通过四组实验揭示变量间关系，检验理论假说，补充完善理论分析，并启发开展进一步的研究。

前面从科学理论的构建与基本问题的提出层面，对广告联觉与美感心理效应相关的问题进行了初步的探索，这些主要是对已有研究成果的梳理、分析和推论，是在日常生活实践经验和多学科知识借鉴的层面上进行的思辨。但这些分析、推论和思辨是否成立，是否符合客观实际，还需要从实证的角度展开研究。由于研究者主客观资源条件有限，实证研究部分主要以大学生为被试，以平面广告为例，从视觉刺激对单一感官的影响与视觉审美这两个核心来对联觉与审美类型开展研究，其实证研究方案思路如图 2-1 所示。根据各实证研究部分的核心研究的内容、研究的技术手段，以及各研究之间的逻辑层次关系，将实证研究分为五个部分、四组实验。其中研究一（第四章）是准实验，拟为正式实验提供实验材料。联觉词汇表编制与广告筛选包括了三个递进的研究环节，首先是联觉词汇表编制，其次是不同强度的联觉与美感广告筛选，最后通过结构式访谈确认广告筛选的效度。研究二（第五章）是第一个正式实验。实验在控制美感水平后，考察被试对不同强度的联觉广告的心理效应，主要沿用了广告心理效应的常见测量指标——广告态度与购买意愿施测,揭示广告联觉效应。研究三(第六章)考察了被试对不同强度的美感广告的心理效应,主要沿用了广告心理效应的常见测量指标——广告态度与购买意愿施测,揭示广告美感效应。研究四(第七章)考察了广告联觉与美感的交互心理效应。这是本书的关键实证研究部分,力求通过两个实验揭示广告联觉与美感的交互作用,以及窥视联觉与通感两个长期纠葛又彼此分离的概念间的内在关联与区别的实证证据。研究五(第八章)增加了产品类型变量,从享乐型产品内涵和广告联觉与美感心理效应相通契合的维度,继续探索联觉与美感广告的适用范围,从而为广告实务界的广告创作与广告投放提供心理科学方面的参考策略,使实验结论更切合实际,也更具生态效度。在实证研究的基础上,提出了如何根据广告联觉与美感效应的实证研究结果而改进平面广告设计及其他广告设计的对策与建议。

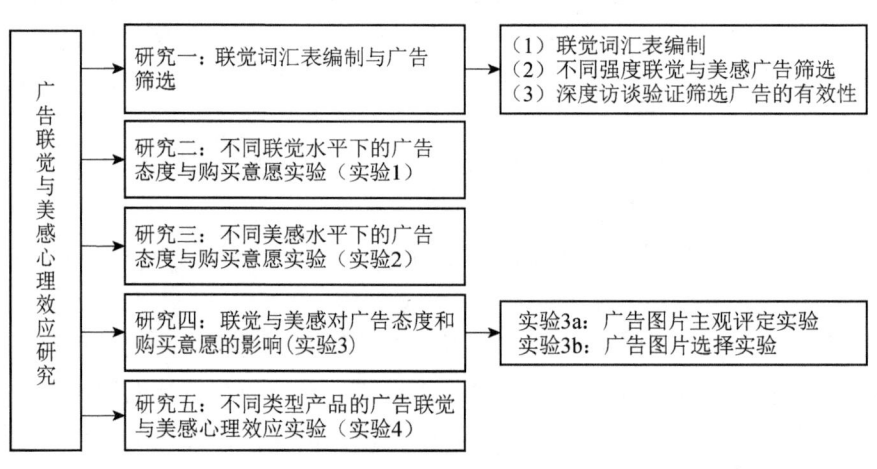

图 2-1 实证研究方案思路

四、研究价值

(一)理论价值

联觉研究井喷式发展,渐成认知科学新主流。联觉广告更是由来已久,是经久不衰的重要广告诉求手段,然而,相关理论研究中有不少问题悬而未决:联觉广告是当代广告设计的焦点——多感官广告的重要基础,但它却为何缺乏系统的实证研究?广告联觉效应是否理想?联觉与通感的关联又是如何?联觉与美感之间又存在怎样的交互效应?本书以平面广告为例,采用文献法、作品分析法、实验法等，细致深入地分析了联觉与美感广告的诸多重要命题，厘清了关键概念，量化了广告联觉与美感心理效应，从而进一步拓宽包括审美心理、广告心理、消费心理等重要学科在内的研究领域。这是关于广告联觉与美感效应方面的前沿探索，它弥补了相关理论研究的盲点与缺憾，颇具理论价值。

具体而言，本书的理论贡献主要有四个方面：首先，本书厘清了联觉研究的脉络，拓宽了联觉概念的适用边界。以往的研究大多笼统地将联觉作为一个单维度的变量，即联觉或非联觉，但近年研究进展表明联觉有强弱之分，弱联觉在日常生活中大量存在（刘思耘，2012）；联觉有先天基因遗传与后天习得训练两种不同的获得方式（李佳源，2015）。这些重大的发现标志着"新联觉"研究时代的来临，这势必激发对该问题的全面理论反思，必然打破陈旧概念的认知局限与学科壁垒，对推动后续相关研究尤其是跨学科、跨领域研究有重大意义。而这些重大的发现对本书的启发主要体现在：联觉作为一个广泛存在于各个领域的心理现象，有其独特的复杂性。无论是从联觉性质、类型、获得方式还是联觉主体，都说明联觉是一个由复杂维度所构成的心理现象，因此联觉也不应当是一个单维度的概念。本书与以往研究不同的基本点就在于，将联觉视为一个复合维度的概念，并基于可得文献，尝试突破联觉概念的边界，将心理学中的联觉与美学中的通感结合探讨，辨明联觉与通感的异同，并且为联觉现象在文艺美学、语言修辞学等广阔领域中的实证研究奠定概念与理论基础。其次，对广告中的联觉诉求手段，不再采用广告心理学研究中惯用的、笼统的、思辨性的讨论方式，而是采用实证的手段，通过对广告中联觉现象进行实验的操作性探究，量化了受众的广告联觉反应。再次，在情感广告研究的可得文献中，关于美感诉求对广告受众广告心理效应的实证研究几乎无人涉足，本书尝试性地实证研究美感对广告受众的广告心理效应。而对广告美感效应的实证研究正好契合了广告心理研究的发展趋势——广告心理的研究与美学等多门学科存在密切关系，实证性突出，理论与实践的联系更加密切（王怀明和马谋超，2004）。最后，通过对广告联觉与美感交互效应的探究，回答了若干问题：广告联觉与美感效应是否存在，是否提升了受众的广告心理效应，并得出了准确的结论。得出的结论进一步丰富了广告心理效应研究的内容，填补了以往广告心理学研究对广告联觉与美感交互效应的这一研究空白，同时也为解释相关效应的内在机理提供了未来研究的可能性。

（二）应用价值

在之前的心理学、美学对联觉与美感体验的研究中，人们往往侧重于对联觉与美感体验的理论阐述（美学中）和神经认知机制的探讨（心理学中），而对将联觉与美感体验合理置于其他领域进行应用性研究却未给予充分重视。而本书正是探讨联觉与美感体验在广告设计创意中的应用能否给消费者带来积极的心理效应，为企业的营销策略提供新的视角，为当下的广告设计与创意提供心理学依据和有价值的参考。

此外，作为两种重要的广告设计元素或诉求手段，联觉与美感从未离开过研究者与广告业主们的视野，在实务界也多有两者结合的经典之作，其产生了极好的广告心理效应，让广大受众难以忘怀。但几乎无人对广告联觉与美感心理效应进行系统的实证研究，这主要是研究操作中存在的主客观局限性所致。其局限性具体体现在：①研究方法、技术的局限。广告中的美感与联觉现象的干扰变量较多，同时受众卷入的认知过程复杂，因此对无关刺激的剥离十分困难，研究的生态效度较低。与此同时，已有的采取单纯刺激进行联觉实验的范式与神经脑成像技术的参考价值十分有限，并且其参考价值还有待考证，因此学界少有广告美感与联觉效应量化反应的实证证据。②研究被试的局限。联觉的传统实验研究认定联觉不是大部分普通人群可以拥有的能力，联觉的实验研究范围只局限在认知神经科学视野里占人口比例极少的强联觉者身上，而忽视了生活中大量存在的联觉现象，即弱联觉现象，这造成了将弱联觉人群排除在联觉实验研究范围之外的结果。③传统广告心理实验研究主要是以产品、广告类型及被试特征等为实验条件，极少考虑增加诸如刺激诱发多感觉通道反应的联觉和美感体验这样的变量，因此传统广告心理实验研究的可行性尚待考证。而本书试图突破上述局限，去探讨在广告设计创意中运用联觉与美感体验能否给消费者带来积极的广告心理效应，具体的创新主要体现在以下几点。

（1）对联觉研究现状进行了细致的梳理，并对联觉的一种新的形式——弱联觉给予了特别的关注，拓展了弱联觉的范畴及这一重要心理变量在广告领域的应用。

（2）从广告的视角探讨联觉与美感的关联，辨明"联觉"与"通感"两个概念，指出了两者在本质上的异同。

（3）通过系列实验研究提供了联觉与美感广告对消费者心理影响的实证证据，拓宽了广告心理研究的领域。

第三章 广告联觉与美感心理效应实证研究进展

西方主流心理学一直沿袭自然科学的传统，力图构建实证主义心理学的理论模式，亦即坚持客观实验的心理学研究范式。作为心理学分支的当代广告心理学，其实证研究趋势日益凸显，越来越重视广告心理效应的客观科学指标。对作为心理学研究的前沿问题与本书的核心变量——联觉，其研究也不应局限于主观的经验范式研究，而应更多地采用自然科学的研究范式，依赖于实验数据与脑神经科学技术，对其大脑机制进行客观与精确的定位。本章主要对实验研究的对象——广告心理效应和实验确立的实验变量——联觉与美感三者的实证研究进展进行梳理，包括广告心理效应测查指标、方法及其层次模型，联觉与美感对广告心理效应的正向作用，联觉的理论解释模型及其神经机制，联觉的发展与习得，以及弱联觉与美感体验及其神经机制。本章对广告联觉与美感心理效应的关键变量的研究实证进展进行总体概括，只有在对已有研究成果进行归纳总结和理论分析的基础上，后续的实证研究才能得以展开；同时本章亦作为广告心理效应研究的社会科学人文取向研究的重要补充。

第一节　广告心理效应及其层次模型

一、广告心理效应研究

广告心理效应又称为广告心理效果，是广告传播所引起的广告受众的心理反应（林崇德等，2003），包括受众在感知、记忆、理解、情感体验及态度倾向等心理特征方面的影响，这是广告效果的核心部分。广告的作用在于影响受众的心理活动和购买行为，其必然与受众的心理过程发生关系，因此，广告心理效应充当了广告刺激输入与购买行为输出的重要媒介，对于衡量一个广告的成功起着至关重要的作用，一直都是广告心理学所关注的焦点。

目前，对广告心理效应的研究主要有两个方向：一是研究不同的广告诉求方式对受众的心理反应有何影响,以找出最有效的广告诉求方式;二是分析如何在特定的广告条件下建立起广告心理效应模型,以探明广告的影响机制(向梦弦,2007)。然而,无论广告心理效应研究的是哪个方向,其主要采用的测定指标如表 3-1 所示。

表 3-1　广告心理效应指标

美国全国产业协议会	拉比基	格利	爱德玛公式	林崇德、杨治良、黄希庭
(1)认识商品 (2)酿成接受商品的心理 (3)产生选择商品的愿望 (4)唤起购买商品的意图	关于商品(未知) (1)知名 (2)理解 (3)确信 ↓ 购买行动	(1)知名 (2)理解 (3)确信 ↓ 购买行动	(1)注意广告 (2)关心广告 (3)对商品产生需求 (4)对商品有所记忆 ↓ 购买行动	(1)注意度 (2)知名度 (3)理解度 (4)记忆 ↓ 购买行动

虽然表 3-1 中对广告心理效应测定指标在语言表述上存在一些差异,但我们可以看到这些广告心理效应测定指标主要涉及受众的感知程度、理解程度、记忆及态度的转变,具体的测定指标主要有注意度、知名度、理解度、记忆、购买意愿(林崇德等,2003)。但广告心理效应在国外的实证研究中,最常使用的指标是广告态度和购买意愿(Lavack,2008;Martin et al.,2008),而测定的常用方法有态度量表、等级评分法。

(一)态度量表

态度量表,如表 3-2 所示,是用于测量广告受众心理反应的尺度,列出广告的各种测量维度,要求广告受众按量度作出评价,既可用评价语句测定,也可用打分的方式测量。

表 3-2　态度量表

测量元素	十分不赞成	不赞成	无所谓	赞成	十分赞成
美的广告	√				
带来愉悦的广告			√		
有创意的广告				√	

注:在您想评的分数下打"√"

(二)等级评分法

等级评分法是指根据一些测定指标给广告打分,如表 3-3 所示。

表 3-3　等级评分法

测量元素	0 分	1 分	2 分	3 分	4 分	5 分	6 分	7 分
广告的美			√					
广告创意					√			
广告带来的愉悦				√				

注：在您想评的分数下打"√"，满分 7 分

马谋超（2008）认为广告的发布是信息传播的过程，分为四个阶段：到达、认知、态度和行动。这实际上是广告通过媒介与消费者接触，影响消费者的知觉、记忆和情感，让其对企业产品、劳务或企业形象的认知和态度有所改变，产生购买欲望并付诸行动的过程，如图 3-1 所示。

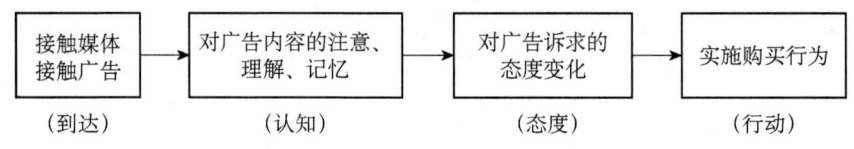

图 3-1　广告心理效应

广告的目的是通过广告的传播使受众产生购买行为，根据著名的广告传播效果层次模型（hierarchy of effects model），广告传播包括如下环环相扣的环节（Simonson et al.，2001）：呈现/注意—接收/编码—认知（情感）反应—态度行为—行为意愿—行为反应。

实际上，对于广告传播效果层次模型的这几个环节，可以将之分为如下三个阶段（图 3-2）：第一阶段是广告呈现给受众及受众注意广告的阶段，这一阶段可以称为广告注意阶段；第二阶段是受众对广告作出认知（情感）反应及态度变化阶段，这一阶段可以称为广告态度阶段；第三阶段是受众持有购买意愿及作出购买行为的阶段。

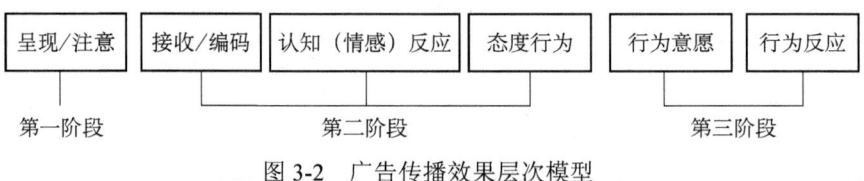

图 3-2　广告传播效果层次模型

二、广告心理效应层次模型

随之而来的一个问题就是，广告是怎样影响受众的心理机制的？目前，人

们提出了三个模型对这一问题进行解释：①Thayer 的唤醒模型（Annie et al.，1995）。这一模型认为唤醒是一种非常复杂的心理现象，唤醒涉及两个维度：活力（energy）和紧张（tension）。活力维度是从"充满活力"（energized）到"疲倦"（fatigue）的不同水平反应，活力维度与个体的生理和认知活动相关；而紧张维度指从主观的内部紧张到平静连续体上不同水平的情感反应。两个维度的关系呈现负相关——活力水平越高，紧张度越低，反之，亦然。能带来积极情感的广告能直接使受众产生不同的唤醒状态，进而促使受众作出相应的认知反应和行为反应。广告应该给予受众活力，而不应为受众带来紧张，带给受众活力十足的广告往往导致受众积极的情感反应，而带给受众紧张的广告往往诱发受众消极的情感反应。②说服的情感迁移模型（transfer model of persuasion）。这一模型认为广告呈现时诱发的受众情感反应会迁移到该广告所传播的产品，受众会对广告本身和广告中产品产生相同的情感反应，这是由于广告中的产品已经被结合在广告中，广告与广告的产品将会被受众看作一个整体。③精细加工可能模型（elaboration likelihood model）。Petty 及他的同事提出一个精细加工可能模型来解释广告对受众态度改变的作用，精细加工可能模型认为受众态度改变通过两种路径进行：中枢路径和边缘路径（Petty et al.，1983；Petty et al.，1997）。中枢路径是指受众通过考察、分析、综合、检验广告信息而改变自己的态度；边缘路径是指受众不考虑广告产品本身的属性和功能，不对广告信息进行理性分析，而仅仅凭借广告所激发的情感体验就作出态度的改变。

第二节 联觉与美感对广告心理效应的正向作用

越来越多的广告不在于对消费者进行逻辑说服，而在于对广告受众进行感觉与情绪影响，都在构成广告的三大基本要素——文字、画面和色彩方面，考虑如何最大限度地调动广告受众的感觉与情绪，考虑广告受众的感觉与情绪对广告心理效应的正向作用。目前，广告心理学者逐渐发现，若在广告中分别利用广告受众的联觉、美感这两种诉求，以及正确调动两者的交互效应，将会对广告受众的心理效应起到正向作用。

一、联觉对广告心理效应的正向作用

(一)多媒体时代广告受众心理变化

建立在文字和平面印刷时代的广告传播理论往往强调五感(视觉、嗅觉、触觉、听觉、味觉)中一种感官的感受,这一理念深深地影响了我们的思维与理解,也造成了感官感受的失调,即往往重视某一种感官感受的呈现,"传播媒介重要的效果在于,它影响了我们的理解与思考习惯,影响了人们感官比例(sense ratios)的平衡。原始人重用所有的五种感官——视觉、嗅觉、触觉、听觉、味觉,而科技,特别是文字时代的传播媒介,则使得人们只强调一种感官"(崔书宜,2006)。而现有的传播理论基础建立于文字时期和平面印刷时代,这些观念在多媒体时代正在受到冲击。有人对媒介中消费者的感觉体验与购买决定的相关性进行了调查统计,研究发现目前消费者的购买决定还是以视觉符号(如图像、文字、色彩等)和听觉符号为主,其他感觉符号也占据了一定比例(崔书宜,2006),如图 3-3 所示。

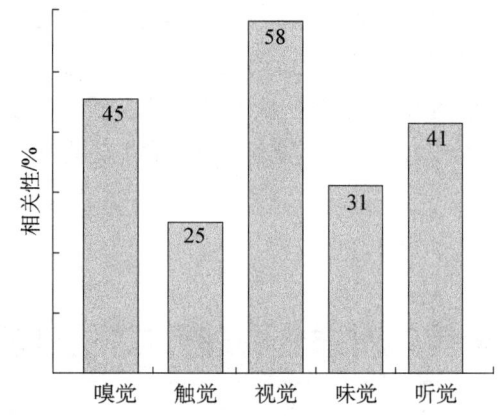

图 3-3 购买决定与感官体验的相关性

资料来源:崔书宜,2006

这说明如今的消费者购买广告中的产品,不仅仅在意视觉或听觉的感受,而且在意其他感官感受。如果外界刺激十分弱或者环境的干扰较多,单一模式的感官刺激就不足以为广告受众提供丰富的感知信息,而广告受众的多感官交互与整合就能弥补单一模式信息的匮乏,增强个体对广告的感知能力(俞黎平,2006)。当广告受众对与此同时呈现的多感官刺激进行加工时,其对广告传递出的信息捕捉就更准确,响应也更快,并且能够降低知觉的不明确性并增强刺激觉察（Rocchi & Stefani，2005）。多感官刺激对广告受众的注意和朝向感知也会产生重要的影响，也对记忆和联想过程有重要作用（Foxe et al.，2000）。多感官刺激可以使广告受众的反应更加迅速，还可以加速诸如快速眼动之类的活动。很多广告一味地对受众进行视听觉的轰炸，使受众对这两种感官的感觉阈限越来越高，甚至有不少受众已对之形成了免疫力。只有从单一感官设计向多感官整合设计方向发展，才能突破广告的现有感官资源瓶颈。因此，如何在有限的条件下，利用有限的空间（版面）或物质时间资源来使广告发挥尽可能多的感官刺激与冲击效果呢？如何使用有限的感觉符号来达到多感官感受的效果，以满足消费者的这种感官需求呢？广告中联觉的恰当使用正好能够解决这些问题。

（二）广告中联觉产生的因素

使用了联觉的广告比一般的广告更能将广告的属性、特征展现给受众，使受众更容易记住此广告，引发受众更多的兴趣、偏好和购买意向。例如，视觉和听觉交互就能显著地增强记忆效果。如果单一视觉的长时记忆效果是20%，单一听觉的长时记忆效果是20%～30%，那么视觉和听觉的交互可使长时记忆效果达到40%～50%。如果在接收视觉和听觉刺激的同时，接收其他感官刺激，那么，长时记忆效果更可高达80%（崔书宜，2006）。

Kim（2002）认为网络旗帜广告应采取联觉设计，因为联觉会增加受众对广告和网站肯定的态度。研究结果显示，相对普通网站，商业网站的广告联觉反应引发了受众更多的兴趣、偏好和购买意向。这意味着联觉广告诱发更好的广告表现并且在劝说顾客方面非常有效（Kim，2002）。他曾提出了联觉广告的四种类型，并且给出了一个联觉效应模型，如图3-4所示。

虽然Kim是以网站上的联觉广告为对象的，但我们仍可以从中看到一些一般形式（如电视、报纸等）的联觉广告的普遍特征：①联觉广告的类型基本上是由视觉引起其他四觉的联觉，原因在于到目前为止主流广告媒介呈现广告还是以视觉形式为主，如呈现画面、图片、文字等。②从表3-4可以看到，网站广告造成联觉的因素主要有四个：广告图片的颜色、图片本身、移动与文案。在这四个因素里面，广告图片的颜色和图片本身造成联觉应该对于所有广告媒介都适应，从中也可以看出，广告图片的颜色及图片本身是联觉产生的两个重要因素。

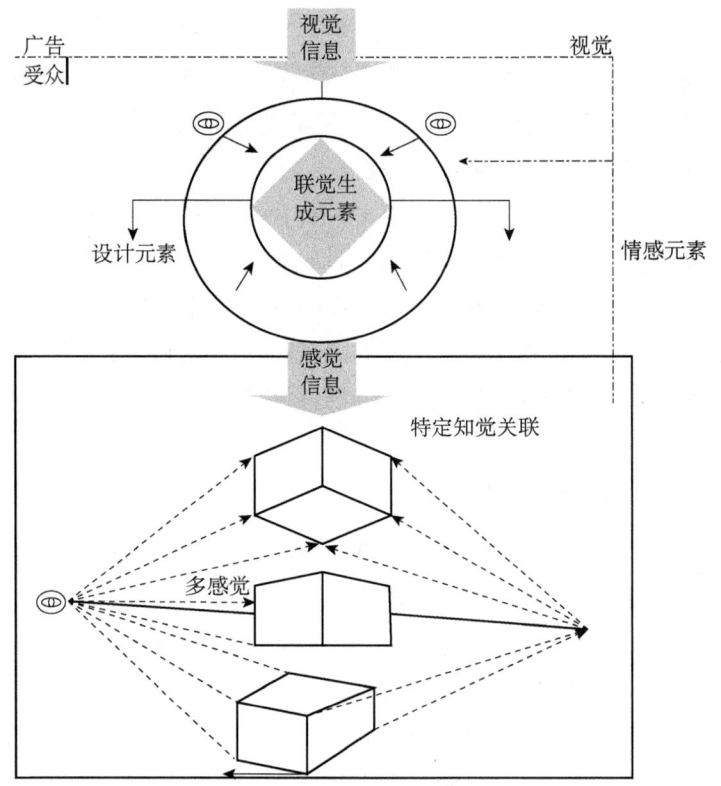

图 3-4 联觉效应模型

资料来源：Kim，2002

表 3-4 联觉广告类型

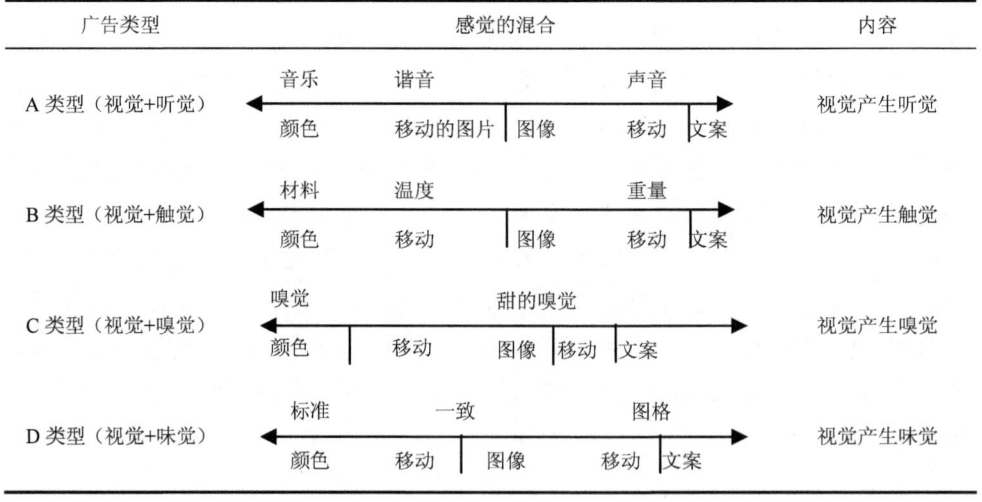

资料来源：Kim，2002

此外，广告要使广告受众产生联觉，还有三个因素需要考虑。

一是广告受众的过去经验。通常产生联觉的，是广告受众十分熟悉的有丰富感觉经验的事物，如草莓的美味早就存在于广告受众的感觉经验之中，一旦出现草莓诱人的形象就会触发广告受众的味觉反应。

二是联觉的产生有其神经联系的特点，常常发生在那些不同属性状态上有部分相似之处，或不同属性性质有部分相似的物体上（余小梅，2003）。比如，在广告中为了凸显某种辣椒酱辣的特性，常常使用火红的颜色从视觉上来触发联觉体验；在广告中为了显现某种沐浴露使人的肌肤光滑细腻，常使用视觉上看到丝绸锦缎时产生的柔滑的触觉来触发联觉体验。

三是广告的目标。广告的目标不同，广告活动的策略也会不同，那么联觉广告设计策略也应灵活调整，选择不同的联觉通道的感官组合。不同的广告目标与不同的感官刺激之间，存在一定的规律性。广告的效果是整体的，需要尽量多地实现多层面目标，这样才能产生"整合知觉"，让受众更深地陷入广告世界，形成"沉浸体验"（Fevre，1989）。当以广告目标层次为导向策略时，根据受众的反应，广告目标的层次可分为感知、理解、感情、关联、信任、行动六个层面，有人根据这六个层面给出了一个广告目标-感官设计策略矩阵模型（表 3-5）。

表 3-5 广告目标-感官设计策略矩阵模型

感官	感知	理解	感情	关联	信任	行为
视觉	+	+	+	+	+	+
听觉	+	+	+	+	−	+
触觉	+	−	+	+	+	+
嗅觉	+	−	+	+	−	+
味觉	+	−	+	+	−	+

广告目标选择感官组合的策略矩阵这一模型，可用于指导采用哪种联觉组合以更好地实现目标。例如，一则广告可以通过视觉和听觉直接实现获得受众的感知、理解、感情、关联、信任等目标，然后用味觉打动受众使其尝试该商品；也可以通过嗅觉达到知晓、激发情感、将产品与某种生活方式联系起来的目标，然后用视觉示范引发广告受众产生购买的冲动。这两则广告同样有效，只是以完全不同的策略打动了受众（莫梅锋，2013）。

（三）联觉在平面广告中的正向作用

传统广告的感官设计多停留在单一感官设计或简单的视听双感官设计层

面，广告中这样单一的感官设计及多感官简单整合设计存在很大缺陷，受众的感觉阈限越来越高，甚而形成免疫力，广告心理效果被大幅度削弱。只有重视联觉的运用，广告设计才能突破现有的受众感官资源瓶颈。而联觉对平面广告的设计尤为关键，联觉把广告受众从平面广告传统的单一狭窄的视觉感官空间引入到视觉、听觉、嗅觉、味觉、触觉五维的多元感官世界，具有不可估量的正向作用。

1. 吸引广告受众的注意

在一个读图年代，面对千篇一律的广告设计的信息轰炸，人们会产生视觉疲劳，广告受众的感觉阈限已在极大程度上被拔高。那些过度的、杂乱无章的视觉感官刺激广告不但不能够满足消费者的需要，甚至适得其反。直观、干净、清晰的广告设计能够更加吸引广告受众，而精妙的广告联觉设计突破了平面广告视觉体验的边界，带给广告受众更为显著的多感官刺激，拓宽了广告受众的注意范围，从而捕获广告受众的注意力，实现广告的首要目标。

2. 丰富广告受众的感知

视觉疲劳的引发，除了平面广告视觉设计作品的粗制滥造、泛滥成灾之外，还有一个重要的因素就在于未能充分激发起观众的跨通道感官体验，即联觉体验。联觉从本质上来讲就是感知觉性质的，发生在感知层面，是直接、感性的对客观刺激的反映，而非因记忆联结或深度思维因素所致。毋庸置疑，联觉对消费者的感知觉会产生实质性的影响，进而影响其购买决策。一则优秀的联觉广告作品会使广告受众的感知更为丰富，突破平面广告的单一感知边界，更能全面、准确、深入、迅速理解广告产品的属性与信息。广告产品的信息通过广告联觉无声地浸润广告受众的感知空间，在广告受众还没有意识到其存在时，广告产品信息包括其特征、定位、诉求点都已经快速而精准地传递给了广告受众。而当再次凝视广告时，他们会发现自己的感知需求都得到了有效满足，并且能够被再次回味。换言之，广告联觉设计作品给广告受众带来了更为丰富的感知愉悦。

3. 强化广告受众的记忆

在平面广告传播当中，广告受众对广告所传播的信息也要经过记忆的三个阶段：感觉记忆、短时记忆、长时记忆。三者的区分是相对的，它们之间是相互联系与影响的。任何信息都必须经过感觉记忆的登记、短时记忆的加工，才可能转入长时记忆而储存在头脑中。如前所述，联觉广告增加了受众对广告的注意，而吸引受众的注意是使广告产品信息进入受众短时记忆的必要条件。经过注意的信息在短时记忆与长时记忆中还是都有可能遗忘,而只有经过丰富的感知加工、回味与关注,才能建立牢固的联系。采用联觉设计的平面广告,丰富了广告受众的感知,让人产生兴趣,使人回味无穷。因此,留给受众的记忆痕迹无疑是被反复强化的,是非常牢固的,易于被激活与提取。可以说,广告中的联觉设计是提升受众广告记忆的金钥匙。只有高质量的联觉广告设计,才可以充分激发广告受众的跨通道感官体验,才会使广告受众有一种耳目一新、别具一格的感受,提高其对广告产品信息的记忆,让其过目不忘,从而加强其对广告传播信息的印象和认识。

4. 引发广告受众的购买意愿

传统平面广告设计无法克服单调的视觉感官体验缺陷,联觉广告设计为现代广告尤其是平面广告设计提供了强有力的、新颖的设计理念,为平面广告注入了更多的生命力。通过诱发触觉、嗅觉、味觉感官体验,打破以往的广告创意模式,以人的感知需求为中心,构造一种具有视觉、听觉、触觉、嗅觉、味觉的多感效果盛宴:唤醒受众的注意力,丰富受众的感官享受,提升受众对产品的认知层次,给受众带来身心愉悦,强化受众对广告产品个性化的记忆,全方位地刺激起其购买欲望,进而促成其购买行为。

二、美感对广告心理效应的正向作用

有学者借鉴了心理学家、神经学家和人工智能科学家在人脑思维运作方面获得的最新研究成果,认为一则广告能否激发目标受众的情感回应,是预测该广告成功与否的最强有力因素。情感因素在加强该广告的购买意愿的过程中,起到了决定性的作用。广告注意历来被认为是测查广告心理效应的主要指标,但是注意其实是情感的结果,而不是起因。对广告从业者而言,这是个很深刻的思想。广告并不是先获得注意力,然后才产生一种情感的,相反,广告是先产生一种情感,这种情感能够吸引注意力(埃里克·杜·普莱希斯,2007)。这种观点与广告信息加工的边缘路径模型理论是一致的。而作为情感类型之一的美感,在绘画、音乐、建筑、广告等艺术欣赏和创作中具有显著的作用(Charters,2006)。

现代广告艺术继音乐、舞蹈、戏剧、建筑、雕塑、绘画、电影之后,被人们称为"现代第八大艺术"。广告宣传的商品不仅要具有美的形态、美的韵律,而且广告本身在色彩、语言、画面、氛围、情节上必须要贯穿美的法则，因为广告受众实际上将观看广告的过程视作一个审美过程，对广告美感体验的渴求也变得越来越普遍、越来越自觉。广告过程就是一个对美感受、认知的过程，广告一方面反映或渗透着一定时代广告受众的审美观念、审美趣味、审美理想，另一方面又通过广告制造者传递审美的意趣、美的价值（祁聿民，2003）。广告从本质上来说是劝说，劝说便不是科学而是艺术，因此广告要美，要令人回味，要给人留下长久的愉快（张微，1996）。广告本身离不开美，若离开了美，就变成了干瘪瘪的一堆文字、图片等的堆积。

目前，学者们普遍认为极具美感的广告画面诱使消费者产生对产品体验的美好想象，激发有益的消费想象，从而可增加广告对受众的刺激深度（Keller & Block，1997；Krishnamurthy & Sujan，1999；Anderson & Martin，1983；Gregory et al.，1982）；有效地提高体验型产品的品牌评价和购买意愿，从而可以提升广告的说服效果（姚卿等，2011）；激发消费者的种种消费想象，激发起广告受众的心理认同与共鸣，产生对广告商品的购买欲望（邓敏芳，2005）。

同时，美感体验通过主观评定和生理指标等方法被证实属于积极情感范畴（陈丽君，2010）。而积极情感对产品态度和购买意愿有正向影响（钟建安，2000）。因此，能诱发受众美感体验的广告，对广告心理效应必然有正向作用。

第三节　联觉的特征与定义

一、联觉的心理学理论意义

早在19世纪末和20世纪初，联觉便已是心理学和哲学研究中的热点问题，事实上，在100多年前（19世纪60年代），实证美学、物理心理学之父费希纳的第一个审美心理学实验就是联觉的实验。费希纳为了解联觉现象到底是感觉生理机制还是认知心理操作机制，调查了73个人的字母-颜色联觉。这一类型的社会科学实验后来被一些实验心理学家采用，标志着联觉研究范式从单一的个例被试到群体被试的重要转变。

当时研究者未能成功地定义一个客观体系来描述此现象的特征，因此，之后对这个问题的兴趣逐渐消退。然而，伴随着认知革命的兴起和人类神经科学新实验技术的迅速崛起，对联觉的兴趣作为科学研究的显性问题得到复兴（Hochel & Milán，2008；Rogowska，2011；Simner，2012；Banissy et al.，2012），特别是近十年，对联觉的神经机制研究持续升温，呈现出井喷之势。近年来，心理学者对联觉显示出这样浓厚的兴趣，在于联觉研究对于理解感知觉具有重要的理论意义。

首先，联觉为我们理解感觉的性质打开了一扇新的窗口。为了证实一种视觉特征是否是一个感觉过程，我们往往建立数字（或字母）矩阵，由于视觉特征，数字就能被感知为一种垂直的排列或平行的排列。当一个视觉特征导致了族的形式（formation of clusters）且这些族的形式能被整体感知时，就能被断定如此一个特征是真实的感觉（genuinely perceptual）（Beck et al.，1996；Treisman & Gelade，1980）。比如，如果矩阵中的一系列邻近元素与其他元素的颜色不同，那么它们将会被视为与其他不同的组在背景中突显，这种称为感觉分组的现象将会对应于基本的视觉特征出现，如颜色、形状和方位。有两个实验研究通过这样的突显测试法已经明确揭示了联觉是一个真实的感觉过程，而非简单的记忆过程（Ramachandran & Hubbard，2001；Hubbard et al.，2005）。然而联觉不同于一般的感觉现象就在于，它是通过一种外在的感觉刺激诱发另一种感觉体验，而非直接从外在的刺激物产生的感觉体验。比如，声音-气味联觉中，外在刺激物声音是直接通过听觉体验到的，而由声音诱发的气味与此同时被嗅觉体验到，联觉实质上是跨通道感觉现象，是一种感觉伴随着另一种感觉的产生。因此，联觉是一种更加复杂、特殊的感觉现象，理解联觉的发生机制与神经机制十分有利于我们理解感觉的性质。

其次，联觉研究有利于我们理解感觉的跨通道交互和捆绑问题。跨通道交互是联觉的一个重要特征，也是一种非常特别的特征。那么，不同的感觉在大脑中是如何跨通道交互的呢？这个问题已经成为目前认知神经科学的热点话题之一（Rouw et al.，2011；Spence & Deroy，2012），主要体现在：①三个理论模型被提出来解释感觉的跨通道交互：交叉激活模型（Ramachandran & Hubbard，2001；Hubbard et al.，2011）、脱抑制性反馈模型（Grossenbacher & Lovelace，2001；Cohen & Henik，2007）和重入反馈模型（Smilek et al.，2001）。每个模型都有各自的证据支持，到底是哪一种还有待以后的实验证据进一步证实。②感觉的跨通道交互的神经机制也是令人感兴趣的问题，不少研究已经表明了跨通道交互会激活大脑不同的皮层区域网络，而不是特定的区域（Rouw et al.，2011）。那么，到底哪些大脑皮层区域会被涉及？这是目前正在进行的工作。与此同时，有人已经表明跨通道交互是大脑皮层区域中刺激感觉区域与伴随感觉区域之间的连接造成的（Bargary & Mitchell，2008）。到底刺激感觉区域与伴随感觉区域之间是以何种方式连接，是前馈连接（feedforward connections）还是回馈连接（feedback connections），直接连接还是间接连接？这是感觉跨通道交互研究中有待揭示的问题，联觉正是跨通道交互的典型情况，因此，对于联觉的研究必然有利于我们进一步揭示跨通道交互这种神秘的现象。而与跨通道交互相关联的就是捆绑问题——独立的被加工的特征如何能被重新联合（reunited）起来制造一个联合的对象体验（Robertson，2003）。相对于非联觉者，联觉者捆绑了两个特征，一个特征是真实出现的（actually presented），另一个特征是没有真实出现的，而顶叶皮层受损的病人可能显示出在捆绑上的一个问题，这说明顶叶皮层可能与感觉的捆绑有关。研究已经表明，联觉中的捆绑与病人中缺乏捆绑的综合研究有利于理解捆绑问题（Robertson，2003）。那么，感觉的捆绑究竟具有什么样的神经机制？

二、联觉的特征

很多学科都有对联觉的研究，但是联觉的术语使用不一致，认识偏差和学术定位不清晰的现象比较严重。比如，心理学视野中的联觉往往被看作是跨通道的感觉体验，而美学、语言学等学科里则将联觉称为通感，认为通感就是联觉，可有时常将通感与联想、想象、意象、隐喻等现象相关联。即使在单一学科心理学中也有关于联觉的不少不一致的定义，这使心理学家往往采用不同的定义形式来描述联觉，以及提供不同的特征来识别和界定联觉。因此，就必须对联觉作一个清晰的界定，展现其特征。

普通心理学中严格意义上的联觉都基于如下核心事实：一部分人报道阅读、听音乐、吃东西等日常行为诱发了颜色、味道、形状等特殊的感觉。比如，当联觉者听见声音时可能看见颜色（音乐-颜色联觉）（Ward et al.，2006），或者当阅读时，嘴里能体验到味觉（声音-味觉联觉）（Ward & Simner，2003；Jones et al.，2011）。这些感觉能在联觉者意识完全清醒的状态下体验到，而不是由某种疾病、臆想或者药物引起的。

联觉的这种不同体验说明，联觉首先具有异质性（heterogeneity）。目前超过60种联觉已经被报道，它们分为五种类型：颜色序列联觉、颜色音乐联觉、非视觉序列联觉、空间序列联觉和颜色感知联觉（Day，2005，2009；Novich et al.，2011），如图3-5所示。

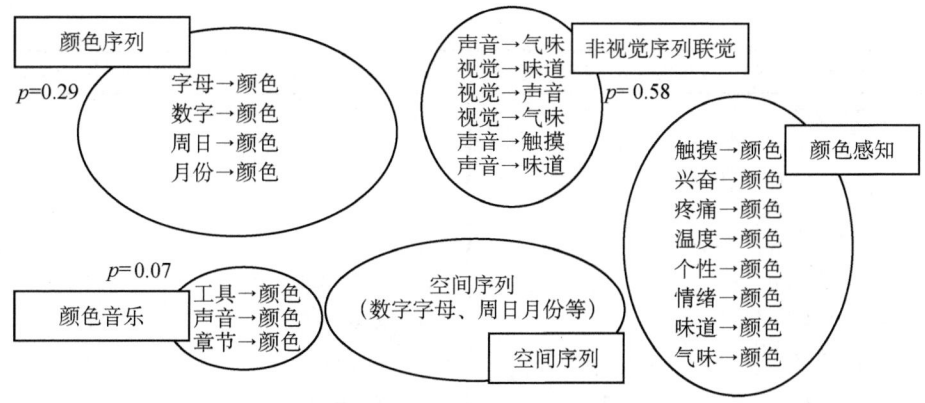

图 3-5　联觉类型

资料来源：Novich et al.，2011

每个联觉都有它自己的诱发刺激，称为诱发因素（the inducer），也有激发的联觉体验，称为伴随体验（the concurrent）。比如，联觉可以是被嘴里的味觉、词语的想象、时间等不同的诱发刺激引起，与此同时，它可能激发了声音、形状、颜色、味觉、气味、触摸感觉等不同的伴随体验。为了对联觉的不同形式进行区分，已经有不少人对联觉进行了分类，如强联觉和弱联觉（Martino & Marks，2001）、高联觉和低联觉（Ramachandran & Hubbard，2001）、认知联觉和真联觉（Day，2005）。虽然这些范畴的划分存在重叠和不详尽的地方，但是范畴的划分为我们揭示了强联觉、高联觉及真联觉具有内在一致性，即都是指人群中极少部分人拥有的某些特定类型联觉。也有学者以生理联觉统称以上联觉类型，并对此作了统计划分，如表 3-6 所示。

表 3-6　生理联觉类型与所占联觉类型比例

生理联觉类型	生理联觉所占百分比/%	生理联觉类型	生理联觉所占百分比/%
字母→颜色	64.9	温度→颜色	2.5
时间单位→颜色	23.1	性高潮→颜色	2.1
乐声→颜色	19.5	感情→颜色	1.6
普通声音→颜色	14.9	感情→嗅觉	0.1
音位→颜色	9.2	感情→味觉	0.1
乐音→颜色	9.0	运动→声音	0.3
嗅觉→颜色	6.8	词素→味觉	0.6
味觉→颜色	6.3	乐音→味觉	0.2
痛苦→颜色	5.5	个性→嗅觉	0.3
个性→颜色	5.4	个性→触觉	0.1
触觉→颜色	4.0	嗅觉→声音	0.5

续表

生理联觉类型	生理联觉所占百分比/%	生理联觉类型	生理联觉所占百分比/%
嗅觉→味觉	0.1	温度→声音	0.1
嗅觉→温度	0.1	触觉→嗅觉	0.3
嗅觉→触觉	0.6	触觉→声音	0.3
声音→运动	0.5	触觉→味觉	1.1
声音→嗅觉	1.6	触觉→温度	0.1
声音→味觉	6.1	视觉→嗅觉	1.1
声音→温度	0.6	视觉→声音	2.6
声音→触觉	3.9	视觉→味觉	2.8
味觉→声音	0.1	视觉→温度	0.2
味觉→温度	0.1	视觉→触觉	1.5
味觉→触觉	0.6		

资料来源：（Cretien Van Campen，2010）

  与此同时，这也进一步为联觉的性质指出了方向，提出了边界的疑问与可能，有利于我们更深入地探究联觉。

  第二个特征是联觉的感觉性质。在联觉的研究历史上往往将联觉描述为一种感觉刺激诱发另一种感觉体验的跨感觉通道现象（黄希庭，2004；孟昭兰，1994；Cohen et al.，2007；Asher et al.，2009），将联觉看作是一种感觉现象。这种看法源于两个方面：一是根据早期的 synesthesia 命名，synesthesia 由 syn（结合）和 esthesia（感觉）构成，由此将其看作是一种感觉现象，这是一种字面意义的简单看法，还不足以说明联觉就是一种真正的感觉现象。二是有研究已经使用突显测试法表明联觉颜色能导致突显效应（Ramachandran & Hubbard，2001；Hubbard et al.，2005）。突显测试法常常被用作诊断检测一个特征是否是真正的感觉。比如，斜线能被分组并且能从垂直线的背景中分离出来，而印刷字则不能从无意义的字中分离出来，前者是感觉差异，而后者是高层次的语言概念。联觉颜色能产生突显效应说明联觉是真正的感觉现象，联觉的感觉性质已经被大多数研究者所接受，许多文献对联觉的定义往往就是以这一性质为基础的。然而，近年几位研究者认为联觉不纯粹是低层次的感觉现象，还涉及高层次的认知，如概念或语言范畴，因此，他们认为将联觉描述为感觉现象仅仅能部分地捕捉到它的性质（Simner，2012；Cohen & Terhune，2012）。他们分析了一些联觉的诱发因素和伴随物，发现一些联觉的诱发因素和伴随物涉及高层次的语言范畴和概念范畴。比如，对于大多数字母-颜色联觉者来说，视觉上不同的形式能诱发相同的颜色，只要他们是属于同一语言范畴，即 a、a、A、a 和 a 可能都被体验为红色（Grossenbacher & Lovelace，2001）。同样，一个模糊的符号，如 1，在不同的情景中能诱发不同的颜色（Dixon et al.，2004；Simner，2012），如 12345 与 lmnop 中的 1 是不一样的概念。这些事实说明每个字母的颜色依赖于字母的范畴，而不依赖于它们的视觉特征。但到目前为止，联觉涉及高层次的认知还存在争议，因为它仅仅从现象与理论方面进行了分析说明，还没有得到神经物理层面的证实，也还没有找到与其相对应的大脑激活区域。

Cytowic（1995，2002）曾提到联觉还具有如下共同的特征：①无意识和自动的；②一致的和基因的；③空间延展的；④可记忆的；⑤承载情感的。其中前两个特征目前具有较少争议，被科学共同体所接受（Hochel & Milán，2008）。无意识是指联觉不可能通过意愿来进行压抑和控制（Dixon et al.，2000；Mattingley et al.，2001），当一个字形-颜色联觉者看见一个字形时，他同时会感知到一种颜色，这种感知不是人们心中的记忆造成的。联觉者常常报道，一旦联觉关联被建立，这种关联是保持不变的，即如果字母 a 是胭脂红，当一个联觉者被问及多次时，他仍然会回答字母 a 与胭脂红关联（Cohen et al.，1987），联觉者总是体验到相同的关联。联觉往往具有家族遗传性，这已经被现代的研究所确认，至少 40%的联觉者有一个具有联觉的直系亲戚（Cohen et al.，1996；Barnett et al.，2008；Spector & Maurer，2009）。

联觉体验的无意识、自动、一致性与基因遗传已经被看作是联觉的最基本特征（Simner，2007，2012；Brang & Ramachandran，2010；Ward et al.，2010）。然而，Cytowic 提出的后三个特征却存在较大的争议。Cytowic（1993）报道了一个联觉者的情况，这个联觉者当受到味觉刺激时能体验到触觉，他不时地改变自己手的位置来更好地达到这个感觉。Cytowic 的这种联觉情况解释了联觉感觉的空间性质，然而这个特征对其他形式的联觉却是不适用的，如常见的字形-颜色联觉。由于与诱发刺激的关联，联觉可能有利于帮助提高联觉者的记忆，对此的解释是特别的感觉体验导致针对诱发联觉的刺激物更加丰富的编码和抽取机会（Cohen et al.，2007；Rothen et al.，2012）。但是这种情况仅仅适合一些刺激物，并非所有能诱发联觉的刺激物都能被很好地记住，一些诱发联觉的刺激物不能被很好地记住，相对于文字记忆而言，联觉者倾向于有较好的视觉记忆（Rothen et al.，2012）。一些研究也强调了联觉与情感（emotion）之间的关联，有联觉者常常体验到有愉悦的感觉伴随联觉感觉（Cytowic，2002），也有联觉者报道体验到对应于具有情感内容的面孔、人物、视觉场景的心理颜色，通常颜色体验是与联觉者对人物和视觉刺激物的情感评价相一致的（Ward，2004；Milán et al，2007）。然而具有情感内容并不是联觉共有的特征，事实上，大部分联觉，如常见的字形-颜色联觉并不承载任何情感内容，因为很多字形-颜色联觉经过突显测试法证实仅仅是真实的感觉现象。

　　除此之外，目前还有存在争议、没有定论的几个特征：①联觉是否存在性别差异？有研究表明，女性联觉者所占的比例比男性高，男女比例是 1：6(Cohen et al.，1996；Barnett et al.，2008)，并且据此推测女性具有联觉优势可能是与 X 染色体上的基因有关。然而，最近两个联觉的基因研究没有发现女性具有联觉优势是与 X 染色体上的基因有关（Asher et al.，2009；Tomson et al.，2011）。与此同时，也有一个研究表明，成年男女发生联觉的概率是一样的（Simner & Hubbard，2006）。②联觉是否能发展习得？联觉的神经基础研究已经证实了基因遗传在决定联觉中起到重要作用，但这是否就意味着基因遗传就起着唯一的作用呢？已经有不少人认为基因、大脑和环境共同形成了联觉的神经结构（Cohen et al.，2009；Rouw & Scholte，2010；Brang & Ramachandran，2011；Ronga et al.，2012），这样在婴儿时期的联觉就可能不是一个最终的结果。相反地，它是一个发展的起点，这样联觉的出现除了基因遗传基础之外，还存在在合适的环境中发展与习得的可能。虽然他们的分析表明了一些类型的联觉无论是刺激物，还是伴随物，都牵涉高层次的语言范畴认知和概念建构，但是目前还没有研究在神经物理层面发现有发展习得的特质，这还需要进一步的实验证据来证实。

三、联觉的定义及其纷争

　　如前所述，联觉的特征呈现多元性，并且一些特征目前还存在争议，因此要对联觉范畴进行准确的界定（定义）还存在困难。到目前为止，心理学对联觉界定基本上是以跨通道的感觉特征为标准，即一种感觉诱发另一种感觉的现象，一些学者提出将联觉分为强联觉和弱联觉（Martino & Marks，2001；Salzinger，2010；刘思耘，2012）。强联觉是具有基因遗传的、被少数人所拥有的跨通道交互，而弱联觉是被大多数人所拥有的跨感觉通道交互。人类大脑可能普遍存在跨感觉通道交互的现象，只是大部分个体对交互作用没有明显的意识而已（Evans & Treisman，2010）。也有研究发现，无论是联觉者还是非联觉者，都会将音调较高的声音与更为明亮的光联系起来（刘思耘，2012）。这些发现意味着弱联觉能被大多数人所拥有，我们都拥有相对的联觉（弱联觉），这作为大脑潜能是可以发展的。虽然目前心理学集中于强联觉现象研究，这主要是因为强联觉现象研究能够更容易地观察到联觉者的脑激活与非联觉者的差异，但是拥有心理学严格意义上的强联觉现象的强联觉者在人群中仅仅占少数（大约 4%），强联觉者身上所获取的研究结果对正常认知模型的借鉴具有一定的局限性，因此有必要对大多数群体所拥有的广泛意义上的弱联觉现象进行研究和探讨，由此才更能推广所建立起来的相应认知模型（刘思耘，2012）。认知心理学与神经科学关于强联觉的研究成果可以为弱联觉的研究提供理论基础与方法技术参考，因为强联觉和弱联觉虽然在内在机制、发生的普遍性等方面有着一定的差异，但却在具体表现形式方面相当类似，这一领域必将成为未来研究中的一个热点。

第四节 联觉的解释理论与模型

联觉是如何发生的一直是令人感兴趣的问题，心理学中出现了不少有关联觉发生机制的解释理论和建构模型。

一、联觉的解释理论

（一）格式塔心理学的解释

要深入研究联觉心理现象，不仅需要关注其生理方面的原因，还要从客观世界与人的心理之间的异质同构来探究。异质同构是格式塔（gestalt）心理学的核心理念，格式塔有两个含义：一是指形式、形状；二是指实体对视知觉所呈现的整体和完形特性。格式塔由各种性状或形式（要素或部分）组成，但绝不等于构成它的所有成分之和，即部分不能决定整体，整体的性质却对部分的性质有着极重要的影响。格式塔实际上表明人类在认识客观事物的过程中，由于多次反复地感知同一事物，同一事物会在头脑中形成完整的印象。正如熟人从教室外走过去，通过门缝，我们看到了他脸的一小部分就可以立即认出：哦，那是小明。而客观世界正好是一个统一的整体，各种现象及每个现象的不同方面都是相互关联、相互制约的，当我们看现实世界时，我们见到的是一个视知觉的整体，整体性印象往往会自然而然地起作用并影响着单个的感官感受。这样一来，在我们视知觉呈现的外部世界整体与我们的心理之间就会产生某种关系，而这种相互的关系被后来的格式塔心理学家进一步地发展为异质同构的关系，即人对事物之所以会产生感情，主要是由于外界的物质及环境的力与人类内在心理的力存在着异质同构的相互关系。格式塔学派代表人物鲁道夫·阿恩海姆（Rudolf Arnheim）就指出，一颗垂柳之所以看上去似乎是悲伤哀怨的，并不是因为它看上去就像一个悲哀的人，而是因为它通过柳枝的形状、方向和坠性表现出一种被动下垂的表象，也就是说构成垂柳的力与悲哀的力达到了异质同构，这种关系指引人类用不同的表现形式来传达艺术感受和情感。

对于联觉的生成机理，一些学者也试图用异质同构的观念来进行解释。滕守尧（1985）就认为声音和图画形象是完全可以互通的，这种互通主要不是经验的联想，而是靠各种感受之间的相通或混合，而这种混合又往往是因为构成声音的"力的作用式样"与构成某种视觉画面的"张力式样"大体上同构，当然不是细节上的等同。用格式塔心理学家鲁道夫·阿恩海姆的话来说，滕守尧的观念就是，听觉与视觉联觉是构成声音的"力"与构成视觉画面的"力"达到了异质同构。陈育德（2000）的研究更进一步，他认为联觉的机理在于异质同构，但是联觉的心理像一个完形过程一样。我们对客观事物有了一定的完整认知，在接收到其中很小的一部分时，就可以立即"完形"成一个整体的信息。那么，当某种客观事物刺激单一感受器官时，人除了会产生相应的感受外，还会出现跨感官通道的体验，进而产生其他感觉并形成一种复合的感觉，正是"完形"心理让我们见到事物的一小部分就可以感知到整个事物的属性。比如，我们看见一个红彤彤的苹果，实质上我们仅仅接收到了"红"的视觉信息，但是可以完形出一条整体的信息：红彤彤的苹果甜、脆，这样就会自然而然地形成视觉与味觉联觉体验。

（二）神经科学与认知心理学的联觉解释原理

近年来，神经科学和认知心理学的发展也在更深入地探究联觉现象的产生机理。第一种解释是把联觉解释为一种固定的条件反射。Solso等（2004）认为客观世界物理性质存在相似性。比如，明亮的物体可能与响亮的声音有物理上的相似性，视觉感官和听觉感官能感受到的都是波动，前者为光波（电磁波），后者为声波（仅指可听声波，不含超声波和次声波），它们有物理上的相似性。1974年Marks做了一项实验，他给被试提供一系列音调，并让被试用一系列亮度不同的颜色与之匹配。结果发现，音调的高低和颜色的明暗度之间的关系大体上是有规律的，即与高音匹配的是明亮的颜色（bright sounds and loud lights），反之是黯淡的颜色（Solso et al., 2004）。与此同时，在现实生活中人类总是感受到物理性质相似的现象往往会同时出现，如雷鸣-电闪、爆炸-发光。物体的挪位和撞击总是伴随着声响，巨响往往会吸引人们关注的目光，留下强烈的印象，这样在视觉、听觉之间就会形成一种固定的条件联系，即一种事物属性的出现常常伴随着另一种事物属性的出现，这两种事物属性引起的感觉之间，就形成了固定的条件联系，于是联觉就产生了（陈英和，1996）。

第二种解释是把联觉解释为天生的跨通道知觉能力。人类在生命早期就表现出一种超凡的、对所有感觉信息进行整合的能力，叫作跨通道感（知觉）能力（intermodal perception）。Bower（1970）的实验表明8~31天的新生儿视觉和触觉是相通的；Aronson等（1971）的实验也表明1~2个月的婴儿视觉和听觉是相通的；Gibson曾提出过"分化理论"（differentiation theory），认为通过感觉输入的信息的具体特征（形态、结构等），是由几个感觉通道共同察觉到的。由于感觉是相通的，所以人在婴儿时期就能够通过不同的感觉通道，觉察到这些特征，表现出跨通道知觉能力（戴维·迈尔斯，2006）。大脑的结构为这些心理活动提供了一些理论依据，大脑由左右两个半球构成，两个半球各司不同的职能，表现出大脑偏侧化（cerebral lateralization）。但是，大脑偏侧化并不意味着两个半球相互独立，毫无联系。连接两个半球的神经纤维束、胼胝体在整合两个半球的功能方面发挥重要的作用。胼胝体的作用使得大脑控制人体活动的不同区域相通，虽然不同区域的神经元承担着不同的功能，但是神经元的结构和性质是相同的。它们只有在迁移到具体的区域时，才承担该区域的功能，如迁移到视觉区域的神经元，才分化成为视觉神经元。大脑基本单位的同质性，也是大脑各区域相通的、重要的和根本的物质基础。

二、认知神经心理学的联觉解释模型

近一二十年，随着认知神经科学的发展，不少人将磁共振成像（magnetic resonance imaging, MRI）和正电子发射断层扫描（positron emission tomography, PET）等技术手段运用于联觉研究中，根据联觉体验过程中相关大脑皮层的活动

情况及联觉者与非联觉者相关大脑皮层的差异，提出了三种认知神经模型来解释联觉的发生。如图3-6所示，第一个是交叉激活模型（Hubbard et al., 2011），它假设当在一些大脑区域之间的神经修剪（the pruning of synapses）不完全时联觉就会出现。根据这个模型，所有人都会在婴幼儿时期体验到联觉，但是由于跨通道连接的修剪导致这些联觉体验的丢失。Hubbard等（2005）通过对字形-颜色联觉的研究，认为在联觉者婴幼儿时期的神经连接路径被减少修剪将会使其在数字字形区域和V4颜色区域之间的连接保持到成年时期，进而在看见数字或字形时体验到颜色。交叉激活模型强调，大脑结构上的差异（structural brain）可能是由于从诱发刺激到伴随体验的一种遗传决定的快速交换激活。它做了三个具体的预测：①刺激物和伴随体验的神经表征应当是位于密集的相互关联的大脑区域，这些区域通常会是相互毗邻的，但不必是同一个区域；②遗传因素使修剪减少，这种解剖学差异（anatomical differences）形成了联觉体验；③激活是直接从刺激物代码的神经元到伴随物代码的神经元过程。

第二个是可重入加工模型（the re-entrant processing model），它结合了交叉激活和脱抑制反馈理论的一些方面，像在交叉激活模型中一样，它假设在梭形中形状和颜色加工区域之间的异常神经激活；与此同时又像脱抑制性反馈模型一样，它也假设了联觉颜色的唤起需要从在颞叶中的高层次区域反馈到V4区的神经激活（Smilek et al., 2001）。但不同于脱抑制性反馈模型，可重入加工模型进一步使在前颞下回的高层次的联结局部化以及描述了失常的反馈沿着联结穿回到V4区；不同于交叉激活模型，可重入加工模型没有假设联觉者与非联觉者之间的结构差异，它强调字形的意义激活在联觉的引起中起关键的作用。在字形-颜色联觉情况中，颜色伴随和一个字形的语义情景之间的关系是支持这个模型的一个重要证据。

第三个是脱抑制性反馈模型，它假设联觉起因于神经路径中的脱抑制性反馈（disinhibited feedback from a multisensory nexus），如颞顶枕结合处，而联觉伴随出现是在通道中更高层次视觉区域的脱抑制性反馈（Grossenbacher & Lovelace, 2001）。根据这个理论，与一个诱发因素加工相结合的神经活动将最终与双通道或多通道领域的刺激相结合的神经活动一致，并反馈回到无通道区域。联觉者中的脱抑制机制的缺失和减弱将会导致不同感觉通道的共同激活，在字形-颜色联觉情况中，一个多感觉联结的脱抑制性反馈可能是对应于颜色感觉的。不同于交叉激活模型，脱抑制性反馈模型假设没有失常的连接，相反地，联觉完全被存在于正常成人脑区的通道所产生（Cohen & Henik, 2007）。

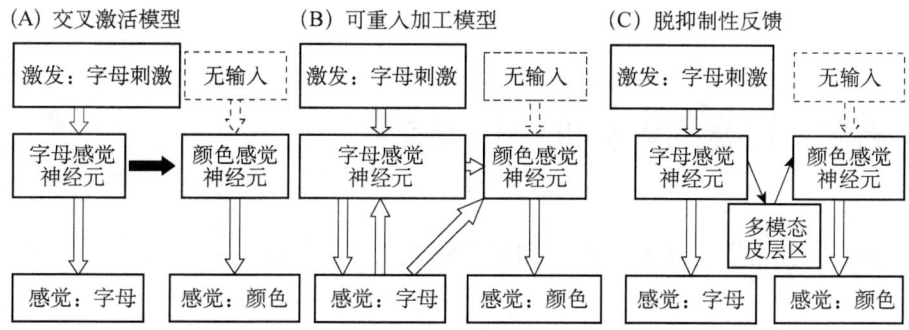

图 3-6 联觉的三种认知神经心理学解释模型

注：箭头表示信息流，方框表示加工阶段，实线表示激活区和通道，而虚线表示非激活区和通道。A 是交叉激活模型（Hubbard et al.，2011），字母输入导致颜色区域的交叉激活（黑箭头），接着导致字母和颜色的感知。B 是可重入加工模型（Smilek et al.，2001），从高层次概念区域的反馈再反馈到物理形状区域和颜色区域，进而导致了颜色的感知。C 是脱抑制性反馈模型（Grossenbacher & Lovelace，2001），信息在反馈回到颜色选择区域之前，先从字母加工传送到多模态皮层区

三、联觉的解释理论与模型述评

目前解释联觉产生原因的理论与模型还处于建构阶段，可能不同的解释模型适用于不同形式的联觉或者不同的联觉者，还没有哪一个解释模型能够解释所有形式的联觉或者不同的联觉者，也还没有哪一个解释模型在学界获得广泛、一致的认可。但是联觉基因遗传和在同一家族中不同形式联觉的发生解释联觉的产生具有唯一神经物理机制，以及联觉者与非联觉者大脑结构差异，为交叉激活模型提供了强于其他解释模型的证据支持（Hubbard et al.，2011），这似乎意味着交叉激活模型可能具有更广泛的适用范围。但是这些支持交叉激活模型的证据还不能证实其他解释模型就是不正确的（Hubbard et al.，2011），并且交叉激活模型也无法解释有些情况的联觉（刘思耘，2012）。

目前所提出的解释模型主要是针对强联觉而言，而对于弱联觉，如对联觉隐喻、审美通感等的研究还处于尝试阶段，对其理论建构还非常有限，大部分关于弱联觉的研究是从语言或修辞角度去考虑，这样就不能从本质上解释人类对这类现象的加工过程。弱联觉被更广泛的人群所拥有，对其解释模型的建构更能从一般意义上解释联觉的发生，因此能否建立一个能够解释强弱联觉，即适用范围更广的解释模型，还有待于进一步的研究（李佳源，2015）。

第五节 联觉的大脑机制与遗传

一、大脑激活：从特定的大脑区域到大脑区域网络

（一）颜色联觉激活的五个区域

大脑皮层的V4区一般被认为是处理颜色的专属区域（Zeki，1990；Zeki et al.，1991），不少研究已经发现在联觉颜色体验期间，V4区（颜色区域）被激活（Nunn et al.，2002；Hubbard et al.，2005；Sperling et al.，2006；Steven et al.，2006；van Leeuwen et al.，2010；Rouw，2011；Eagleman，2012）。然而除了V4区之外，目前也有研究发现联觉颜色体验期间被激活的区域超出了V4区，那么除了V4区外，到底还有哪些大脑区域与联觉颜色体验相关联呢？PET和功能性磁共振成像（functional magnetic resonance imaging，fMRI）是被用来研究联觉脑机制的两种常用技术，它们具有很高的空间分辨率，能通过血氧量和局部脑血流变化指标来反映大脑皮层活动的情况。图3-7是目前研究者使用fMRI或PET来测量对联觉颜色作出反应的全脑激活情况，这些研究显示了大脑中不同区域的激活，在目前的实验报告中有五个区域的激活出现相对集中（Rouw et al.，2011）。

图3-7显示了在言语-颜色联觉期间的大脑激活情况，在9个不同研究中获得的大脑激活区域坐标被给出，A、B、C、D分别代表在9个研究中发现的被激活的大脑位置。

第一个区域是在枕颞叶皮层中的双侧激活，这在全脑分析中得到了充分显现（左：Laeng et al.，2011；Nunn et al.，2002；Steven et al.，2006；右：Laeng et al.，2011；Rouw & Scholte，2007；Weiss et al.，2001）。在图3-7（a）中可以看到，增加激活的位置不仅仅局限于V4区，但出现激活位置不局限于V4区的情况不是由实验研究中研究方法、实验装置或联觉者类型差异造成的。Hubbard等（2005）使用皮层映射（cortical mapping）的研究方法来测量颜色联觉在大脑中的激活情况，皮层映射能够改进信号噪声比，能够提高对联觉颜色激活的敏感性。Laeng等（2011）设计了一种更为巧妙的实验装置，他们提供给联觉者具有色彩的字母，并控制字母的字体颜色与它引起的联觉颜色之间的颜

色距离，它能够通过操作结合体验（联觉的和字体的颜色）的性质，而不是单纯地对比联觉颜色体验的出现和缺失，来更为敏感地测量被试的联觉体验。Novich等（2011）用了接近四年的时间测试了更大量的联觉者群体（19 133名联觉者），根据联觉特征得到了五种不同的联觉组，而这些不同的联觉组各自具有独立的表征，这意味着可能有不同的神经基础。前两个实验在以往实验研究的基础上对研究方法和实验装置进行了改进，后一个实验则测量了更多类型的联觉者，然而他们的研究结果都显示了在V4区，被真实颜色激活的，也能被联觉颜色激活。更为重要的是，他们的研究也发现联觉颜色体验激活的位置确实不局限于V4区，而是涉及大脑枕颞叶皮层的更广泛的区域。

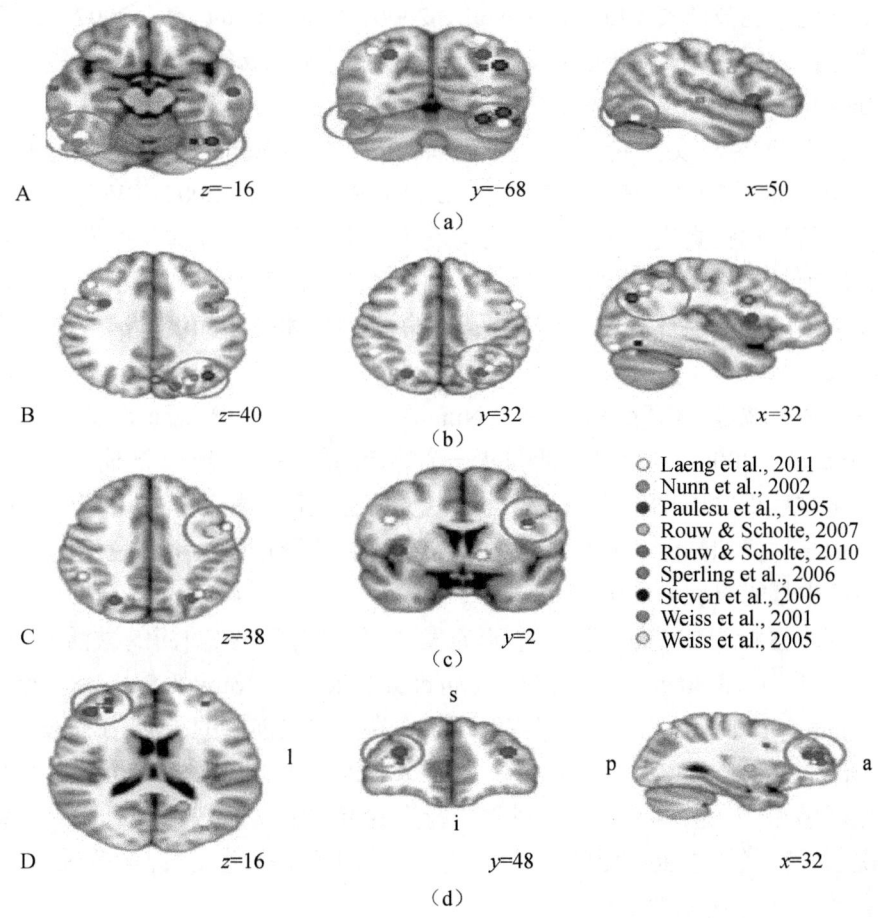

图 3-7　联觉体验期间的大脑激活情况

资料来源：Rouw et al.，2011

第二个区域是在顶叶皮层的集群激活，几乎完全位于后顶叶皮层。后顶叶皮层包括顶上小叶和顶下小叶，全脑研究发现在左顶上小叶（Laeng et al., 2011; Weiss et al., 2005）和右顶上小叶（Laeng et al., 2011; Paulesu et al., 1995; Weiss et al., 2005）中有对应于联觉颜色体验的增加激活；而共同激活的区域是顶下小叶，在顶下小叶中所有的激活位置要么在内沟附近，要么在角回中，即一些集群激活位于顶下小叶中较靠前和靠上的位置（Laeng et al., 2011; Nunn et al., 2002; Weiss et al., 2005），其他的则位于顶下小叶中靠后和靠下的位置（Laeng et al., 2011; Rouw & Scholte, 2010; Steven et al., 2006），见图3-7（b）。顶下小叶这个区域的激活在两个经颅磁刺激（transcranial magnetic stimulation, TMS）研究中也被证实（Esterman et al., 2006; Muggleton et al., 2007），但不清楚的是：为什么TMS研究仅仅发现了在右下顶叶区域联觉颜色体验的激活，然而fMRI或PET却发现主要是在左下顶叶区域。

后顶叶皮层在视觉特征捆绑（visual feature binding）中起到重要作用（Esterman et al., 2006; Hubbard et al., 2005; Robertson, 2003; Weiss & Fink, 2009），而联觉将真实出现的刺激物与没有真实出现的伴随体验捆绑在一起，因此，后顶叶皮层靠上的区域（顶上小叶）和靠下的区域（顶下小叶）可能与作为联觉的一个内在部分的捆绑有关，是联觉颜色体验期间被激活的一个重要备选区域。

第三个区域是双侧脑岛和岛盖（Nunn et al., 2002; Paulesu et al., 1995; Sperling et al., 2006）。脑岛激活与从一个特定的外在刺激到一个不同的内在刺激的转化过程相关，也可能与常常伴随联觉体验的情绪特质有关，因为联觉者常常报道某种情绪属于一种联觉体验。如果这种解释正确，那么在不同类型的联觉体验中都能出现增加的脑岛激活。

第四个区域是中央前回。5个研究发现了在左侧中央前回的激活（Laeng et al., 2011; Paulesu et al., 1995; Nunn et al., 2002; Rouw & Scholte, 2010; Weiss et al., 2005），然而3个研究发现了在右侧中央前回的激活（Laeng et al., 2011; Paulesu et al., 1995; Rouw & Scholte, 2010），见图3-7（c）。中央前回是处理感知外在世界及在外在世界中行为的专属大脑区域，这个区域的增加激活说明了在联觉中更广泛的大脑区域网络被涉及（视觉皮层、在脑岛中和附近的激活，以及中央激活）。

第五个区域是额叶。9个研究中有3个研究发现了接近于右背外侧前额叶皮层位置的激活（Laeng et al., 2011; Paulesu et al., 1995; Sperling et al., 2006），见图3-7（d），这个区域的激活可能反映了联觉的一个重要方面，即认知控制加工（Duncan & Owen，2000）。由于外在生成的感觉（刺激物）与内在生成的感觉（伴随体验）之间的不一致是联觉的一个内在部分，这就预示着在联觉的大脑区域网络中应该有与认知控制相关的某个区域。虽然右背外侧前额叶皮层是一个重要的备选区域，然而 Weiss 等（2005）却发现在物理引起的字母颜色与联觉感知的颜色之间的不一致增加了在右梭状回和左背外侧前额叶皮层的激活，Cohen 和 Henik（2007）则提出一个任务，其显示了一致性效应控制了在左顶叶的内沟和角回的激活。到目前为止，还无法解释为什么会出现这样的差异性。

从以上对联觉颜色的全脑激活情况的对比分析，可以越来越清晰地看到联觉体验不仅激活了一个特定区域（包括 V4 的视觉区域），而且激活了一个大脑区域网络（五个大脑区域），这个大脑区域网络与联觉的三个不同认知加工过程相关：感觉加工、（注意）捆绑加工和认知控制加工。虽然在这个大脑区域网络中，视觉区域和顶叶区域一直是研究者持续、重点关注的区域，但我们还无法知晓这两个区域在联觉中是否就起到关键性的作用。另外，习得的联觉研究（Beauchamp & Ro，2008）已经表明了在联觉与丘脑之间有一种关联：一个丘脑病变导致习得的联觉。但在前面没有提到联觉与丘脑之间的关联，这是因为丘脑的激活在神经影像中很少被报道，在联觉研究中一直没有仔细地分析丘脑。还有一个没有获得证据支持的是颞上皮层，这个多感觉大脑区域曾经被推测是通过回馈连接到单级感觉皮层来影响联觉的区域（Grossenbacher & Lovelace，2001），但目前的研究中还没有证据能够支持这个大脑区域与联觉体验之间具有关联。

（二）其他类型联觉的大脑激活

为数不多的几个研究测量了其他类型联觉的大脑激活，从这几个研究中也能得到类似的发现。第一是在对应于特定联觉体验的大脑感觉区域有增加的激活。一个习得的声音-触觉联觉者显示了在联觉期间第二体感皮层有增加的激活（Beauchamp & Ro，2008）；而针对气味-疼痛联觉者（某种气味增加了神经性疼痛的病人）的研究显示了在由气味引起的疼痛期间与疼痛有关的区域有增加的激活，以及在手臂区域的第一体感皮层有增加激活，即人感到神经性疼痛的区域（Villemure et al.，2006）。第二是像颜色联觉一样，也激活了一个大脑区域网络，而非激活了独立的特定感觉区域。在这些研究中大脑的几个区域被测量，而非仅仅特定的感觉激活的区域，并且都发现了联觉体验激活了这些区域（Rouw，2011；Jäncke & Langer，2011；Specht & Laeng，2011）。第三是联觉体验激活了关联性很强的中心区域。中心区域是一个与其他区域具有很强互联性的区域（Rouw，2011），而联觉体验激活一个中心区域就意味着其激活了一个大脑区域网络。Jäncke 和 Langer（2011）发现左侧顶叶皮层除了是相关的感觉大脑区域（听觉皮层）之外，还是一个很强的中心区域（hub region），他们不仅仅探究大脑的一个单独区域，而且还探究大脑的几个连接区域。他们使用图理论分析显示在不同类型的功能中涉及不同的联觉中心区域，这说明联觉的不同功能涉及不同的大脑区域网络。那么这些大脑区域网络是如何与联觉的不同功能相联系的呢？这是目前正在进行的工作。Jones 等（2011）发现情绪效价诱发嗅觉时，有脑岛激活，并且发现联觉的强度与内侧顶叶激活相关；Specht 和 Laeng（2011）发现了一个感觉网络，涉及后颞叶、枕下叶及右额叶大脑区域；Amin 等（2011）发现一个人格化字母（personified graphemes）的联觉者有楔前叶激活，并且将这联系到联觉的一般方面：心理意象和自我参照加工能力（self-referential processing abilities）。当前还不清楚这种结果的最好解释是什么，但这些令人感兴趣的发现支持了在联觉中的不同功能与大脑区域的不同网络相关联，将来的研究需要进一步证实联觉的这些功能及涉及的大脑区域网络，并提供模型的解释。

上面讨论的所有发现都是通过使用 fMRI 或 PET 来测量联觉者在联觉体验期间的大脑激活而获得的，一个很自然的问题就是：为什么联觉者的这些大脑区域能被激活，而非联觉者却不能？一个具有竞争性的回答就是联觉者与非联觉者的大脑本来就存在结构上的差异。

二、联觉：大脑结构的差异

自 2007 年以来，有 3 个研究已经使用部分各向异性（fractional anisotropy，FA）分数来测量白质束的一致性，并探讨联觉者与非联觉者在大脑结构上的差异（Hänggi et al.，2008；Jäncke et al.，2009；Rouw & Scholte，2007），而有 5 个研究则根据灰质探讨了这些差异（Hänggi et al.，2008；Jäncke et al.，2009；Weiss & Fink，2009；Rouw & Scholte，2010；Banissy et al.，2012）。虽然目前针对联觉者与非联觉者之间大脑结构差异的研究有限，但从这些研究中我们仍能得到一些有价值的发现。

首先，这些数据支持在刺激物与伴随体验这两个区域的交叉激活理论。联觉的交叉激活理论假设了刺激物和伴随体验的神经表征应当是位于密集的相互关联的大脑区域，这些区域通常会是毗邻连接的，但不必是同一个区域。Rouw和 Scholte（2007）发现了在 V4 区临近的梭状回附近的增加连接，这种发现也被 Jäncke 等（2009）部分地证实（在右梭状回，阈值 p=0.05）；Weiss 和 Fink（2009）则更进一步地显示了在 V4 区有增加的灰质；而 Hänggi 等（2008）在一个声调或一个声调音程引发的联觉情况中也发现了增加的连接，以及在第一听觉皮层发现了增加的灰质和白质体积。

其次，联觉应与感觉区域的灰质密度增加有关。Hänggi 等（2008）和 Jäncke 等（2009）发现了在 V1 区和 V2 区增加的灰质，虽然 Hänggi 等的研究测验的是音程-味觉和声调-颜色联觉，而 Jäncke 等（2009）测验的是字形-颜色联觉；与此同时，Jäncke 等（2009）在测验字形-颜色联觉时还发现在第二体感皮层中有增加的灰质。Rouw 和 Scholte（2007，2010）也发现了在 V1 区、听觉和体感皮层有增加的灰质，特别是在投影仪中与关联的联觉者比较时有增加的灰质。Banissy 等（2012）则在针对字形和音程颜色联觉者的检测研究中发现在左后梭状回中有增加的灰质，但在左梭状回和左 MT/V5 的前部区域有伴随减少。

最后，依据白质和灰质能够发现联觉者和非联觉者在不同的大脑区域有结构差异，这显示了联觉是与整个大脑的大范围结构差异相关，而非仅仅涉及交叉体验的加工区域。这些广泛的差异表明了不同的大脑特征可能与特定联觉类型相关，因此，在解释联觉功能的差异时应当考虑这种结构上的差异，群体之间结构上的差异能够导致这些群体在 fMRI 激活中的差异。比如，如果联觉者的 V4 区普遍比控制组的更大，因为不同的基准，fMRI 将会显示出联觉者比非联觉者的激活更多。

这些研究的结果意味着联觉者的大脑与非联觉者的大脑有结构上的差异——对应于刺激物和伴随信息的感觉大脑皮层存在结构上的差异，并且这种结构上的差异不仅仅局限在感觉大脑区域，在不对应特定联觉体验的感觉区域也存在着这种差异，这意味着大脑结构上的差异不仅仅限于与联觉类型相关，更可能是与基因遗传相关（李佳源和赵伶俐，2014）。

三、联觉与基因遗传

（一）联觉的基因遗传性

联觉具有基因遗传性，至少 40%的联觉者有一个具有联觉的直系亲属（Cohen et al.，1996；Spector & Maurer，2009）。Barnett 等（2008）征集了 53

个联觉者，这些联觉者中的 42%报道有具有联觉的直系亲属，他们直接与这些直系亲属相联系，收集到了 17 个家族所有成员的有关联觉状态的完全数据。他们通过研究发现不同类型的联觉能在同一个家族中出现，不同类型的联觉可能是与基因有关的；但在家庭成员之间的体验也有所不同，联觉连接和联觉者个体之间的差异被其他因素所影响。Bargary 和 Mitchell（2008）显示了在直接控制皮层连接的基因中的突变是如何导致联觉的，并且解释了在轴突指导、边界形成或修剪中的差异如何在获得联觉体验的临近区域之间创造直接、前馈的连接。这对理解联觉是一个重要的贡献，它显示了一个基因突变如何导致白质途径中的差异。

Asher 等（2009）作了联觉的第一个建立在 43 个多重家庭的全基因组连锁研究，在这个研究中，选择的联觉者是听觉-视觉联觉者，由于它没有进一步指定对于这些联觉者哪种特定的材料（声音、口语、书面语、单音素和字形）引起了颜色，这样就不可能构成一个完全同质的对象组，结果显示在这个对象组中联觉是与多重而非唯一的基因位点相关（2q24、5q33、6p12、12p12）。有的研究（Cohen et al.，1996；Ward & Simner，2003）曾经假设了女性具有联觉优势可能是 X 染色体上基因参与的结果，但在这个研究中没有证据证实联觉与 X 染色体有关。这个研究中的最高负荷标志包含 *TBR1*——这个基因在大脑皮层的发展中起重要作用，并且参与大脑调节。针对这个基因的基因敲除技术研究已经显示了大脑的解除调节导致在大脑薄板状组织中的失常，并且影响轴突的路径搜索（Hevner et al.，2001，2002）。

Tomson 等（2011）将 DNA 关联分析和严格的分型方法（rigorous phenotyping methods）相结合来研究颜色序列联觉（颜色周日、月份、字母和数字）的基因机制。他们对具有颜色序列联觉的 5 个家族中的 48 个个体的 DNA 进行了关联分析，发现颜色序列联觉是与在 16q12.2 N 16q 23.1 区域的一个基因相关。他们虽然在这次研究中还无法具体确定是哪一个基因，但是给出了六个备选基因：*GABARAPL2*、*NDRG4*、*PLLP*、*KATNB1*、*CIAPIN1* 及 *GNAO1*。同样，在他们的研究中也没有基因证据支持联觉与 X 染色体有关，这与 Asher 等（2009）的研究结果一致。

（二）联觉的性别差异

一些研究发现联觉者女性多于男性（Cytowic，1995；Cohen et al.，1996；Rich，2005），有一些研究者（Cohen et al.，1996；Ward & Simner，2003）把女性具有联觉优势的现象归于 X 染色体上的基因。然而从目前的基因研究来看，也还没有证据发现这与 X 染色体基因有关，这就带来一个令人疑惑的问题：如果女性具有联觉优势的现象真的与 X 染色体基因无关，那么这种现象又该如何解释呢？目前还没有发现对于女性具有联觉优势的现象的其他解释。与此同时，这些研究发现的那些决定联觉的可能基因都是在大脑中影响连接发展的基因，因此，联觉的基因基础可能会在大脑中影响连接发展的那些基因中（至少部分）找到，但具体是哪一个基因，还需要以后的基因研究进一步证实。

第六节 联觉的发展与习得

不少研究者使用神经成像技术（fMRI 和 PET）发现颜色联觉者大脑的 V4 区有增加的白质（Rouw et al., 2011）和灰质（Hänggi et al., 2008；Weiss & Fink, 2009；Banissy et al., 2012），V1 区和 V2 区也有增加的灰质（Rouw & Scholte, 2010；Jäncke et al., 2009），这些研究显示出联觉者与非联觉者存在大脑结构的差异，这种差异不仅仅存在于某一特定的大脑区域，而且还存在于不同的大脑区域（Rouw et al., 2011）。那么联觉者与非联觉者这种大脑结构上的差异是由什么原因造成的呢？一种回答就是先天基因遗传造成了这种大脑结构的差异，所有的人都是天生的联觉者，但大多数人随后由于神经突触的修剪而丢失了这种跨通道连接（Spector & Maurer, 2009；Cohen et al., 2009；Wagner & Dobkins, 2011）。然而目前的基因遗传研究却无法解释儿童的联觉关联（synaesthetic associations）为什么比成人更不稳定，为什么这些联觉关联需要经过数年之后才逐渐变得稳定（Simner et al., 2009），也不能解释为什么会在诱发因素与伴随物之间制造某种特定的关联。比如，为什么一个联觉者将字母 Y 与淡黄白色相关联（Ramachandran et al., 2004），而另一个联觉者却将它与淡黄绿色相关联（Spector & Maurer, 2009）。基于此，一些研究者提出联觉具有后期发展习得的可能（Deroy & Spence, 2013；Rothen & Meier, 2014），并通过一系列的行为实验试图证实这种可能性。那么联觉是否具有发展的可能？如果联觉具有后期发展的可能，那么非联觉者能否通过关联训练成为联觉者？

一、联觉的发展

联觉的基因遗传性表明基因倾向在决定联觉中起重要的作用，但并没有表明基因遗传就是决定联觉的唯一因素。某些联觉者可能对诱发刺激的低层次视觉形式敏感,而某些联觉者则不一样。比如,一个看见数字 6 体验到粉红色颜色的联觉者,可能将他的这种粉红色体验描述成一种漂浮在外部空间中不同位置的一个斑点——在他的头部左边 30 厘米和前边 1 米处,这种描述就会是一个直接的感觉体验描述,数字 6 与粉红色相关联,而不是概念 6。然而同样的联觉者无论看见书面词"六"、骰子上的 6 个点、数字 6、竖的 6 个指头还是作为一个思想的 6,他都体验到粉红色的颜色,那么这种联觉就应是概念诱发,因为它涉及针对诱发刺激的具体特征进行一种抽象,概念 6 与粉红色相关联,而不是数字 6。

但问题在于,如何来评定联觉者的粉红色体验是数字 6 的视觉形式诱发还是概念词 6 的诱发呢?一种评定方式是看不同视觉形式的数字(或字母)是否会诱发相同的伴随体验,如果一个联觉者描述的两种或两种以上的数字(或字母)的不同视觉形式都是一种颜色,那么就可以断定不是视觉形式诱发了联觉,而是语言或概念范畴诱发了联觉。在大多数字母-颜色联觉中,视觉上不同的形式能诱发相同的颜色,只要它们是属于同一语言范畴,即 a、a、A、a 和 a 可能都被体验为红色(Simner,2012)。在序语言人格化联觉中,语言序列,如字母、数字、周日和月份会导致一种人格化类型和性别。比如,字母 a 可能是一个忙碌的母亲,而数字 9 可能是一个忠实的丈夫(Simner & Holenstein,2007;Smilek et al.,2001)。而在词汇-味觉联觉中,词汇诱发事物味觉体验,这些体验要么可能是感觉的,即在嘴里对气味的感知,要么可能是概念的,即心理关联到一种食物类型。比如,联觉者 A 面对词汇 John 时,在嘴里体验到食物的气味,然而联觉者 B 面对词汇 shoulder 时,却体验到食物的概念(Simner,2012)。这些事实说明这些联觉的伴随体验可能依赖于诱发因素(如字母、数字、词汇等)的概念范畴,而不依赖于它们的视觉特征。当联觉第一次被建立时,对视觉特征敏感可能出现在儿童的早期阶段,然而一旦这些关联被形成(即诱发因素和它们相应的伴随体验关联),那么联觉体验就可能对视觉特征不敏感(Simner et al.,2009)。因而,联觉可能涉及儿童后期形成的高层次认知,如字母-颜色联觉,由字母体验到颜色的成人联觉者可能被这个字母的概念范畴(语言或概念范畴)所激发,即使最初的字母与颜色的关联在儿童时期被建立在视觉特征基础上。

为了实时地探究在儿童时期联觉的发展,Simner 等(2009)对英国 21 所小学年龄在 6~7 岁的 600 名儿童进行了字母-颜色联觉的行为测试,经过字母-颜色一致性的评定程序,确立了 47 名具有潜在联觉的儿童。一年之后,再用相同的程序对这 47 名儿童进行测试，有 8 名儿童依然具有字母-颜色一致性，这 8 名儿童被视作是真正的联觉者，而其他 39 名则被看作有较高记忆力的非联觉者。与此同时他们还发现这 8 名字母-颜色联觉者习得了平均 6.4 个新的字母-颜色关联，即 6~7 岁的儿童联觉者有平均 10.5 个稳定的字母-颜色关联，而在同样测试中的 8~9 岁的儿童联觉者却有平均 16.9 个稳定的字母-颜色关联。Simner 和 Brain（2013）在四年之后又用相同的程序对 10~11 岁的这些儿童进行了测试，看这些联觉者在四年后是否还会有一致性关联表现，是否还会有一致性的字体-颜色关联的进一步增加，一些儿童的联觉是否会消失。测试结果显示，之前的 8 名联觉者中还有 5 名符合联觉的标准，而且这 5 名联觉者的字母-颜色关联进一步地增加，到了平均 25.7 个的关联。西姆纳（Simner）等的研究一方面表明了一些儿童在早期具有联觉体验特征，但随着年龄的增加会消失。许多儿童早期可能都是潜在的联觉者，然而之后的神经突触的修剪使得大部分儿童的跨通道连接分离，而一小部分的儿童由于修剪不充分而继续保有跨通道连接（Maurer & Mondlach, 2005; Hochel & Milán, 2008），即使是同卵双胞胎也会出现一个具有联觉，而另一个没有发展出联觉的情况（Smilek et al., 2001）。另一方面，他们的研究发现儿童联觉的一致性关联会随着年龄的增加而增加，这个发现与儿童习得字母表与数字的发展阶段相吻合，由于字母-颜色联觉是与被习得的语言符号紧密联系在一起的，它不可能是在婴儿时期就已经存在，虽然神经影像数据表明在婴儿时期感知语言的外侧裂语言区域已经形成（Dehaene-Lambertz et al., 2006），但仅仅是在具体的语言词汇被习得之后，用于驱动字母-颜色联觉的表征类型才能被建立。

随后，Rothen & Meier（2014）又探究了 439 名年龄跨度为 18~91 岁成年人的字形-颜色联觉一致性的发展情况。他们使用相关性和准实验的方法检测了一致的字形-颜色关联并评定了其与年龄的关系，结果显示少量一致性的字形-颜色关联会有与年龄相关的下降。由于之前的研究发现在儿童和少年时期一致性的字形-颜色关联会增加（Simner et al., 2009; Simner et al., 2013），与这个结果一起表明字形-颜色联觉体验的变化呈现一种类似于许多其他认知功能的倒 U 形曲线（Shing et al., 2008; Weiermann & Meier, 2012）。与此同时，他们也评定了色谱的宽度，结果显示，最常见颜色词的出现，比如，红色、蓝色、绿色不会随着年龄增长而发生变化，黄色、橙色、品红色等二次色随着年龄增加很少会出现，然而褐色、灰色和白色等非柔和色则会随着年龄增加经常出现。这一结果表明，字形-颜色关联的一致性具有与年龄相关的下降并不是一个简单的、偶然的结果，可能是与成年人发展过程中颜色感知与识别的系统变化有关。随着年龄的增加，一些字形不再诱发联觉颜色，特定的关联也可能会丢失，这说明在联觉的关联一致性变化中会涉及低层次的感觉加工与高层次的认知加工。随着年龄的增加，二次色（黄色、橙色、品红色）的加工会减少，使得对它们的感知会变得越来越弱，甚至消失。诱发因素与伴随物之间的关联很可能向柔和色（褐色、灰色和白色）变化，最后这个关联会随着时间的推移而消失。比如，一个黄色伴随体验可能向白色衰退，而再以后这种白色伴随体验则可能完全消失。这种变化和重组与记忆类似（Nader & Hardt，2009），一些字形-颜色关联由于衰退感觉加工会被重建，而这些重建的关联也可能会丢失。

所有这些研究表明，在婴儿时期的联觉不是最终的结果，相反，它是一个发展的起点。儿童时期联觉关联的一致性和宽度会随着年龄增大而增加，在青年时期联觉的关联一致性会变得相对稳定，而联觉关联的宽度则会达到最高值，然而在中年、老年时期，联觉关联的一致性和宽度会逐渐下降，甚至有些联觉关联会完全消失，如图3-8所示。

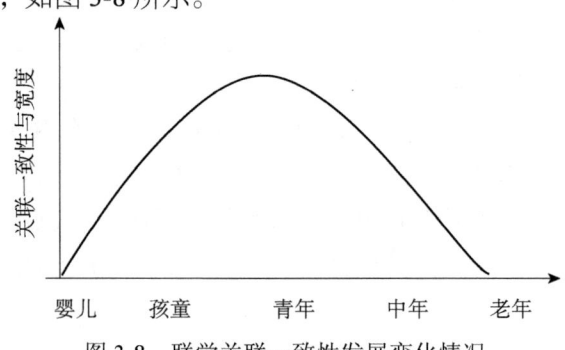

图3-8 联觉关联一致性发展变化情况

因此，联觉关联不是完全被基因所决定，不少联觉关联后期可能会发展变化，而联觉关联的这种发展变化可能会涉及多种因素的相互作用，如基因、大脑、环境与文化等，它们可能共同影响联觉的发展变化（Rouw & Scholte，2010；Brang & Ramachandran 2011；Ronga et al.，2012）。

二、联觉训练习得的可能性

既然联觉可以发展变化，那么就会出现与此相关的、令人感兴趣的问题：①非联觉者经过适当的配对关联训练能否具有联觉者的行为？②非联觉者经过适当的配对关联训练能否变成真正的联觉者？以往有两种测试方法用于证实真实的联觉者,一种是联觉斯特鲁普测验(Stroop test),其常被用作证实真实联觉者的一种诊断标记(Elias et al., 2003; Dixon et al., 2004; Ward et al., 2007)。在联觉斯特鲁普测验中为联觉者提供具有颜色的字母,一些字母的颜色与联觉体验到的颜色是一致的,而一些字母颜色则与联觉体验到的颜色不一致。联觉者需要说出每个字母的颜色,当一些字母颜色与联觉者体验到的颜色不一致时,联觉者说出字母的颜色会比一致时慢,甚至有时也会说错。另一种是联觉条件反射测试。在联觉条件反射测试中为参与者(包括联觉者和非联觉者)在习惯化(habituation)、条件反射(conditioning)和消退(extinction)三个不同的阶段呈现不同颜色的幻灯片。在适应阶段随意地将所有颜色(绿色、蓝色、白色、红色及黄色)的幻灯片为参加者呈现多次,而白色的幻灯片标有能诱发联觉颜色体验的一个字母 D(或其他的字母);在条件阶段几张作为条件刺激的幻灯片,即蓝色幻灯片总是被惊叫之声伴随,按照一个固定的伪随机序呈现给参与者,而其他颜色的幻灯片则不伴有惊叫之声;在消退阶段,蓝色幻灯片和白色幻灯片用交替的方式反复呈现多次。通过皮肤电导反应检测发现,在条件阶段的所有参加者针对蓝色幻灯片都有惊叫之声诱发的皮肤电反应,而对于标有字母 D 的白色幻灯片只有联觉者才会显示由惊叫之声诱发的反应,非联觉者则没有(Bechara et al., 1995)。

图 3-9 为联觉条件反射测试。在条件反射建立的阶段,每个颜色方形都与惊叫之声匹配,字母 D 能诱发蓝色颜色体验,因此产生惊叫之声带来的生理反应(Bechara et al., 1995)。

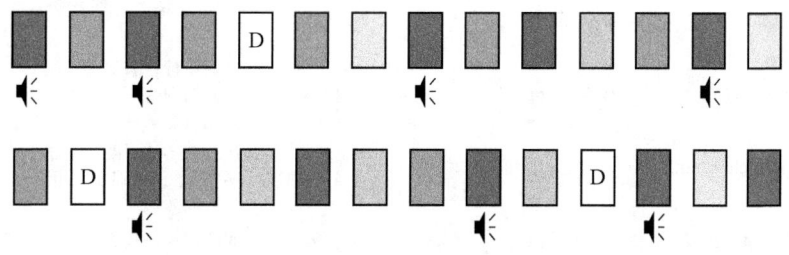

图 3-9 联觉条件反射测试图

到目前为止,为数不多的行为研究试图通过对非联觉者进行配对关联训练来诱发联觉,见表 3-7。这些研究针对颜色联觉类型,较早期的两个训练(Kelly, 1934; Howells, 1944)是声音-颜色配对关联训练,而近期的训练是与人后期习得的语言、概念、技能密切相关的字母(数字、字形)-颜色和游泳-颜色配对关联训练。这些研究使用了不同的训练模式,如反复实验,它要求在呈现一个音调或字母时,被试需从几个颜色斑点之间选择,并对被试的每一次选择进行反馈（Howells，1944；Brang & Ramchandran，2011）；被试以自己的速度阅读带有颜色字母的小说（Colizoli et al.，2013）；完成对带有颜色字母的快速视觉搜索任务（Kusnir & Thut，2012）；甚至为了将特定数字与颜色相关联而进行催眠后指令（Cohen et al.，2009）。训练时间长度也从几分钟（Nunn et al.，2002）到20多天（Kelly，1934）不等。大部分研究都进行了联觉斯特鲁普测验，其中三个研究不仅进行了联觉斯特鲁普测验，而且还进行了联觉条件反射测试（Meier & Rothen，2009；Rothen et al.，2011；Rothen et al.，2014）。只有三个研究在实验中没有使用联觉斯特鲁普测验，Kelly（1934）的研究使用的是内省报告，将"如果音调能够唤起被试自动的感觉或颜色影像，那么一个真实的条件反射就已经被建立"作为内省的标准。Cohen等（2009）采用了数字觉察任务（digit detection task）测试，在数字觉察任务中，被试需要觉察一个色彩背景上的消色差的数字是否与数字指定的颜色一致。而Brang和Ramchandran（2011）采用了建立在认知加工而非感觉加工基础上的情景启动效应测试。

表 3-7 习得训练与效应

研究	联觉类型	参与人数	训练时间	效应	联觉体验
Kelly（1934）	声音-颜色	18	7周	无效应	无
Howells（1944）	声音-颜色	8	7天	联觉斯特鲁普测验	有
Nunn 等（2002）	单词-颜色	10	几分钟	相对于联觉者在V4区/V8区有较少激活	无
Meier 和 Rothen（2009）	字母-颜色	20	10天	联觉斯特鲁普测验，但无联觉条件反射	无
Cohen 等（2009）	数字-颜色	4	5天	减弱的数字觉察任务表现	有
Rothen 等（2011）	数字-颜色	20	10天	联觉斯特鲁普测验（在适应性训练后更强），但无联觉条件反射	无
Brang 和 Ramchandran（2011）	字形-颜色	24	15分钟	建立在认知加工而非感觉加工基础上的情景启动效应	无
Kusnir 和 Thut（2012）	字母-颜色	28	2天	弱联觉斯特鲁普测验	无
Niccolai 等（2012）	字形-颜色	7	6天	建立在认知加工而非感觉加工基础上的联觉斯特鲁普测验	无
Rothen 等（2014）	游泳-颜色	1	20天	联觉斯特鲁普测验，但无联觉条件反射	无
Colizoli 等（2013）	字母-颜色	15	2~4周	联觉斯特鲁普测验，但无感觉拥挤效应	无

目前有两个研究声称训练后的非联觉者有联觉体验（Howells，1944；Cohen et al.，2009）（表3-7）。一个来自早期Howells（1944）的研究，这个研究针对8名非联觉者进行了声音-颜色配对关联训练，通过联觉斯特鲁普测验发现训练后的非联觉者具有联觉，据此他认为非联觉者训练后具有联觉体验。另一个来自Cohen等（2009）的研究，这个研究使用催眠后指令方式对12名非联觉者进行数字-颜色配对关联训练，除了收集现象的报告之外，这个研究还要求被试完成一个数字觉察任务。这个研究的结果表明，在现象的报告层面，在催眠后暗示组的被试都报告了与先天联觉者相匹配的现象，是一致的、自动的、日常生活中发生的，而通过数字觉察任务的完成情况分析后认为催眠后暗示组的被试具有一种新的联觉体验。

这两个研究没有给出直接的证据或强有力的证据来证实非联觉者经过配对关联训练后能成为真正的联觉者。虽然这两个研究中的非联觉者都报告有颜色体验，颜色体验都具有类似于真正联觉体验的表现，如自动性和一致性，单向而非双向的，但问题在于现象报告是一种主观的、内省性的报告（Deroy & Spence，2013），相似的行为表现并不能充分说明这一现象就是联觉。配对关联后非联觉者出现类似于联觉者的表现，极大可能是配对关联训练强化了记忆，一种感觉的体验总是唤起先前与此种感觉相对应的一种记忆搜索。比如，在字体-颜色联觉中，如果在最初的体验中，字母Y与淡黄白色相关联，那么在经过关联强化训练之后，字母Y与淡黄白色的关联被编码于记忆中，随后当单独体验字母Y时，将会唤起此种关联的记忆，此种记忆最终将导致对这些颜色体验的提取。如果是这样，那么训练得到的类似联觉的行为就仅仅是一种关联记忆的加工过程（Prescott，2012），不是一种真正的联觉行为。Howells（1944）的研究虽然发现非联觉者在联觉斯特鲁普测验中有类似于联觉者的行为，然而联觉斯特鲁普效应仅仅是联觉的必要而非充分的条件，联觉斯特鲁普测验对评定一种语义关联的强度是非常有用的，但对评定什么是联觉体验（或什么是联觉）却是失败的（Meier & Rothen，2009；Deroy & Spence，2013）。真正的联觉者会同时具有联觉斯特鲁普效应和联觉条件反射，但目前的研究发现联觉者具有联觉斯特鲁普效应却不具有联觉条件反射（Meier & Rothen，2009；Rothen et al.，2011；Rothen et al.，2013）。Cohen等（2009）的研究采用了催眠后暗示的训练方式进行配对关联训练，得到催眠后暗示诱发了类似于先天字形-颜色联觉的跨通道体验。对这一结果的解释更多可能是一种心理意象，而非一种联觉体验，因为他们在实验中给出如此指令"看这个颜色，这是某个数字的颜色，无论你什么时候看见、思考或想象到它，你总是感觉它为这个颜色"，这一指令更多可能是与催眠后心理意象的诱发相关,易受暗示影响的个体往往具有更加生动的视觉心理意象(Crawford,1982;Rader & Tellegen,1987)。实际上,在 Cohen 等(2009)之前有一个实验报道了相似的现象(Leuba,1940),在催眠的条件下,将一个被试的手臂摩擦与防腐油的味道配对关联,后来这个被试的手臂只要摩擦时,他就会有防腐油的嗅觉意象,而在这个实验中将这种现象描述为一种条件反射的心理意象。对这种催眠后暗示到底诱发的是一种心理意象还是一种联觉体验,还需要我们将来通过使用神经影像来测试大脑特定领域的激活情况。比如,在字母-颜色联觉中,大脑 V4 区有相应的激活,但在一种心理意象中,大脑 V4 区通常不会显示一种激活。

目前 9 个研究得出非联觉者经过配对关联训练后不会产生联觉体验(Kelly,1934;Nunn et al.,2002;Meier & Rothen,2009;Rothen et al.,2011;Brang & Ramachandran,2011;Kusnir & Thut,2012;Niccolai et al.,2012;Rothen et al.,2013;Colizoli et al.,2013)。Kelly(1934)的研究使用的是参与者的现象报告,非联觉者经过配对关联训练后被问是否有与声音相关联的颜色体验,部分非联觉者报告没有任何稳定的颜色体验,这个研究由此断定联觉体验不能训练习得。Nunn 等(2002)的研究使用 fMRI 测试发现经过关联配对训练后的非联觉者不像联觉者那样在 V4 区/V8 区有激活现象出现。而 Brang 和 Ramachandran(2011)的研究则使用事件相关单位(event-related potential,ERP)测试发现训练后的非联觉者有建立在认知加工基础上的情景启动效应,而不像联觉者建立在感觉加工基础上的情景启动效应。其余的 6 个研究针对关联配对训练后的非联觉者进行了联觉斯特鲁普测验,Kusnir 和 Thut(2012)的研究发现训练后的非联觉者具有弱的联觉斯特鲁普效应,且其报告没有颜色体验,因此这个研究断定训练关联在本质上不同于联觉。Colizoli 等(2013)的研究发现训练后的非联觉者具有联觉斯特鲁普效应,但无感觉拥挤效应,而无感觉拥挤效应说明配对训练后的关联不具有联觉的感觉性质。Niccolai 等(2012)的研究也发现训练后的非联觉者具有联觉斯特鲁普效应,然而他们通过使用 ERP 测试发现联觉与训练后获得的关联具有不同的神经加工。Meier 和 Rothen(2009)和 Rothen 等(2011,2012)既进行了联觉斯特鲁普测验,也进行了条件反射测试,他们都发现训练后的非联觉者会显示出联觉斯特鲁普效应,但是都没有显示出一种条件反射。

从这些研究证据可以看到,一方面,训练关联与联觉存在不少的差异,训练关联虽然也会显示联觉斯特鲁普效应,但是不会显示出一种联觉的条件反射,而联觉既会有联觉斯特鲁普效应,也会有联觉的条件反射。训练关联与联觉有不同的加工基础,训练关联主要涉及高层次的认知加工,而联觉还涉及低层次的感觉加工。另一方面，目前大部分训练研究仅仅是在配对关联训练后就对关联的一致性进行测试，没有为这种关联的长期一致性提供证据。比如，在半年或更长时间之后，再对这些非联觉者进行关联一致性测试，看看他们是否还具有这种关联一致性。只有一个研究在配对关联训练后六个月再对这些非联觉者进行了关联一致性测试，然而遗憾的是，这个研究发现，在六个月之后这些非联觉者既没有那种训练的配对关联，也没有显示一种联觉斯特鲁普效应（Colizoli et al.，2013）。更为重要的是，当前唯一针对单词-颜色关联训练后的非联觉者使用 fMRI 进行的大脑激活情况测试表明，相对于真正的联觉者，这些训练后的非联觉者大脑 V4 区没有被激活（Nunn et al.，2002）。虽然这个研究还不足以说明训练后的非联觉者不能变成真正的联觉者，因为它的训练时间只有几分钟。而已有神经影像研究测试了儿童阅读技能的发展（McCandliss et al.，2003）及视运动技能——杂技对大脑白质束变化的影响（Scholz et al.，2009），发现对较长期的学习阅读作出反应的腹侧视觉区域有重组现象及一些较长时间的复杂视运动——杂技训练能够改变健康成年人大脑中的白质束结构，这说明某种技能经过较长时期的训练可能会改变大脑的结构。但是联觉者与非联觉者的根本性区别就在于两者在联觉体验期间大脑激活情况存在差异，两者大脑结构存在差异（Rouw et al.，2011），只要能再显示经过较长时间关联训练后的非联觉者大脑的特定区域是否会出现对应的激活，大脑结构是否会发生一些改变，那么就能最终证实关联训练后的非联觉者能否成为真正的联觉者。

因此，虽然训练后的非联觉者具有一些类似于联觉者的表现，但现有的研究证据越来越多地显示出训练关联与联觉存在不少差异，训练后的非联觉者可能无法变成真正的联觉者。如果关联训练后的非联觉者不能变成真正的联觉者，那么我们又如何解释在一些联觉的发展过程中获得了一些新的刺激物与伴随物的配对关联呢？这是我们需要进一步解释的问题，一种可能就是联觉者的大脑神经结构中天生就具有负责低层次感觉及高层次语言和概念加工的大脑神经区域，在联觉的发展过程中，由于联觉者不断与外在的文化、语言环境交互，如习得新的语言、概念等，这些新习得的语言、概念会激活负责高层次语言和概念加工的大脑神经区域而产生新的联觉关联。那么在联觉的大脑神经结构中有没有这样一个进行高层次语言和概念加工的区域呢？这样一个最可能的区域是前颞叶。目前的颜色联觉研究发现，联觉颜色体验激活了高层次的大脑皮层区域，而真实颜色则没有（van Leeuwen et al.，2010）。前颞叶是进行语言、概念高层次认知加工的核心区域（Patterson et al.，2007），并且前颞叶对促成概念对象与它们的标准颜色之间的关联起到重要的作用，而这种关联与联觉中刺激物与伴随物之间的关联类似（Chiou & Rich，2014）。

当然，我们有一种将训练关联纳入到联觉中的简单办法，那就是改变我们以往对联觉的界定。心理学对联觉的界定基本上以跨通道的感觉特征为标准，即一种感觉诱发另一种感觉的现象，以这种标准对联觉进行界定，那么语言与文学中的隐喻、美学中的通感及这里的训练关联都可纳入联觉的范畴。虽然心理学将联觉定义为一种感觉诱发另一种感觉的现象，但是心理学的联觉研究视角却是将联觉严格限定为其是少数人拥有且具有遗传性的，这样又会将语言与文学中的隐喻、美学中的通感及这里的训练关联排除在外。一些学者为了消解这样的矛盾，提出将联觉分为强联觉和弱联觉（Martino & Marks，2001；Sakamoto & Utsumi，2009，2010；刘思耘，2012），强联觉就是少数人才拥有的能力且具有遗传性，弱联觉则是指出现在语言中的一种隐喻、文学与美学中的通感及训练关联现象。如果按照这样的做法，训练关联就能被纳入联觉中，然而这也是一种过于草率的做法，如果训练关联是一种真正的联觉，那么它们就应该具有相同的本质，特别是要具有相同的大脑神经机制，可我们现在的证据越来越多地表明它们两者可能存在本质的不同，它们可能就是两种不同的心理现象。

对这些研究证据的对比分析表明，虽然训练后的非联觉者具有类似于联觉者的行为，但是现有的证据越来越多地显示联觉可能无法直接通过训练习得，训练后的非联觉者可能无法成为真正的联觉者。现有的训练研究还存在不少有待改进的地方，如训练方式还比较单一、训练时间比较短、脑区结构研究少等，因此我们还不能够完全确定联觉就无法通过训练习得。

而要最终证实联觉能否通过训练习得，将来的训练研究还需要关注如下几个方面：①配对关联训练后的非联觉者与联觉者的大脑机制有何相同或不同？联觉者具有特定的大脑结构，如果非联觉者经过关联训练后能变成联觉者，那么也应该具有相似的大脑结构，因此，将来的研究需要使用神经成像技术确定两者的大脑机制的异同。②强的记忆（Radvansky et al.，2011；Rothen et al.，2012）、强的创造力（Ward et al.，2006；Rothen et al.，2012）及强的意象（Barnett & Newell，2008）会伴随有联觉，它们可能单独或一起引起某种联觉，因此，将来的训练研究对象可以不局限于普通的非联觉者，而可以考虑具有这些特征的非联觉者，看看他们经过关联训练后能否成为联觉者。③目前训练研究的对象都集中在成年人，很少涉及儿童群体，而儿童的生理可塑性更强（Rothen & Meier，2014），儿童时期的训练相对而言可能更有希望导致联觉，因此，将来的训练研究对象还需要考虑儿童非联觉者。

第七节 弱联觉与美感体验

一、弱联觉的界定

到目前为止，心理学对联觉界定基本上是以跨通道的感觉特征为标准，即一种感觉诱发另一种感觉的现象，以这种标准对联觉进行界定，语言与文学中的隐喻、美学中的通感等都可纳入联觉的范畴。然而从以上的文献梳理可见，认知心理学的联觉研究视角是将联觉严格限定在少数人拥有的能力且具有遗传性，是将语言与文学中的隐喻、美学中的通感等排除在外的。造成这样的问题，就在于联觉的多元特征使概念界定不够明确。为了解决这样的问题，一些学者提出将联觉分为强联觉和弱联觉（Martino & Marks，2001；Salzinger，2010；刘思耘，2012），弱联觉主要出现在各类文体的写作、日常用语及对跨通道联觉现象描述的欣赏中（Martino & Mark，2001）。根据这一界定，广告中的联觉现象、文学中的隐喻和美学中的通感都可以纳入弱联觉范畴。强联觉和弱联觉两者的具体区别见表3-8。

表 3-8 强、弱联觉的特质总结

特征	强联觉	弱联觉
普遍性	少见，基因遗传女性居多	常见
两者体验性	一种刺激被感知，体验到另一种感觉	两种刺激被感知
关联性的组织	特殊的，因人而异的，系统的	系统的
关联性的界定	绝对的	相对情景性的
习得性	有的是不可习得的	可习得或不可习得
语义联想	字面的	隐喻的
可记忆性	容易识别和记忆，单向性	容易识别和记忆，双向性
加工过程	在高层次的感觉位点	在低层次的感觉位点

资料来源：Martino & Marks，2001

如前所述，强联觉具有遗传性，与角回和额叶有关，多发于艺术家、诗人和小说家中；对任何表征抽象数字的具体事件均会产生相应的颜色知觉，而且具有一定的生物遗传性和比较稳定的大脑神经激活结构。不但如此,其发生不依赖情境,在人口比例中十分少见。而弱联觉者的联觉则具有后天习得性与可塑性,其高度依赖于情境特征,是对环境中刺激物规则的体验,如对广告联觉设计的回应。强弱联觉的划分具有重要的意义与现实合理性,因为广告中的联觉现象、语言中的联觉隐喻和美学中的通感等都具有跨感觉通道联结的特征,但是它们与认知心理学主流研究的联觉又具有一定的区别,因此,将联觉分为强联觉和弱联觉正好能拓宽研究视野,全面探讨联觉现象,弥补理论与现实实践的盲点与缺憾。

二、通感与美感的关系

那么作为弱联觉范畴的通感现象与美感的关系是什么样的呢?首先,对客体对象世界的感觉构成了美感的生理基础,声、味、气等形式因素从生理上对我们感觉的刺激便是美感的起点,美感就是这些形式因素与人对美的反应所产生的(翁珉,2006)。可见感觉反应是美感体验的起点与先决条件。对于人们的审美体验,虽然现在不少学者认为既有积极情感体验,也有高级认知活动参与(赵伶俐,2000;丁月华,2008;陈丽君,2010),但是当直接面对一些图形、语言等符号时,首先直接依赖的还是我们的感知觉。格式塔心理学家将审美体验看成"在外部事物、艺术式样、人的感知觉组织活动(在大脑皮层中进行)以及内在情感之间,存在根本的统一,它们是力的作用模式,而一旦这几个领域的力的作用模式达到结构上的一致时,就有可能激起审美体验"(滕守尧,1985)。樊琪(2007)使用探索性因素分析法将具体审美表现区分为注意、感知、反应、钟爱及追求五个水平,而Diessne等(2008)也将表现区分为美的注意、生理反应、情感反应、精神体验及积极方面转变五个阶段。从审美体验过程中的区分可以看到感知觉位于这一过程的初始阶段,处于基础性地位,没有对外在刺激的感知觉,任何审美体验将无法形成。正是由于这个原因,不少人才甚至认为审美就是一种感觉体验。比如,Holbrook(1984)将审美看作是"为单纯享受为目的的深沉的感觉体验";文艺心理学家Reed(1972)曾认为"不要相信一个人站在一幅画前,花了很长时间,经过繁长的理性分析才吐露出愉悦的感受,倒不如相信他的第一眼,否则根本什么都不是"(转引自陈丽君,2010)。

而通感本质上是一种感觉现象,并且是感觉的贯通与融合,这样通感能够给人们带来多通道体验。视觉与听觉之间和由两者引起的其他感觉的通感现象是美感体验的主要来源形式（Krishna et al., 2010）。因此，通感研究在审美活动中占据重要位置，当代心理学者赵伶俐认为通感在审美心理学中是非常重要的，是真正的审美活动不可或缺的环节（赵伶俐，1999）。没有通感，审美感知也就成了一般感知（赵伶俐，1999）。可以说，没有通感，就没有审美（Joy, 2003；转引自丁月华，2008）。作为审美知觉的特殊形态，它渗透着人类的审美体验和审美情感（季钰，2008）。克罗齐曾认为，如果一个人没有听觉、触觉、味觉等种种感觉，而只有视觉，那么绘画对这个人便毫无意义。尽管我们通常称绘画为视觉艺术，但绘画并不是只为视觉而存在的，而是为人的整个生命而存在的，视觉仅仅是引起全身心沉醉的最初通道，单纯停留在视觉上的欣赏并不是审美欣赏。甚至可以说，离开了通感，艺术创作和艺术欣赏都无法进行。贝多芬就曾运用自己的审美通感写下了一句名言："建筑是凝结的音乐。"

通感在审美活动中起巨大作用，究其原因在于，首先，通感有利于将艺术形象的有限感受转化为无限感受（多重感受），进而延展了各类艺术的呈现方式，使其单一的呈现方式能得到多重的感受效果。直接诉诸视觉的绘画不再止于视觉的效果，直接诉诸听觉的音乐不再止于听觉的效果，使其突破了这些艺术形式的直接感受方式的局限，有利于欣赏者加深对艺术形象的美感的感受，感受到真正艺术的感染力（彭立勋，1985；施咏，2005；翁珉，2006；高志明、朱玲，2010）。其次，"在审美活动中，运用通感的心理功能可以使人产生新鲜隽永的意象"（刘叔成等，1987）。欣赏者通过通感可以产生不同于一种感觉的另外一种感觉，如诉诸视觉的，通过通感可能产生味觉、嗅觉等，这样就使欣赏者不仅仅停留在那种真实的感觉刺激层面，而是会被带入到另外一种或多种新的感觉意象中，自然也会体会到更多的美感。

三、美感体验的心理学性质

美感是人们在欣赏过程中，通过审美对象而直观自身时所产生的一种精神愉悦（毛萍，1982）。美学较早将美感体验作为其一个重要的研究对象，其对美感体验的研究主要围绕三个问题展开：一是美感体验的来源问题，即什么使我们产生了美感体验；二是美感体验的过程是如何的问题，即美感体验是如何进行的；三是审美体验如何可能，即审美体验产生的条件。美学对美感体验的这些问题提出了一些重要的洞见。比如,将美感体验看作是一种心理活动,这种心理活动则来源于对自然或艺术的欣赏与感受(曾永成和董志强,1993);美感体验是人欣赏美的自然、艺术品和其他人类活动时所产生的愉悦心理体验(滕守尧,1985);将审美体验划分为直觉(知觉)阶段、构成(想象)阶段及超越(理智与认知)阶段(吴林博,2010)。

但美学对美感体验的研究往往限于一般性的哲学阐述,对美感体验的深层次的问题还揭示得不够,如美感体验到底是什么样的心理活动,美感体验的神经机制是什么样的等,而要回答这些问题,很显然仅仅依靠美学一般性描述是无法令人满意的。心理学、神经科学的介入使得对美感体验的认识更加深刻,心理学领域对美感体验的研究总体来说沿着两条路线进行:一是对美感体验的理论描述,即对美感体验性质的认识;二是揭示美感体验的加工过程和神经机制。那么心理学视野中的美感体验是什么呢?许多年以来不少心理学家为回答这一问题作出了积极的努力。心理学词典中认为美感(aesthetic feeling)是人类所特有的一种复杂情感,是人在欣赏自然景物和文艺作品的活动中所体验到的崇高而优美的情感,是人们欣赏美的自然物、艺术品和其他人类产品时所产生的愉悦感受的经验(黄希庭,2004)。美感是人对客观事物或对象美的特征的情感体验,由具有一定审美观点的人对外界事物之美进行评价时产生的一种肯定、满意、愉悦、爱慕的情感(朱智贤,1989)。而在对美感体验的来源与产生原因的认识问题上,弗洛伊德认为美感体验来源于无意识领域,是力必多深化而成的一种动态心理能量(转引自陈丽君,2010);瓦伦丁(1987)指出美感体验是一种情感且是与理智相连的情感;而马斯洛将美感体验看作一种"高峰体验",本质上是健康心理的人在自我实现的过程中的短暂愉悦体验,是美感体验要认知的高度参与(马斯洛,2003);Joy等(2003)认为美感体验在意识和潜意识层面进行,通过联觉而获得美感体验;而赵伶俐(1999)则认为美感体验直接来源于外在刺激,且是一种对个体自身力量的肯定体验,是一种宽松、从容、愉快的肯定体验。

对美感体验获得过程的认识,心理学家将美感体验看作是在一种动态的审美心理活动过程中获得的,而这个动态审美心理活动过程往往由不同的阶段(层次)构成。黄希庭(2004)和车文博(2001)就将美感体验的结构分为三个阶段:初始阶段、高潮阶段和效果延续阶段(图3-10)。

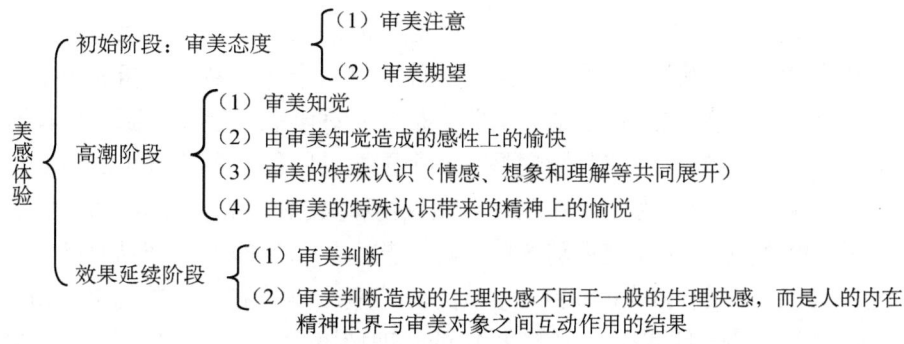

图 3-10　美感体验的结构

资料来源：黄希庭，2004；车文博，2001

黄子岚和张卫东（2012）也认为审美体验包含三个阶段：知觉分析、理解和审美判断（图 3-11）。

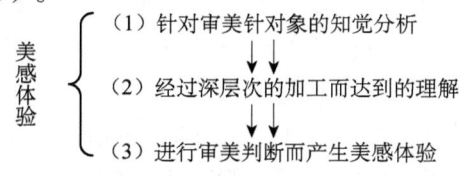

图 3-11　美感体验的阶段

资料来源：黄子岚和张卫东，2012

而赵伶俐（2004）则认为审美活动过程包含审美感性和审美理性两个层次，且这两个层次是相互作用的，如图 3-12 所示。

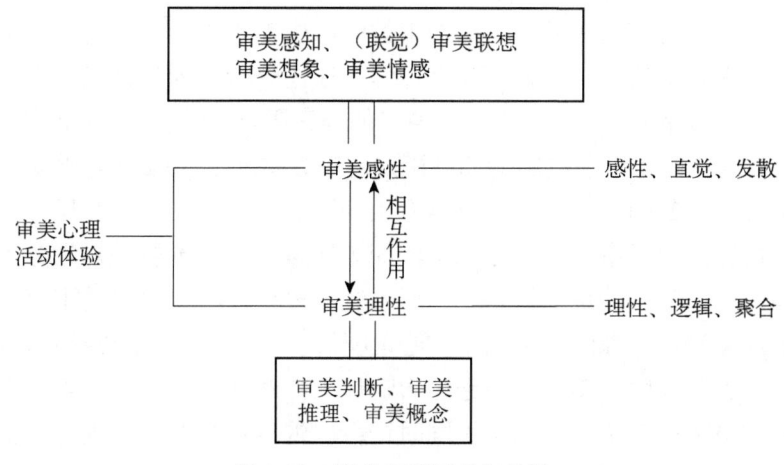

图 3-12　审美心理活动与体验

资料来源：赵伶俐，2004

综上所述，虽然不同的心理学家对美感体验的认识存在一些差异，但我们仍能从他们对美感体验的认识中看到美感体验的两个明显特征，概而言之：一是美感体验是一种愉悦的积极情感体验。很多心理学家已经意识到美感体验是一种积极的情感体验，而审美愉悦是其一个重要的特征。黄希庭（2004）在心理学词典中将美感定义为"人在欣赏自然景物和文艺作品的活动中所体验到的崇高和优美的情感，是人欣赏美的自然物、艺术品和其他人类产品时所产生的愉悦感受体验"。赵伶俐（1999）也认为美感是最典型的、最具代表性和概括力的积极情感，是一种宽松、从容、愉快的心理环境。而黄子岚和张卫东（2012）则指出美感体验本质上是具有奖赏性质的积极情感体验，而审美愉悦是奖赏系统作用的结果。美感体验的这一特征也在其神经机制的研究中得到了部分证实。Dio 等（2007）和 Cupchik 等（2009）通过脑成像技术都发现，个体在审美过程中一直伴随着情感的变化，审美加工的每一个阶段都会激活对应于生成情感体验的大脑皮层（双侧脑岛和杏仁核）；Blood 等（1999，2001）及 Galanter（2010）采用 PET 技术发现由音乐引发的高度愉悦体验伴随激活了与奖赏和情感相关的大脑皮层区域，而这些大脑皮层区域在对其他能够引发愉悦反应的刺激（如性、巧克力和药物）反应时也能够被激活。陈丽君（2010）将自我报告法与实验法结合在一起研究美感与积极情感的关系，并利用对生理反应特征的分析得出美感体验是一种积极情感。二是美感体验涉及一个复杂的审美认知加工过程，审美认知加工过程的每一个阶段都伴随着美感体验的变化。Leader 等（2004）将美感体验看成一个包含着不断增进升级情感的认知过程，并建立了一个美感体验模型，以显示对艺术作品的认知加工如何产生美感体验。在他们的美感体验模型中，美感体验依次经过如下几个过程：知觉分析、内隐记忆整合、外显分类、认知操作和评价，每个过程都受各自的因素影响。随后，Locher 等（2008）通过对被试观察艺术作品的眼动和愉悦评定等级验证了 Leader 等的美感体验模型。Chatterjee（2004）认为美感体验融入到了审美认知加工的过程中，并从视觉神经的角度提出了审美认知的三阶段加工模型：第一阶段是知觉分析，早期的自下加工；第二阶段是知觉整合，形成统一表征；第三阶段是审美判断。陈睿和高湘萍（2011）探讨审美加工的心理机制。基于愉悦流畅模型假设作品的内容易得度、清晰度、美丽度会通过影响加工流畅性进而影响审美偏好。研究结果证明抽象审美加工与知觉识别同时进行。内容易得度、清晰度和美丽度显著影响作品的加工流畅度。加工流畅度和偏好评价呈显著正相关（陈睿和高湘萍，2011）。而郭秀艳等（2012）则探讨了不同的人格类型，即健康人格和人格障碍，对审美心理的影响，进一步地拓展了审美心理的机制研究。

四、美感体验的神经机制

21世纪初神经美学家开始从视觉审美实验入手来研究美感体验的神经机制。Cela-Conde等（2004）通过使用MEG脑磁图手段在实验中发现，左背外侧前额皮层的激活是与美感体验相关的；Kawabata和Zeki（2004）通过fMRI对比研究发现，美的绘画作品会激活被试的内前额脑区；神经美学家Harenski和Hamann（2006）发现，当被试产生美感体验时，左侧前额叶皮层的背外侧正中区和杏仁核外周部有增加的激活。Cupchik等（2009）也通过fMRI研究发现美感体验是自下而上的注意与自上而下的知觉信息交互作用的结果，美的情感体验对应着如下脑区：①审美观看条件下（用审美眼光去观察对象），双侧脑岛和左侧前额叶被激活；②对边线清晰艺术作品（视觉加工），左顶小叶被激活。目前对美感体验的神经机制研究越来越清晰地显示出美感体验的产生激活了左侧前额叶区域，因此一个比较确定的结论是：左侧前额叶区域是美感体验对应的一个脑区。部分研究也分别发现了美感体验激活了杏仁核、双侧脑岛和左顶小叶，而这三个区域也是人处理情感的专属区域，但美感体验伴随审美认知加工的每一个阶段，因此这些备选区域还有待以后的研究进一步证实。

审美愉悦是美感体验的一个重要特征，而Galanter（2010）指出审美愉悦是奖赏系统作用的结果，因此近年来神经美学着力于研究审美愉悦和奖赏系统两者之间的关联。Blood等（1999，2001）采用PET技术发现由音乐引发的高度愉悦体验伴随激活了与奖赏和情感相关的大脑皮层区域，如中脑、腹侧纹状体、杏仁核及腹内侧前额叶皮层等，而这些大脑皮层区域在与其他能够引发愉悦反应的刺激（如性、巧克力和药物）反应时也能够被激活。Vartanian和Goel（2004）通过fMRI研究发现观看美的刺激激活了扣带回前部等大脑区域，而这些大脑区域是与情感和奖赏有关的。而Ren（2007）为被试呈现他们所偏好的图片，他通过fMRI研究发现纹状体和海马旁回被强烈地激活了，而这两个大脑区域都参与加工奖赏刺激。

神经美学采用神经科学的技术手段来探索审美的神经机制，从审美认知加工过程的角度来探讨审美的神经机制及其心理加工过程。从目前对美感体验的神经机制研究来看，多数研究主要是对美感体验进行大脑区域定位，发现与审美加工相关的脑区主要涉及感知觉、运动、情感及奖赏等机能系统。然而审美认知加工的每一个阶段都伴随着美感体验，而审美认知加工是一个十分复杂的过程，目前对其的神经机制的研究还处于初步阶段，面临着不少挑战，需要进一步的拓展和深化（丁晓君和周昌乐，2006）。随着研究者对时间知觉、时间加工机制及内隐记忆等的深入研究（黄希庭，2007；杨治良，1991；杨治良和李林，2006；郭秀艳，2006），未来研究应从时间维度来探讨审美体验的动态性，从跨艺术形式及跨文化的视角来探讨审美神经机制的普遍性（黄子岚和张卫东，2012）。

第四章 联觉词汇表编制与实验广告筛选

本章首先考察强弱联觉的测查方式，为联觉词汇表的编制提供科学依据，为筛选高低联觉组图片提供测查工具，并为后续的广告联觉效应的测查提供实证材料，同时为实验中的无关变量控制做铺垫。其次，依据美感测查的主要方法筛选高低联觉与美感水平广告，为后续实验选择材料。最后，基于半结构式访谈，验证筛选广告高低联觉与美感的效度并提供解释依据。

第一节 广告诱发的联觉反应词汇表编制

程大志（2009）根据国内外的联觉研究总结了强联觉的测查方法，包括：①在探讨联觉和注意关系时使用的内温范式的知觉测验、视觉搜索的实验范式；②用于研究联觉者对数字和颜色加工过程的颜色一致效应实验范式；③用于证实真实联觉者的联觉斯特鲁普测验和联觉条件反射测试；④用于研究联觉脑机制的 PET 和 fMRI。以上的联觉测查方法都是对强联觉而言的，而对弱联觉的研究而言，可得文献很多还是停留在描述性或思辨研究层面。同时，由于强弱联觉概念上的差异，广告实验材料的复杂度不同于强联觉的单一刺激，如字母、纯音等，被试不是强联觉者，而是普通广告受众，弱联觉的测查方法与强联觉的测查方法自然存在一定差异。

在音乐联觉的研究中有一种对弱联觉的传统测查范式（Beeli et al., 2005；Hänggi et al., 2008；Mesz et al., 2011），那就是使用感觉词汇来描述听到音乐声的感觉。比如，在音乐的声音-味觉联觉中，常常使用甜（sweet）、酸（sour）、苦（bitter）和咸（salty）等味觉词汇来测查味觉感觉与音高和音调等音乐参数之间的关联。在审美认知心理学中，对美感的测查也常常采用词汇选择，将美感词汇表作为审美感性的测查工具之一（赵伶俐，2000；丁月华，2008；陈丽君，2010）。在广告心理学领域，也常通过使用感觉形容词来描述对广告的反应（Batra & Ray, 1986；Burke & Edell, 1989；张红霞等，2004）。到目前为止，已有研究编制了一个在描述广告感觉的时候最常用的77个形容词表，如动感的、轻松的、温和的等（柴俊武和李晶晶，2008）。

由此可见，对于心理过程的研究对象，采用感觉词汇表作为测查工具是比较常见的有效手段。而联觉本质上是一种感觉现象，是一种感觉刺激引起另一种感觉体验的心理过程，因此对于联觉，尤其是弱联觉现象的测查也可以采用感觉属性词汇表作为测查工具。

一、实验 1 研究目的、被试情况

（一）研究目的

编制广告诱发的感觉词汇表，为筛选高低联觉组图片提供测查工具。

（二）被试情况

30 名本科生自愿参加测查，其中男生 15 名、女生 15 名，年龄为 19~23 岁（平均年龄 20.62±1.12 岁）。

二、实验 1 研究程序

第一，让三位应用心理学博士从百度和谷歌搜索出的图片中根据高低美感与联觉强弱程度选取 40 张广告图片作为实验材料。40 张广告图片实验材料选取的原则是题材尽量多样化，各种物品广告都要涉及。同时，尽量随机地从百度和谷歌中搜索选取图片，避免刻意、主观、有目的地选取。之所以选择三位应用心理学博士来选取图片，是因为这三位应用心理学博士是从事社会认知心理学与审美心理学研究的，长期的专业训练已经使他们对美感和联觉的感知潜移默化了，他们凭直觉随机选取出来的图片在美感和联觉的层级上更具有区分度。

第二，对选取的实验图片用 Photoshop 7.0 处理，对图片的大小、像素、明度进行调节，使 40 张图片在这三个维度上保持基本一致，实验设计软件为 E-Prime1.0。然后将 40 张图片用 E-Prime 编程，随机呈现给被试，根据平面广告的真实情景，呈现时间不限，并开放式收集广告诱发感觉形容词词汇。根据联觉的定义"一种感觉刺激引起另一种感官的反应与表象"，制定以下的指导语："下面是一个词汇收集表，请大家根据自己真实的反应对图片引起的主要感觉填写形容词进行描述，如'你感觉到了产品的味道吗？''你闻到什么吗？'。谢谢你的配合。"被试开放式地填写词汇后按任意键观看下一张图片。

第三，根据第二步得出的结果制成广告诱发的感觉类型开放词汇频次表，并进行专家评定，形成新的词汇表，作为进一步实验的词汇材料。

三、实验1研究结果分析

（一）开放式词汇频次表制作

被试做完问卷之后，将问卷回收并将所有的词汇按照无重复的原则整合成"广告诱发的感觉类型开放式词汇频次表"。根据得到的所有感觉词汇使用情况，将开放式词汇归纳为味觉类型、嗅觉类型、触觉类型和其他词汇四种类型，并统计每个感觉词汇所使用的频次，如表4-1所示。

表4-1 广告诱发的感觉类型开放式词汇频次表

类型	味觉类型（频次）		嗅觉类型（频次）		触觉类型（频次）		其他词汇（频次）	
具体词汇	酸甜（22）	香甜（18）	清香（23）	芳香（18）				
	甜腻（18）	甘甜（15）	恶臭（22）	香浓（18）				
	麻辣（13）	辛辣（13）	清醇（18）		灼热（26）	灼痛（18）	感觉很弱（18）	
	火辣（13）	苦涩（13）	香气四溢（9）		柔软（18）	温软（9）	单调（18）	乏味（8）
	鲜美（13）	丝滑（12）	臭不可闻（8）		冰冷（8）		无味（7）	压抑（7）
	细腻（9）	醇厚（8）	臭气熏天（6）				杂乱（4）	
	可口（8）	冰爽（8）	芬芳扑鼻（3）					
	酸涩（7）	苦口（2）						

从表4-1可看到，味觉类型的词汇使用最多，达到16个，其频次的区分度不是很高；嗅觉类型的词汇次之，达到9个，其频次的区分度很高，前5个使用频次都较高，都在18次及以上，而后4个则使用频次较低，都在9次及以下，最少的只有3次；触觉类型的词汇再次之，只有5个，使用频次也具有良好的区分度，前3个使用频次都较高，都在18次及以上，而后2个使用频次较低，都在9次及以下；其他词汇有6个，这6个词汇都无法归入到具体五感中的任何一个，所以归入其他词汇。在这个开放式词汇频次表中，我们可以看到每种词汇类型中都有不少意义相同或相近的词汇，如清香、芳香、香浓、香气四溢。

（二）基于专家评定的新词汇表

对开放式词汇频次表中的所有词汇进行专家评定。选取频数较高的能代表典型感觉的形容词汇，在每种类型的词汇中选取频次在9次及以上的词汇，合并意义相同的词汇，删除不具有代表性的词汇，最后得出能代表 40 张图片刺激诱发的感觉类型的形容词汇，包括味觉类型词汇 6 个，嗅觉类型词汇 5 个，触觉类型词汇 3 个，以及"感觉很弱"的其他词汇，从而形成"感觉形容词汇表"，如表 4-2 所示。它将在以后的实验研究中使用。

表 4-2 感觉形容词汇表

类型	味觉类型		嗅觉类型		触觉类型		其他词汇
具体词汇	酸甜 火辣 鲜美	香甜 苦涩 细腻	清香 香浓 恶臭	清醇 芳香	灼热 灼痛	柔软	感觉很弱

第二节 不同水平的联觉与美感广告筛选

一、实验 2 研究目的、被试情况

（一）研究目的

筛选高低联觉与美感水平广告，为后续实验选择材料。

（二）被试情况

30 名本科生对联觉美感广告进行评定，男女各 15 名，视力良好，无色盲；20 名本科生对筛选后的强弱联觉图片进行感觉词汇选择验证，男女各 10 名，视力良好，无色盲。

二、实验 2 研究程序

首先，从百度和谷歌图片及书籍上收集广告图片 120 张，请三名审美心理学博士对图片进行整理，删除不能代表高低联觉、高低美感类型的图片，初筛出图片 40 张，使用 Photoshop7.0 制作成平面彩色广告。每张广告的格式为 bmp 文件，尺寸均为 1024 像素×768 像素。图片的内容包括图案、品牌和文本（产品名称）三个部分，全部采用陌生品牌。其来源是近两三年申请注册的商标，从本科学生比较陌生的产品类别（如农用器械、卫生器械等）中选出，每个名称均由两个汉字构成，且不能从名称推测其所属的产品类别，

最后进行类别置换（如将农用机械类的名称用于食品类、将医疗器械类的名称用于饮料类），这样候选品牌名称既有生态学效度，又可避免名称的意义变量可能带来的"污染"。

其次，将40张广告图片用E-Prime进行制作，随机呈现给被试。在每个跟踪中，首先出现一个注视点，时间为300毫秒，随后出现一个广告的刺激，每张呈现时间为5秒，这样安排比较接近实际观看广告的场景。然后出现联觉反应程度的界面，评定方法为利克特七点量表评定，指导语如下："'呈现的广告引起了你的某种感觉吗（味觉、嗅觉）？1=完全没感觉，4=一般，7=完全能感觉到'，被试进行1~7的按键反应。"紧接着是美感体验程度的反应界面，指导语如下："你觉得下面的广告美吗？请进行1~7级评分，数值越大，表明美的感受越强烈。准备好后请按任意键开始。"随后出现一段时间的空白，时间为300~800毫秒。依次进行所有的试验组，直到第一阶段实验结束。被试完成问卷后将问卷回收、评分，并进行数据处理。

最后，对筛选出的强弱联觉广告用实验1得到的表4-2中的词汇进行验证。给随机选取的20名本科生被试呈现强弱联觉图片16张，让其进行词汇选择，并统计词汇选择频次，验证图片的类型选取。指导语为："请从词汇表中选一个词来描述你对刚才看到广告引起的主要感觉反应。"要求被试真实地按照自己的感觉反应进行选择，避免其他任何因素的影响而造成的刻意选择出现。

三、实验2研究结果分析

（一）各广告的联觉与美感平均值

对回收的1~7级感觉反应和美感体验评分数据进行描述性统计，计算出每张广告图片在美感和联觉上的平均分（表4-3），然后把这两组平均分从高到低排列。在均值一个标准差以上的广告为高水平，一个标准差以下的广告为低水平。广告按联觉强度分为高、低水平，筛选出8张广告图片；按美感强度也分为高、低水平，筛选出8张广告图片。然后匹配广告的美感与联觉强度，构成4种实验条件，即高美感高联觉、高美感低联觉、低美感高联觉、低美感低联觉4组广告，每组各4张广告图片，共16张广告图片。对其重新编号，让其作为后续实验的广告材料。

表 4-3　各广告的联觉反应和美感体验强度均值

图片序号	联觉	美感	图片序号	联觉	美感	图片序号	联觉	美感
1	2.96	2.19	15	4.67	4.59	29	4.52	3.78
2	4.32	4.54	16	4.07	4.04	30	5.00	4.81
3	4.43	4.64	17	3.26	3.44	31	3.41	3.41
4	4.74	4.96	18	4.11	4.48	32	4.04	3.85
5	4.19	4.44	19	4.33	2.41	33	4.23	4.12
6	3.89	3.85	20	3.59	1.96	34	4.56	4.33
7	4.85	5.30	21	3.58	2.65	35	4.78	5.11
8	3.76	3.76	22	4.00	2.89	36	4.00	3.96
9	4.78	4.78	23	4.37	4.59	37	4.00	4.35
10	3.93	4.50	24	3.81	3.93	38	3.96	4.19
11	4.81	5.41	25	4.41	3.22	39	3.41	4.19
12	3.50	3.46	26	4.07	2.67	40	4.85	5.12
13	5.08	5.00	27	4.07	3.67			
14	3.33	3.56	28	4.33	4.67			

（二）验证选取的广告联觉水平

对选取的高低联觉广告进行验证。请 20 名被试从词汇表中选一个词来描述他们的感觉。结果发现，高联觉广告能很好地唤起被试特定的感觉，被试都能选择相应的感觉词汇进行描述，说明选择的广告确实能够唤起被试特定的典型感觉。低联觉组广告除选择少量对应类型词汇外，还存在一定数量的其他词汇。可以看出，选择的广告能很好地代表该类型的特点，并具有良好的区分度，如表 4-4、表 4-5 所示。

表 4-4　高联觉广告感觉词汇频数

高联觉广告序号	11	7	30	35	19	29	1	26
味觉词汇	18	15	13	2	18		17	
嗅觉词汇	2		6	13	2	1	3	13
触觉词汇		5	1	5		19		7
其他词汇								

表 4-5　弱联觉广告感觉词汇频数

弱联觉广告序号	5	8	28	17	13	10	4	18
味觉词汇	7	3		2	7	5	5	6
嗅觉词汇	2	6		2	5	3	3	2
触觉词汇	1	3	4			5	7	3
其他词汇	10	8	16	16	8	7	5	9

第三节 半结构式访谈

半结构式访谈（semi-structured interviews）是指按照一个粗线条式的访谈提纲而进行的访谈。相比结构式访谈，该方法对访谈对象的问题询问只有粗略的基本要求与提纲，访谈者可以根据访谈时的实际情况灵活地作出必要的调整。但相对于非结构式访谈，提问的方式和顺序、访谈对象回答的方式、访谈记录的方式和访谈的时间、地点等都有具体的要求。半结构式访谈结合结构式访谈与非结构式访谈的优点，可以让访谈者更有弹性地了解访谈对象的特定态度与行为倾向。

一、实验 3 访谈目的与访谈构成

（一）访谈目的

为正式实验确定实验变量和解释依据，验证筛选广告高低联觉与美感的效度。

（二）访谈材料

为保证访谈材料广告的典型性，从上一步实验材料中筛选出能体现不同联觉与美感程度最典型的广告图片，共 16 张。高美感高联觉组的广告产品包括苹果汁饮料、香蕉饮料、辣椒酱和香水；高美感低联觉组广告产品包括咖啡、橙汁、洋酒、大米；低美感高联觉组广告产品包括除臭剂、润喉片、草莓汁；低美感低联觉组广告产品包括巧克力、汽水、洗发水和冰箱。

（三）受访者与访谈提纲

受访者包括西南大学美学博士 5 人、应用心理学硕士 5 人，共 10 人，如表 4-6 所示。

表 4-6　受访者构成

受访者编号	性别	年龄	专业学历
1	女	29	美学博士
2	女	32	美学博士

续表

受访者编号	性别	年龄	专业学历
3	男	36	美学博士
4	女	35	美学博士
5	女	33	美学博士
6	女	23	应用心理学硕士
7	女	23	应用心理学硕士
8	男	24	应用心理学硕士
9	女	24	应用心理学硕士
10	男	22	应用心理学硕士

对 16 张广告图片编号后将其随机呈现，对 10 位受访者进行访谈。访谈内容主要由以下问题构成：①您觉得这个广告做得好不好？好在哪里？②您看了广告之后，是否增加了您的购买意愿？③您能否推测一下这个产品的特点？您是怎么推测的？④您觉得这个广告能够带给您美的享受吗？该广告的哪些方面能带给您美的享受？

本访谈采取个别访谈方式进行。在访谈过程中，根据访谈对象的现场反应情况适时追问相关问题。访谈过程均做详细记录。访谈结束后，根据访谈结果进行归纳分类。

二、实验 3 访谈结果分析

对文字记录进行整理，过程为录入计算机、校对内容、整理成文本。研究结果表明，美感和联觉是影响广告态度和购买意愿的两个重要变量，与我们的研究构想吻合。

（一）影响受访者广告态度的因素

1. 美感——影响受访者广告态度的因素

访谈结果显示，影响被试广告态度的因素之一是广告是否有美感，即在观看广告的时候是否产生了愉悦的感受。10 名受访者在回答"您觉得这个广告做得好不好？好在哪里？"的问题的时候均提到美感这一因素。其中，美学博士的解释主要涉及广告的形式美美学法则，认为符合形式美美学法则的广告作品，不但会有强烈的美感效果，而且可以准确地表达广告的主题和卖点，加强受访者对广告的积极态度。形式美是指广告中各种形式因素（色彩、线条、形体、声音等）的有规律组合。而其中色彩又是形式美的最重要因素，也是展现美感的最常见形式。受访对象在评价广告时报告颜色的影响频次最高。例如：

广告1美达苹果汁广告不错，总体感觉还比较清爽，看起来比较舒服。它整个画面四周都有淡淡的绿色，中间是白的，白底，白底前面又有个绿色的苹果，还有绿色的水流。感觉颜色很和谐，很舒服，让人想去品尝。

广告9康宁除臭剂广告不好，给人的视觉冲击不够强，画面没有什么色彩。

广告2绿动香蕉果汁广告好，给人视觉愉悦感。它的颜色、搭配很好，我比较喜欢的黄绿色趋向于这种颜色。这类颜色往往第一时间就能打动我。

广告4米佳香水广告很好，挺柔美的。香水应给人柔和的感觉。广告很浪漫，它的颜色、瓶子的质地给人的总体感觉比较棒。

广告12天越除臭剂广告很一般，没审美创意，构图不漂亮。

广告5神润咖啡广告可以，因为颜色对比可以……

广告15飘逸洗发水广告一般，它是灰暗的颜色，我不太喜欢这个颜色。

广告13通达巧克力广告可以，它的颜色、界面、线条好些。

广告3田源辣椒酱广告可以，颜色感强烈。

广告13通达巧克力广告不错，颜色让人很舒服，很带劲。

广告1美达苹果汁广告很漂亮，我喜欢，颜色鲜艳。

广告11万众汽水广告不好，产品的颜色让人看着不舒服，给人不是果汁的感觉。

广告8泰国三立大米颜色感强烈。

广告1我觉得美达苹果汁广告不错，颜色也比较鲜嫩，很新鲜，因为黄色与绿色及颜色对比让人感觉清凉。

广告2绿动香蕉果汁盒颜色直观、形象，广告表达得很好。

广告4米佳香水广告可以，从模特的胸部、香水瓶的形状，以及香水和女性的晶莹剔透来呈现，整个画面、设计都比较好。

广告3田源辣椒酱广告画面很美。

广告8泰国三立香米广告很巧妙，整个图片很漂亮。

广告1我觉得美达苹果汁广告可以，颜色还可以，苹果汁给人流淌的感觉。对颜色比较喜欢，插上吸管更好。

广告4米佳香水广告颜色比较符合视觉，它体现了使用后的效果。

广告5神润咖啡广告体现了咖啡的颜色，很好。颜色比较直观，看上去比较香浓。

广告3田源辣椒酱广告颜色比较好看，造型看上去好，感觉好吃。

广告14奇威汽水没看明白，颜色不好，一般。

广告2绿动香蕉果汁广告好，它的颜色不是很灰暗，给人愉悦感。

广告4米佳香水广告颜色很活泼，给人很新鲜的感觉。

广告7云泽果汁广告好，很美，它的外观，颜色活泼，外形特别可爱，适合女生。

广告3田源辣椒酱广告好，体现了很辣，颜色很好，新鲜、形状、嘴唇。

2. 联觉——影响受访者广告态度的因素

第二个被提及频次最多的因素就是联觉。受访对象对某一广告评价时，报告频次仅次于美感的因素就是联觉，其中颜色-味觉联觉是主要提及的联觉类型。具体而言，受访对象会关注某特定广告的色调是否调动了他们相应的味觉感受，诱发他们产生了对应的味觉感觉等。基于此，他们给出广告的评价。例如：

广告9康宁除臭剂广告不好，广告让人思考着才能懂，很累，不然看不明白，也不看出是臭鞋，没有产生臭味的感觉。搞不懂广告要说些什么。

广告2绿动香蕉果汁广告中香蕉给人一种亲近的感觉，有香蕉的味道，让人马上就想吃。

广告3田源辣椒酱广告很有意思，广告中嘴唇上叼着辣椒，把嘴唇做成辣椒，有辣椒的口感。

广告10怡清咽喉片广告比较形象，喉咙着火了，感觉很痛。

广告2绿动香蕉果汁广告中，产品的包装是香蕉的形状、颜色，让人马上想到香蕉的味道。

广告4米佳香水广告好，因为画面颜色让人想到玫瑰香。

广告13通达巧克力广告还行，因为让我觉得巧克力很脆很甜，是从产品盒子的颜色与形状推测出的。

广告1美达苹果汁广告可以，画面的颜色一看就想到苹果汁的味道。

广告11万达草莓汽水广告的颜色看着不舒服，给人不是果汁的感觉。

广告1美达苹果汁广告可以，倒苹果汁，让人想到苹果汁，比较直观，因为上面很多水滴；感觉入口清爽、舒服、心旷神怡。

广告4米佳香水广告好在让人联想到香水的味道。

广告13通达巧克力广告还行，让我一看就知道它是巧克力味道的。

广告 2 绿动香蕉果汁广告好，一看就知道是卖香蕉汁的，产品还比较高级。

广告 7 云泽果汁广告不好，看不出来它是橙汁，感觉不到橙汁的味道。

广告 3 田源辣椒酱广告画面很美，让人很直观就想到了辣椒的味道。

广告 10 怡清咽喉片广告可以，因为传递了嗓子的灼痛感。

广告 2 绿动香蕉果汁广告好，让我觉得天然，原汁原味，因为颜色与青苹果的颜色相符。

广告 3 田源辣椒酱广告好，颜色就让我觉得辣，很带劲。

（二）影响受访者购买意愿的因素

1. 影响受访者产品购买意愿因素之美感

访谈结果显示，影响被试购买意愿的因素之一是广告是否有美感，即在观看广告的时候是否产生了愉悦的感受。10 名受访者在回答您看了广告之后，是否增加了您的购买意愿的问题的时候均提到美感这一因素。其中美学博士的解释主要涉及广告的形式美美学法则，他们同样认为符合形式美美学法则的广告作品，不但会有强烈的美感效果，而且可以准确到位地表达广告的主题和卖点，诱导受访者对广告产品产生购买意愿。形式美是指广告中各种形式因素（色彩、线条、形体、声音等）的有规律组合。而其中色彩又是形式美的最重要因素，也是展现美感的最常见形式。受访对象在谈及购买意愿时报告颜色的影响频次最高。例如：

广告 1 美达苹果汁广告给人的总体感觉比较清爽，看起来比较舒服，颜色很打动我，让我想去试着购买品尝。

广告 9 康宁除臭剂广告画面没有什么色彩，提不起购买的欲望。

广告 2 绿动香蕉果汁广告颜色美，我有购买的冲动。

广告 3 田源辣椒酱广告颜色感强烈，感觉很带劲，我会考虑购买。

广告 14 对奇威汽水广告没看出来啥美感，颜色不好，一般，不会有购买的想法。

2. 影响受访者产品购买意愿因素之联觉

第二个被提及频次最多的因素就是联觉。受访对象对某一广告产品报告购买意愿程度时，报告频次仅次于美感的因素就是联觉，其中颜色-味觉联觉是主要提及的联觉类型。具体而言，受访者会关注某特定广告的色调是否调动了他们相应的味觉感受，诱发他们产生了对应的味觉感觉等。基于此，他们报告自己的购买意愿倾向。例如：

> 广告 9 康宁除臭剂广告不好，看不明白，也不看出是臭鞋，没有产生臭味的感觉。搞不懂广告要说些什么。不会想到要这款除臭剂。
>
> 广告 2 绿动香蕉果汁广告中一看就有香蕉的味道，马上就想吃。
>
> 广告 3 田源辣椒酱广告很有意思，广告中就像嘴唇上叼着辣椒，把嘴唇做成辣椒，有辣椒的即视感。想要尝试。
>
> 广告 10 怡清咽喉片广告比较形象，咽喉着火了，感觉很痛。要是我咽喉冒火了，会想到买这款咽喉片。
>
> 广告 1 美达苹果汁广告可以，比较直观，因为上面很多水滴；我能感觉入口清爽，舒服，让我有购买欲望。
>
> 广告 4 米佳香水广告让人闻到到香水的味道，想要买。
>
> 广告 13 通达巧克力广告还行，让我一看就知道它是巧克力味道，想吃一口。
>
> 广告 7 云泽果汁广告不好，看不出来它是橙汁，哪里有橙汁的味道？不想买。
>
> 广告 3 田源辣椒酱广告让我马上像尝到了辣椒的味道。好想吃。

三、实验 3 访谈综合讨论

感觉常被分为视觉、味觉、听觉、嗅觉和触觉五大类型，广告是以视觉的呈现为主，这样广告中的联觉通常是由广告的视觉刺激而引起其他几种类型感觉的心理现象，即视觉-味觉、视觉-嗅觉、视觉-触觉及视觉-听觉。根据这一特征，在实验 1 中编制"广告诱发的感觉类型开放式词汇频次表"时，三位心理学博士在对 40 张初始广告图片的选取上，尽量考虑覆盖广告中联觉的所有形式。然而使用这些广告图片进行开放式感觉反应词汇收集时，我们发现被试使用形容词来描述广告刺激诱发的感觉集中在味觉类型、嗅觉类型和触觉类型三种类型，而没有听觉类型。造成这种结果的原因在于初始图片的选取者——三位应用心理学博士与被试——普通本科生的差异，虽然在心理学博士选取初始图片时被要求仅就广告图片本身的刺激带给自己的真实感觉进行选取，而不要考虑其他任何因素，如自己的需要、爱好、文化知识背景等，但是上述这些因素是长期形成的，影响是潜移默化的，要完全排除这些因素的干扰是无法做到的。而被试是普通的本科生，不同于选取者，他们受到的干扰因素相对较少，而且给他们呈现广告图片的时间也较短，因此他们更能从自己真实的直观感受来描述。这种结果差异性也表明，"感觉形容词汇表"具有较强的真实性与代表性。

在实验 2 中，我们测量联觉和美感的高低层级时使用了利克特七点量表，将联觉和美感分别由低到高分为七级，让被试进行打分。利克特七点量表在测量广告心理效应的各项指标中经常使用（Mitchell，1986；Homer，1990；Chattopadhyay & Prakash，1992；黄劲松，2006）。比如，对广告态度、产品态度或购买意愿，利克特七点量表能很好地将测量对象的层级区分显示出来。通过对使用利克特七点量表所得的数据进行统计，求出了每张广告在美感强度和联觉强度上的平均分，然后根据均值一个标准差将联觉和美感的强度划分为高低水平，并使用 SPSS 软件将广告划分为高美感高联觉、高美感低联觉、低美感高联觉、低美感低联觉 4 种，每种各 4 张广告图片，共 16 张广告图片，以构成 4 种实验条件。最后对选取的高低联觉广告图片使用实验 1 中得到的词汇表（表4-2）进行了实验验证，强联觉广告的确能很好地唤起被试特定的感觉，被试都能选择相应的感觉词汇进行描述，而弱联觉组图片除有少量对应类型词汇选择外，还存在一定数量的"感觉很弱"的词汇描述。从结果可以看出，所选择的广告能很好地代表该类型的特点，并具有良好的区分度。

广告态度和购买意愿是广告心理效应中两个重要的测量指标，两者之间的作用机制也是研究者关注的重要议题之一，对于两者之间的作用机制的解释模型中最具有代表性的是 MacKenzie 和 Lutz（1982）提出的四个模型：情感转移模型（the affect transfer model）、双重中介模型（the dual mediation model）、交互中介模型（the reciprocal mediation model）和独立影响模型（the independent influence model）。随后不少研究者对这四个模型进行实验验证，结果发现，双重中介模型与实验数据的拟合度最好（Gresham & Shimp，1985；MacKenzie & Lutz，1982；Moore，2000）。

从图 4-1 我们可以看到，广告态度影响购买意愿的路径有两条：一是广告态度→产品认知→产品态度→购买意愿；二是广告态度→产品态度→购买意愿。但无论是哪条路径，广告态度都是通过产品态度的中介作用而影响购买意愿。然而对于情感广告而言，广告受众并不会过多地考虑产品本身属性等信息，而是会直接根据广告带来的情绪体验改变自己对产品的态度，即会直接发生从广告态度到产品态度的情感迁移（Petty et al.，1983；王怀明，1999；李琼和吴作民，2008），此时广告态度与产品态度就具有一致性，产品态度的中介作用就完全被弱化，广告态度会直接影响购买意愿，即广告态度→购买意愿。由于联觉和美感广告属于情感广告，我们设计实验 3 时，直接测量的是广告态度对购买意愿的影响，而没有介入产品态度。

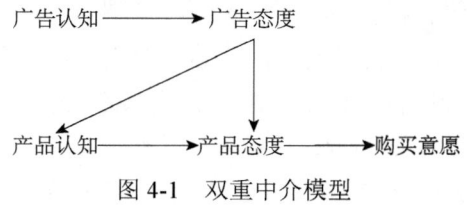

图 4-1　双重中介模型

在实验 3 中，我们对使用实验 2 得到的 4 组广告图片进行了半结构式深度访谈，从访谈结果上看，本访谈在被试样本的选择上，根据研究构想，考虑了受访对象的专业背景和学历层次，研究对象包括了美学博士和应用心理学硕士，具有一定的代表性。在研究的过程中，严格按照质的研究方法与操作程序进行，在访谈时间、地点的安排上尽可能考虑访谈者的方便。访谈前，根据研究需要认真拟订了访谈提纲，在访谈过程中，根据对象的不同情况和现场反应适时追问相关问题，使受访者发言具有较大的自由度与深度。由此保证了此实验研究的客观性和科学性，以及实验研究结果的真实性和直观性。

受访者在访谈过程中谈及美感体验的时候，"颜色"的词汇出现频率最高，即注重广告图片中颜色刺激。刺激物的颜色是刺激人类视觉的一个重要感知因素，正如阿恩海姆所说："说到表情方面，色彩却又胜过形状一筹，那落日的余晖以及地中海的碧蓝色彩所传达的表情，恐怕是任何确定的形状也望尘莫及。"不同年龄的一般群体喜好那些给自己带来美感或愉悦感受的颜色（Walsh et al., 1990；Mundell, 1993；Julia, 2005；Huang & Xu, 2009），而且研究者通过对广告受众的眼动实验研究也发现，带给受众美感或愉悦感受颜色的产品被购买的可能性更大（Lohse et al., 1997, 2001）。另外，已有实验研究表明颜色可以给受众带来味觉体验，比如，绿色——酸味、黄色——甜味、茶色——苦味、红色——辣或咸味等。而在商品广告中，也发现使用恰当的图面颜色可使广告受众体验到某种味觉。比如，食品广告使用红色、橙色、黄色，往往使广告受众产生味觉反应；而在电冰箱、空调机等商品的广告中使用浅蓝等冷色调，会带给广告受众凉爽的感觉（余小梅，2003）。

颜色是广告中形式美的基本构成要素之一，广告的形式美是指构成广告作品的诸多要素，如图形、色彩、线条、广告语、主体物的动作等按照一定的美学法则组合而体现出的审美特征。根据访谈结果，"颜色"的确是使受访对象产生美感体验的主要诱发刺激，其次是"形状、构图"，它们出现的频率也很高，可见形式美的法则最大限度地影响了受访者的广告态度，特别是具有美学专业背景的受访者更是使用了形式美法则的专业术语。因此，广告设计者应了解每一种法则所具有的视觉特征及其带给受众的心理效应，并根据广告的主题内容来选择恰当的形式美法则，这才是好的广告作品诞生的基础。

另外，我们也发现广告颜色不仅是引起美感体验的首要因素，而且也是唤起受访对象联觉反应的主要因素，据此我们推论：两者之间有内在关联，即受访对象联觉反应越强烈，美感体验也会越强烈，这一访谈结论为后续实验研究提供了实验假设构想与实验解释方向。引起联觉的第二个因素是广告的直观性。直观的广告能有效唤起受众的联觉，这符合现代消费者直观浅表化的感知倾向。随着人们生活节奏的加快，海量的信息通过大众媒介传播到个人，人们很难去深入关注所有的信息，对事物的关注趋于浅表化，视觉信息更加直观而真实，视觉化的广告艺术正好符合了直观浅表化的需要（陈滢媛和朱舟，2009）。

访谈结果还表明，高美感高联觉组的每一张广告图片都能够调动起被访对象相应的美感和联觉，进而获得积极的广告态度和增加购买意愿，从而验证了美感和联觉是影响被访谈者广告态度的两个重要因素。而对于广告态度与购买意愿之间的关系，我们也得到了一个积极的结果，在摒除自身需求的情况下，广告态度对其购买意愿有正向作用，即对广告评价好的，则购买意愿有所增加。我们实验 3 的访谈结果不仅表明了广告中的颜色是唤起被试美感和联觉的重要因素，与之前研究者的研究相吻合，而且更进一步表明了美感和联觉是影响广告态度和购买意愿的两个重要因素。但由于访谈方法的局限和受访样本的数量有限，在接下来的研究中，将采用实验法对较大样本的被试来进一步验证联觉与美感的广告心理效应。

第五章 不同联觉水平下的广告心理效应

CHAPTER FIVE

根据前面的文献综述、理论分析与现实观照，本章主要检验以下两个理论假设：

H1a：联觉对广告态度存在影响。

H1b：联觉对购买意愿存在影响。

基于上述理论假设，本章从如下几个方面考察联觉与积极的广告心理效应之间的关系。第一，高联觉广告与低联觉广告在广告心理效应显著指标的广告态度上存在显著差异。第二，高联觉广告与低联觉广告在广告心理效应显著指标的购买意愿上存在显著差异。第三，高联觉广告的受众优势心理效应分析。此外，我们通过前面文献综述发现，联觉效应存在性别差异，因此，本章还将考察广告联觉效应的性别差异。

第一节　不同联觉水平下的广告心理效应的实验构成

广告受众之所以会注意能给自己带来积极情绪的广告，是因为广告受众非常重视自我感受，往往从自身感受出发来评判一则广告，广告受众自身的感受占据重要位置。如果广告能够调动广告受众的多感官积极情绪感受，让广告受众产生跨通道的情绪体验，就有利于广告受众从心理上对广告产生深刻的印象，进而极大地吸引广告受众的注意力及说服广告受众。联觉广告表达是广告受众将广告形象的视觉刺激通过心理联觉作用转换为对商品的其他感官感受（祁聿民，2003）。这种广告表达方式实质上就是给予广告受众多感官感受，实现多感官信息整合与转译，带给广告受众更强烈的感官体验，必然更能够吸引广告受众的注意力。尽管能够带给广告受众多感官感受的广告，能够吸引广告受众更多的注意力，而且广告受众也更喜爱这类广告，然而，问题在于，能够吸引广告受众注意和喜爱广告本身与是否形成购买意愿（行为）之间并不总是一致的（向梦弦，2007）。广告受众虽然更多注意并且喜爱一则广告，但是他们却可能没有购买意愿，这可能是广告受众的性别、年龄、文化背景等因素差异造成的。同时，联觉程度的高低对是否形成购买意愿也会产生影响，如高联觉广告与低联觉广告对购买意愿的影响不同。换言之，不同程度的联觉对不同广告受众的心理效应的影响可能存在差异。

本章将探讨不同联觉水平对广告心理效应的影响，在研究过程中采取单因素设计，这是因为在探究新领域的研究中，单自变量的设计更受到研究者的偏爱（郭秀艳，2006）。虽然国内外对广告心理效应的测试指标还没达成一致，但在广告心理效应的测试项目或指标中，态度与购买意愿的测量具有明显的意义。有人分别对美国 40 家顶尖的广告公司和欧洲 39 家最大的广告公司进行了五项广告心理效应指标重要性的评估，这五项指标是觉察、再认、回忆、态度和购买倾向。结果表明，在这五项广告心理效应指标中，最被看重的是广告态度和购买意愿（王怀明和王咏，2003）。因此，本书研究都以广告态度和购买意愿作为因变量，测量广告心理效应。

对广告态度的测量经常采用的是语义差异量表，三个项目的语义差异量表是比较常见的。有一些语义差异量表只有两个项目，还有一些语义差异量表有四个以上甚至十个项目。典型的项目包括"好／坏""令人愉快的／令人不愉快的""喜欢的／不喜欢的"及"感兴趣的／不感兴趣的"。被试对这些项目进行回答，笔者经过分析答案之后，形成一个综合指标。在广告实务界，往往只用一个简单的问题来测量被试的广告态度，即"你是否喜欢这个广告"，被试在多点量表上回答（黄合水和雷莉，2006）。本书属于应用研究范畴，因此，也采用一个简单的问题来测量被试的广告态度，即"你认为这个广告好吗？"。

从可得文献来看，在对被试购买意愿的测量中，除了 Chebat 等（2003）、Cochran 和 Quester（2001）、Escalas 和 Luce（2004）等使用了两个或三个项目外，其他研究者如 Petty 等（1983）、Miniard 等（1993）、Martin 等（2003）、王怀明和马谋超（2004）、周象贤（2007）及 Polyorat 和 Alden（2005）使用的都是一个项目：不购买／购买（转引自周象贤，2009）。因此，本书对被试购买意愿测量的利克特七点量表也使用该单一项，这样会使测量的效果直接而简洁。

一、被试、实验材料

（一）被试

30 名本科生自愿参加这次实验，其中男生 15 人、女生 15 人，年龄为 18～25 岁（平均年龄 21±1.41 岁），均为右利手。在实验后，给予其适当报酬。

（二）实验材料

研究一筛选出的高低联觉广告材料，提供 8 张广告图片。

二、实验程序

实验为单因素被试内设计,自变量为联觉,分为高、低两个水平,因变量是被试的广告态度和购买意愿。实验时,被试舒适地坐在光线适宜的实验室里。实验程序通过 E-Prime 控制。随机呈现 8 张广告图片,以便排除首因效应和近因效应(记忆的序列效应)的干扰。

首先,呈现指导语:"下面将呈现一些广告图片,请在每张图片后呈现的词汇表中只选择一个词来描述广告引起你的典型感觉,并对该感觉进行 1~7 级评分,1 表示感觉很弱,4 表示一般,7 表示感觉很强烈,即数字越大,表明感觉越强烈。如果广告没有引起你特定的感觉,请选择其他词汇并按相应的数字键。"

其次,呈现一个"+"作为注视点,然后呈现图片。每张图片最长呈现 5000 毫秒,被试在随后出现的词汇表中,根据自己的真实反应,选择词汇对应的编号,按键并进行感觉程度的评定。之后,出现指导语:"你认为以下呈现的广告好吗?请进行 1~7 级评分,1 表示非常不好,4 表示一般,7 表示非常好,即数值越大,表明广告评价越积极。准备好后请按任意键开始。"被试在广告图片呈现后按键,进行 1~7 级广告态度评定。

最后,同样的广告图片随机呈现,程序一样,被试对广告图片进行 1~7 级购买意愿评定,指导语如下:"下面是一些广告图片,请只根据广告图片带给你的感受,对购买意愿进行 1~7 级评分,1 表示完全不可能买,4 表示一般,7 表示完全可能买。"

在被试明白指导语后进行练习,练习次数由被试自定,以完全掌握指导语为准。练习程序和正式实验程序一致,只是练习所用图片内容与正式实验图片不一样。

第二节 不同联觉水平下的广告心理效应的结果分析

一、不同联觉条件下的广告心理效应比较

对筛选出的广告在联觉高低水平上进行显著性检验。结果显示 t 值为 11.435($p<0.001$),表明实验材料具有良好区分度,如表 5-1 所示。

表 5-1 高低联觉组的联觉均值的差异检验

高联觉组联觉 M(SD)	低联觉组联觉 M(SD)	t	p
4.82±0.87	3.88±0.84	11.435	0.000***

注:双尾检验,***表示 $p<0.001$,SD 表示标准差

对广告态度和购买意愿进行差异检验，高低联觉条件下，被试的广告态度差异极显著（$t=4.124$，$p<0.001$），高联觉组的广告态度（$M=4.63\pm0.81$）显著好过低联觉组的（$M=4.30\pm0.70$）。购买意愿差异也极显著（$t=5.14$，$p<0.001$），低联觉组广告的购买意愿（$M=4.31\pm0.67$）显著好过高联觉广告的（$M=3.95\pm0.70$）。H1a、H1b 得到验证。结果如表 5-2 所示。

表 5-2 高低联觉组广告态度与购买意愿 t 检验

项目	高联觉组 M（SD）	低联觉组 M（SD）	t	p
广告态度	4.63±0.81	4.30±0.70	4.124	0.000***
购买意愿	3.95±0.70	4.31±0.67	5.14	0.000***

注：双尾检验，***表示 $p<0.001$

二、联觉广告心理效应的性别差异

性别差异的检验结果显示，对于高联觉组，广告态度与购买意愿都不存在显著性别差异：广告态度 $t=-0.936$，$p=0.352$，购买意愿 $t=-0.382$，$p=0.703$。对于低联觉组，如表 5-3 所示，广告态度与购买意愿有显著性别差异，广告态度 $t=-2.192$，$p<0.05$，购买意愿 $t=-2.020$，$p<0.05$，女生的广告态度与购买意愿都显著高于男生。

表 5-3 低联觉组广告态度与购买意愿性别差异检验

项目	男 M（SD）	女 M（SD）	t	p
广告态度	4.16±0.75	4.48±0.66	-2.192	0.046*
购买意愿	4.18±0.77	4.47±0.48	-2.020	0.031*

注：双尾检验，*表示 $p<0.05$

第三节 不同联觉水平广告的受众广告心理效应的综合讨论及结论

一、不同联觉水平广告的受众广告心理效应的综合讨论

本书采取的广告态度测试指标是对广告创意的认知，是对广告理性的创意评定。广告创意的构成元素有且只有五种符号：视觉符号、听觉符号、嗅觉符

号、味觉符号和触觉符号。然而，现代的广告媒介往往只承载其中的一种或两种。比如，报纸承载的是视觉符号、广播承载的是听觉符号，而电视最多也就承载视觉与听觉符号。广告创意就是使广告媒介承载的单一符号能给广告受众带来更多的体验（崔书宜，2006）。要在广告创意中做到这一点，只有通过借助人的联觉这一特殊的感觉能力。本来人的感觉通道是各司其职的，然而，联觉的激活将会使广告受众产生跨通道的感受体验。随着经济的发展和科学技术水平的提高，社会与广告受众对广告设计与创意的要求越来越高。人们不再简单地满足于以技术驱动为核心的设计，转而强调的是设计的感觉驱动性。设计除了带来视觉美感享受外，更多的是满足综合感官的需要，联觉的运用可以带来先声夺人的视觉效果。Nelson 和 Hitchon（1995）的研究发现，将联觉运用于广告，在大多数情况下联觉能使消费者对广告产生更多喜爱的态度（favorable attitudes），具有很好的说服效果。但在一定的环境中，联觉广告比一般广告产生较少的而非更多的喜爱态度。Kim（2002）对网络广告中采取联觉设计进行了研究，研究发现，联觉会增加消费者对广告和网站肯定的态度。相对普通网站，商业网站的广告联觉反应引发了受众更多的兴趣、偏好和更强的购买意愿。这意味着联觉广告会诱发更好的广告态度并且在劝说顾客方面非常有效。而我们通过实验结果也发现，在广告态度上，联觉具有显著主效应，高联觉广告能让被试产生强烈的感觉，对广告创意的认知积极、肯定，受访者与被试都认为高联觉广告能充分唤起自己的跨感觉通道感受，对高联觉的广告表现出了积极的广告态度，这与前面两位学者的研究结果相一致。以上说明，广告中的联觉使用的确能够给予消费者多感官感受，调动消费者的情绪，带给消费者更强烈的感官体验，进而使消费者对广告持积极的态度。

然而，在广告购买意愿上，联觉的主效应并不显著，受访者与被试对高联觉的广告不一定都表现出积极的购买意愿。影响购买意愿的因素更多、更复杂。比如，消费者个人实际的需求会对购买意愿产生一定的影响，如果消费者不需要广告中的产品，即使广告运用联觉使消费者产生了积极的广告态度，也可能不会产生积极的购买意愿。出现这样结果的深层原因在于，广告态度并不直接影响购买意愿，而是通过产品态度的中介作用来影响购买意愿。而对于产品态度而言，产品特性、品牌、消费者差异、产品的实际需求等都是影响因素。购买意愿受产品态度的影响，而产品态度受多种因素的影响，这就使购买意愿不仅仅受广告态度这一单因素影响。另外，选取的广告图片中，一些图片是能带来积极情绪的，而另一些图片是能带来消极情绪的。如果是能带来消极情绪的广告图片，它能够激发被试的多感官感受（即高联觉广告），那么带给被试的就会是更加强烈的消极情绪,这样强烈的消极情绪会影响被试对广告图片的购买意愿。比如,有的女生被试在看到除臭剂广告图片的时候,由于广告图片展现的是几个大汉光着胳膊汗流浃背地挤在一个狭小的小车里,女生被试都诉说感觉到一种强烈的脏、臭的感官体验,诱发的情绪是极其厌恶与排斥。她们明确表示除非十分需要,否则不会购买诸如此类的带来强烈消极情绪的广告产品。因此,对于购买意愿而言,广告中的联觉主效应表现为不显著。

高联觉条件下,被试无论是男生还是女生,都能因为跨通道感觉体验的诱发而产生相近的广告态度与购买意愿;而在联觉强度较低的情况下,男生对广告的态度与购买意愿却明显低于女生。这一结果表明,男生更容易受到联觉强度的影响。换句话说,无论是男生还是女生,联觉强度的高低会对广告受众的广告态度与购买意愿产生影响,其中,男生受联觉强度的影响更为强烈,而女生受联觉强度的影响不如男生明显。这可能是因为在现实生活中,男生对待广告中产品的态度和购买意愿与女生存在差异,如果没有特别明晰、直观的因素打动男生,男生往往会根据自己是否需要来快速理性地决定自己的广告态度和购买意愿。究其深层次的原因,这仍然可能是男生与女生独有的思维特质造成的,即男生相对来说比较理性与现实,而女生相对来说比较感性与随性。在接收广告时,不同联觉程度的唤醒会导致两性广告心理反应的差异性,影响他们对广告产品的喜好及其购买意愿。因此,在设计广告时,要充分考虑不同性别消费者对联觉体验刺激的感受差异。例如,考虑男性消费者对哪些类型的联觉更为敏感,进而考虑哪些刺激会影响他们的广告体验和购买决策。

二、不同联觉水平广告的受众广告心理效应实验总结论

高低联觉条件下,被试的广告态度差异极其显著,高联觉组的广告态度显著好过低联觉组的。购买意愿差异也极其显著,且低联觉组的广告购买意愿显著好过高联觉组的。

低联觉组的广告态度与购买意愿有显著性别差异,且女生的广告态度与购买意愿都显著高于男生。

第六章 不同美感水平下的广告心理效应

目前，广告美学等学科多从理论上阐释了广告的美感体验会影响广告受众的心理，然而，心理学主流研究取向下的美感体验研究已深入到审美神经机制的脑科学技术研究层面，基于实证数据的广告美感效应探讨不可避免。因此，本章尝试突破广告美感研究的理论范式，通过利克特七点量表量化广告美感心理效应，为广告美感的研究提供心理学依据。根据前面的文献综述、理论分析与现实观照，本章主要检验以下两个理论假设：

H2a：美感对广告态度存在影响。

H2b：美感对购买意愿存在影响。

基于上述理论假设，本章从如下几个方面考察美感与积极的广告心理效应之间的关系。第一，高美感广告与低美感广告在广告心理效应显著指标的广告态度上存在显著差异。第二，高美感广告与低美感广告在广告心理效应显著指标的购买意愿上存在显著差异。第三，高美感广告的受众优势心理效应分析。此外，我们通过前面文献综述发现，美感效应存在性别差异，因此，本章还将考察广告美感效应的性别差异。

第一节　不同美感水平下的广告心理效应的实验构成

一、被试、实验材料

（一）被试

30 名本科生自愿参加这次实验，其中男生 15 人、女生 15 人，年龄为 18~25 岁（平均年龄 21±1.41 岁），均为右利手。在实验后，给予其适当报酬。

（二）实验材料

研究二筛选出的高低美感广告，提供 8 张广告图片。

二、实验程序

实验为单因素被试内设计,自变量为美感,分为高、低两个水平,因变量是被试的广告态度和购买意愿。实验时,被试舒适地坐在光线适宜的实验室里。实验程序通过 E-Prime 控制。随机呈现 8 张广告图片,以便排除首因效应和近因效应(记忆的序列效应)的干扰。

首先,呈现指导语:"下面将呈现一些广告图片,你认为美吗?请进行 1~7 级评分,1 表示非常丑,4 表示一般,7 表示非常美,准备好后请按任意键开始。"

其次,呈现一个"+"作为注视点,然后呈现图片。每张图片最长呈现 5000 毫秒,被试对其进行美感程度的评定。之后,出现指导语:"你认为以下呈现的广告好吗?请进行 1~7 级评分,1 表示非常不好,4 表示一般,7 表示非常好,即数值越大,表明广告评价越积极。准备好后请按任意键开始。"被试在广告图片呈现后按键,进行 1~7 级广告态度评定。

最后,同样的广告图片随机呈现,程序一样,被试对广告图片进行 1~7 级购买意愿评定,指导语如下:"下面是一些广告图片,请只根据广告图片带给你的感受,对购买意愿进行 1~7 级评分,1 表示完全不可能买,4 表示一般,7 表示完全可能买。"

在被试明白指导语后进行练习,练习次数由被试自定。练习程序和正式实验程序一致,只是练习所用图片内容与正式实验图片内容不一样。以完全掌握指导语为准。

第二节 不同美感水平下的广告心理效应的结果分析

一、不同美感水平下的广告心理效应比较

对高低美感组的美感强度进行差异检验。结果显示 t 值为 17.570($p<0.001$),表明实验材料具有良好区分度,如表 6-1 所示。

表 6-1 高低美感组美感均值的差异检验

高美感组美感 M(SD)	低美感组美感 M(SD)	t	p
5.05±0.71	3.29±0.94	17.570	0.000***

注:双尾检验,***表示 $p<0.001$

对广告态度和购买意愿进行差异检验，不同美感条件下，被试的广告态度差异极显著（$t=8.691$，$p<0.001$），购买意愿差异也极显著（$t=18.720$，$p<0.001$）。高美感组的广告态度（$M=5.00±0.88$）显著好过低美感组的（$M=3.92±0.89$）。高美感组的购买意愿（$M=5.06±0.78$）显著好过低美感组的（$M=3.19±0.76$）。H2a、H2b 得到验证。结果如表 6-2 所示。

表 6-2　高低美感组广告态度与购买意愿差异检验

项目	高美感组 M（SD）	低美感组 M（SD）	t	p
广告态度	5.00±0.88	3.92±0.89	8.691	0.000***
购买意愿	5.06±0.78	3.19±0.76	18.720	0.000***

注：双尾检验，***表示 $p<0.001$

二、美感广告心理效应的性别差异

性别差异的检验结果（表 6-3）显示，对于高美感组，无论是关于广告态度还是购买意愿都存在极显著性别差异，广告态度 $t=-3.907$，$p=0.000$，购买意愿 $t=-3.967$，$p=0.000$，并且女生的广告态度与购买意愿都显著高于男生。对于低美感组，广告态度与购买意愿的性别差异都不显著，广告态度 $t=1.046$，$p=0.299$，购买意愿 $t=-1.533$，$p=0.129$。

表 6-3　高美感组广告态度与购买意愿性别差异检验

项目	男 M（SD）	女 M（SD）	t	p
广告态度	4.72±0.75	5.39±0.89	-3.907	0.000***
购买意愿	4.80±0.73	5.39±0.66	-3.967	0.000***

注：双尾检验，***表示 $p<0.001$

第三节　不同美感水平广告的受众广告心理效果实验的综合讨论及结论

一、不同美感水平广告的受众广告心理效果实验的综合讨论

当今社会广告泛滥，信息充斥着我们生活的每个角落，如何让一则平面广告在同类中脱颖而出并且深入人心？除广告在视觉形式、创意上的创新之外，

还在于广告要唤起观者积极的情感体验。其中，美感是至关重要的广告情感体验。本书结论证实了广告心理美学的这一理论思想，为其提供了实证的支撑证据，即高美感广告会比低美感广告为广告受众带来更加积极的广告态度和购买意愿。

广告可以以其直观美的形式唤起人的美感，而且它所包含的丰富的意蕴也会激发消费者的种种消费想象，从而让消费者体味到广告美感的至高境界——意蕴美，诱使他们超越现实时空，进入广告意境所创造的广阔的非现实的时空中，体验人生百态和百味人生，从而最终在消费者和广告之间寻找到一种契合点，激发起诉求对象的心理认同与共鸣，最终产生对广告商品的购买欲望（邓敏芳，2005）。要以直观美的形式唤起消费者的美感，就需要了解广告尤其是平面广告审美形式知觉的发生机理。完形心理学是当代西方审美美学中的重要流派，有时也被称为"格式塔心理学"，这种理论认为，知觉（包括审美知觉）的形成并不是各种单一感知要素的机械重合与堆砌。人们知觉的原理并不是首先感知到客观刺激的个别要素与成分，进而注意到整体，而是先感知到事物的整体性，然后才能分解到构成整体的各个部分。整体并不等于部分的简单相加，事物的结构关系应该是整体向部分的分解。格式塔心理学强调形式结构中的整体性，只有在整体意义的关系中，局部和部分才有意义。审美客体中各个局部要素也是一个有机的整体，只有把部分置于整体情境中去考量，才能理解部分与整体互为条件、相互作用，赋予了彼此意义。格式塔心理学家的代表人物鲁道夫·阿恩海姆曾说过，"知觉是一种抽象过程，在这个过程中，知觉是通过整体外形再现个别的事实"（鲁道夫·阿恩海姆，1972）。如果我们用这种观点去分析审美，审美发生的路径也应该是整体向部分的延展。在众多媒介广告中，平面广告能够实现这种审美态势，这是因为只有平面广告才能首先将其整体结构完整地呈现给广告受众，让广告受众在整体印象中细细体味局部的魅力（许敏玉，2015）。

因此，在平面广告的设计与审美中，整体的形式结构感至关重要，为广告美感的发生提供了第一知觉。在整体知觉中，广告美感才开始发生。例如，在泰国大米的平面广告中，粒粒大米饱满光洁，构成了一个婀娜多姿、体态妖娆的少女形象。如果单纯考查每一粒大米，并没有特殊的审美含义，但在大米构成少女的这种整体构图中，广告美感被彰显出来。在这则平面广告中，广告受众的美感体验就是被广告艺术构图的整体知觉所激发出来的。

除此之外，毋庸置疑，色彩是平面广告的第一视觉语言。无论是传统审美还是功利性审美，色彩的情感性都被大量运用。同前面访谈结果一致，在平面广告审美中，主要发挥功能的也是色彩的情感性。因为人们对各种不同色调都会有不同的心理感受，这种心理感受通常来自人们在日常生活中的审美经验。平面广告中的色彩运用通常就是基于广告受众在社会经验中积累的常态感受。广告受众的美感体验在色彩情感的催化作用下被激发、实现，这种色彩情感的介入途径有效、直接。如一则果汁广告中，整个广告画面以温馨、明快且与产品属性相符的橘色为基调，带给广告受众赏心悦目的愉悦感。

另外，性别差异的检验显示，女生对美感的广告心理效应更为积极，其广告态度和购买意愿都显著高过男生，而对不够美的刺激，男女广告心理效应就没有显著差异。显而易见，女生对于美感的体验更直接、更强、更敏感，更容易受到美的影响。性别因素会影响信息加工，男性比女性更强调独立，评价广告更全面、更理性，以及更多地注重广告的信息传递特征。而在自然情感状态下，情感诉求引发的女性受众对品牌名称的控制性加工要明显高于理性诉求所引发的控制性加工，这与生活常识是相符的。进而言之，女性消费者易受情感诉求情感化的线索指引进行信息加工，这表明情感诉求可以激活情感体验。在形成购买意愿的过程中，男子一般多受理性支配，考虑广告中商品的物形、化学性能与社会环境协调一致等因素多。女子一般多受情感支配，考虑广告中商品外观造型美化和体现情感特征的因素多（祁聿民，2003）。

基于性别差异的广告设计原则早已深入人心，性别与广告产品间所存在的微妙的联系被广告主们不断地挖掘与实现。于女性而言，广告设计传达给广告受众的并不仅仅是产品的属性与使用信息，还需要让女性成为被关注的焦点，挖掘更深层次的情感需求，从而达到美感与广告产品的统一。这是女性的特殊生理构造使其比男性拥有更多的、更为复杂的感性情感的需求。与男生相比，女生在消费行为上具有更多的不确定性，在消费欲望上会更受到直观感觉、气氛的影响，更容易因为美的吸引而心动。如果说男性消费者的注意力在产品自身，那么女生消费者的注意力则在产品的美丽。针对男女两性的审美心理差异，广告对于男生消费者只需要展示产品就可以了，但是对于女性消费者更需要展示产品的美丽。所以，包含女性特殊审美诉求的感性设计因素在针对女性的消费品的平面广告中的作用是不容忽视的。女性对情感的无抵抗力在广告心理中最容易发展成对美感的无力抵抗，易发生诱发性消费（多米尼克·夏代尔，2007）。

二、不同美感水平广告的受众广告心理效果实验的总结论

不同美感条件下,被试的广告态度与购买意愿差异极其显著,且高美感组显著好过低美感组。高美感组广告态度与购买意愿都存在极显著性别差异。

第七章 联觉、美感与广告心理效应的关系

研究证明，联觉与美感都是很好的广告设计创意方向。我们也发现了一些有趣的问题，为什么有的低联觉广告的购买意愿显著好过高联觉广告，是什么因素制约联觉的广告心理主效应，联觉与美感两者是否存在交互作用，联觉与美感的匹配是否影响广告心理效应，美感是否对高低联觉广告效果起调节作用。本书拟通过两个实验，探讨不同强度联觉与美感体验的广告心理效应，检验如下两个假设：

H3a：联觉与美感对广告态度存在交互影响。

H3b：联觉与美感对购买意愿存在交互影响。

同时，前面文献综述表明，联觉与美感的交互效应存在性别、专业背景等因素的差异，因此，本章将分别考察性别、年级、专业因素对广告联觉与美感交互效应的影响。

第一节 实验3a 广告图片主观评定实验

一、被试、实验材料

（一）被试

102名本科生自愿参加这次实验，通过分析实验数据，剔除实验数据不完整的被试10名，参与结果分析的被试为92人，其中男生53人、女生39人，年龄为18～25岁（平均年龄21±1.41岁），均为右利手。在实验后，给予其适当报酬。

（二）实验材料

研究所挑选出来的可以诱发四种实验水平的四组广告材料，提供16张广告图片，并对其进行编号。

二、实验程序

实验是2×2被试内设计，有两个自变量：第一个自变量是联觉，分为高、低两个水平；第二个自变量是美感，也分为高、低两个水平，因变量是被试的广告态度和购买意愿。实验时，被试舒适地坐在光线适宜的实验室里。实验程序通过 E-Prime 控制，随机呈现 16 张广告图片。为排除首因效应和近因效应（记忆的序列效应）的干扰，我们把 16 张广告图片分为四组，让四组图片随机呈现，每组图片内的每张图片也随机呈现，这样呈现给每个被试的广告顺序是完全随机的，首因效应和近因效应就可以在被试间平衡。为检验被试对广告评定的稳定性，我们从实验材料中选取 4 张广告图片，让其在实验中重复出现。为保证被试认真对待实验，我们告诉他们，完成实验后会让他们谈谈对广告的印象。

首先，呈现指导语："下面将呈现一些广告图片，请在每张图片后呈现的词表中只选择一个词来描述广告引起你的典型感觉，并对该感觉进行 1～7 级评分，1 表示感觉很弱，4 表示一般，7 表示感觉很强烈，即数值越大，表明感觉越强烈。如果广告没有引起你特定的感觉，请选择其他词汇并按相应的数字键。"

其次，呈现一个"+"作为注视点，然后呈现图片。每张图片最长呈现 5000 毫秒，被试在随后出现的词汇表中，根据自己的真实反应选择词汇，并按对应的编号进行感觉程度的评定。之后，出现指导语："你觉得下面的广告美吗？请进行 1～7 级评分，1 表示非常丑，4 表示一般，7 表示非常美，即数值越大，表明美的感受越强烈。准备好后请按任意键开始。"随机呈现广告图片，被试按键进行 1～7 级美感程度的评定。被试按键后图片跳转。呈现指导语："你认为以下呈现的广告好吗？请进行 1～7 级评分，1 表示非常不好，4 表示一般，7 表示非常好，即数值越大，表明广告评价越积极。准备好后请按任意键开始。"被试在呈现广告图片后按键进行 1～7 级广告态度评定。

最后，同样的广告图片随机呈现，程序一样，被试对广告图片进行 1～7 级购买意愿评定。指导语如下："下面将呈现一些广告图片，请只根据广告带给你的感受，对购买意愿进行 1～7 级评分，1 表示完全不可能买，4 表示一般，7 表示完全可能买。"

在被试明白指导语后进行练习，练习次数由被试自定。练习程序和正式实验程序一致，只是练习所用图片内容与正式实验图片内容不一样。以完全掌握指导语为准。

三、结果分析

为了检验被试对广告各维度评定的稳定性，我们从实验材料中选取 4 张图片在实验中重复出现，4 张图片的各维度评定均分结果表明，前后两次的均值显著相关（$p<0.05$），相关系数达到 0.5 以上，说明被试的评定态度认真，评分稳定性较好，如表 7-1 所示。

表 7-1　4 张重复出现的广告图片两次评定的相关系数

图片序号	美感相关系数	联觉相关系数	广告态度相关系数	购买意愿相关系数
2	0.567*	0.721**	0.653**	0.599**
4	0.628**	0.634**	0.652**	0.532**
9	0.734**	0.565**	0.761**	0.611**
16	0.611**	0.635**	0.581**	0.652**

注：***表示 $p<0.001$，**表示 $p<0.01$，*表示 $p<0.05$

另外，通过频率分析我们发现，被试对于广告引起的感觉形容词汇选择两次排在前面两位的词几乎是一致的，说明被试对于广告感觉词汇的选择也比较稳定，如表 7-2 所示。

表 7-2　4 张重复出现的广告图片两次选词的描述分析

图片序号	第一次选择的词汇（占比）	第二次选择的词汇（占比）
2	香甜（65.4%）	香甜（65.4%）
4	芳香（45.6%）	芳香（45.6%）
9	恶臭（55.6%）	恶臭（56.6%）
16	无感（45.6%）	无感（45.6%）

被试能够选择感觉词汇并进行评定，说明广告确实能够唤起被试的联觉。同时，对四组广告进行了美感和联觉的重新评定，等级从低到高分为 1~7 级。高美感高联觉组在美感和联觉两个维度上的平均值分别为 5.05±0.87、4.82±0.98；高美感低联觉组两个维度的平均值分别为 5.04±0.83、4.37±1.03；低美感高联觉组两个维度的平均值分别为 3.29±1.23、4.81±1.07，低美感低联觉组两个维度的平均值分别为 3.29±0.95、3.39±1.03，结果如表 7-3 与图 7-1 所示。

表 7-3　四组广告评定均值与标准差

	高美感高联觉组 M（SD）	高美感低联觉组 M（SD）	低美感高联觉组 M（SD）	低美感低联觉组 M（SD）
美感	5.05±0.87	5.04±0.83	3.29±1.23	3.29±0.95
联觉	4.82±0.98	4.37±1.03	4.81±1.07	3.39±1.03

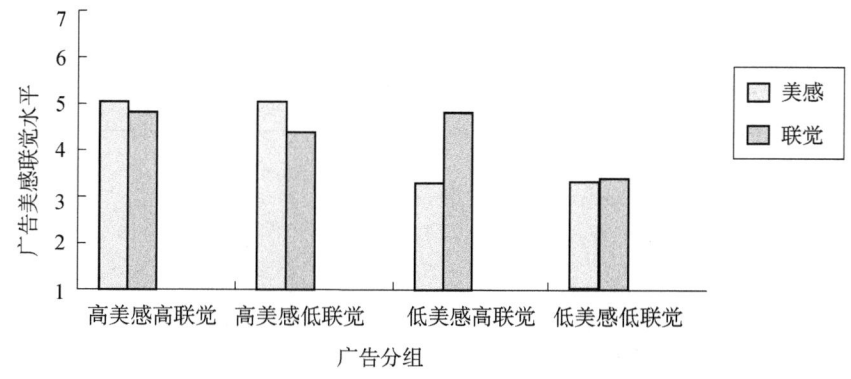

图 7-1 四组广告各维度的均值

同时，对四组广告的各维度进行显著性检验，结果显示各组各维度均值的 $F(1, 91)=114.3499$，$p<0.001$，结果极为显著，说明所选择的实验材料符合实验设计，能有效区分不同联觉不同美感水平的广告。

第二节 各联觉及美感和广告态度与购买意愿的性别、年级、专业差异比较

一、广告联觉与美感效应的性别差异

广告心理研究表明，男、女被试对广告心理效应各维度存在显著差异（王怀明和马谋超，2004）。为此，我们进行了性别的差异分析，结果如表 7-4 所示。

男、女被试在高美感高联觉组广告等级评定上差异显著。女性的各维度值都高于男性的，在美感、联觉、广告态度和购买意愿维度上都有显著差异。结果表明，女性对广告更容易产生多感官跨通道的体验，感觉更敏锐，对美更敏感，更容易产生联觉与美感广告心理效应。在高美感低联觉组，除了在联觉上男、女被试无显著差异外，美感、广告态度和购买意愿评分都存在显著差异（$p<0.5$），并且都是女生显著高于男生，说明女生对于美感的情感体验更强，更容易受到美的影响。在低美感高联觉组，在联觉和购买意愿评分上男、女被试差异显著。其中，女性的联觉程度显著高于男性，但在购买意愿上男性却显著高于女性，这说明对于美感体验较低的广告，女性更容易排斥其产品，而男

表 7-4 四组广告各维度评定的性别差异比较

维度	性别		t	p
	男（n=53）	女（n=39）		
一组联觉	4.51±0.89	5.24±0.96	-3.718	0.000***
一组美感	4.88±0.89	5.29±0.83	-2.207	0.030*
一组广告态度	4.85±0.99	5.48±0.99	-3.065	0.003**
一组购买意愿	4.76±1.00	5.37±0.97	-2.916	0.004**
二组联觉	4.23±1.07	4.55±0.96	-1.463	0.147
二组美感	4.90±0.88	5.24±0.70	-2.022	0.046*
二组广告态度	4.58±0.91	5.27±0.97	-3.534	0.001**
二组购买意愿	4.85±0.78	5.42±0.61	-3.763	0.000***
三组联觉	4.57±1.02	5.14±1.05	-2.585	0.011*
三组美感	3.25±1.06	3.32±1.32	-0.257	0.798
三组广告态度	4.27±1.08	3.95±1.33	1.271	0.207
三组购买意愿	3.08±0.99	2.58±0.74	2.615	0.010*
四组联觉	3.31±0.97	3.49±1.09	-0.814	0.418
四组美感	3.22±0.98	3.39±0.93	-0.862	0.391
四组广告态度	3.73±1.03	3.66±0.70	0.366	0.715
四组购买意愿	3.51±1.16	3.51±1.32	0.017	0.986

注：一组为高美感高联觉组，二组为高美感低联觉组，三组为低美感高联觉组，四组为低美感低联觉组。***表示 $p<0.001$，**表示 $p<0.01$，*表示 $p<0.05$

性很少因为美感的原因降低对产品购买的可能。对于情感的性别差异研究有一个比较一致的结论：女性对负性刺激更敏感（陈丽君，2010）。这可以作为解释影响实验结果的因素之一。在实验中，研究者也发现，男性被试对于美感较低的广告即使产生消极的审美判断，也未有负向倾向性体验，即认为某些广告图片很丑，却未产生反感排斥的倾向。这并不符合美感体验的定义特征。有研究显示，美感体验是人们按一定的审美标准，对客观事物，包括人在内进行欣赏、评价时所产生的情感体验，简述为人对美的体验。美感包括自然的、社会的和艺术的三类。一切符合美需要的对象都能引起美的体验，如锦绣河山、艺术珍品、名胜古迹、文艺表演、体育竞赛、历史文物等都极易引起人们对美的体验。这种体验由弱至强经历着不同的程度。它具有两个特点：①愉悦的体验；②倾向性的体验，即对美好事物的迷恋，对丑恶事物的反感（王怀明和马谋超，2004）。这可能是因为男性对美的体验不如女性充分、完全。更有个别男性被试认为，普遍诱发恶心等消极情感的广告也非常好。这说明美在一定规律的前提下，具有高度个体差异和主观性。

在低美感低联觉组，男、女被试在各个维度上均无显著差异，并且评分十分接近，这说明对于既无强烈感觉诱发又无多大美感可言的广告观看过程，人们具有一致的广告心理效应，即平淡无奇的广告不能让常人产生积极的广告评价和购买意愿。

二、广告联觉与美感效应的年级差异

在美感和联觉的年级差异比较中，各个年级之间不存在显著差异。这可能是因为大学本科被试的同质性较高，年龄差异较小，不能体现年龄带来的联觉程度和美感体验强度的差异。有研究显示，文化水平的高低，标志着审美水平的高低和对美理解能力的强弱。在现实生活中，文化水准和文化修养较高的人，审美能力、艺术欣赏水平比一般人要高。一般来说，文化教养与审美的广度和深度密切相关。文化教养越高，审美活动越广阔、越深刻，广告审美也是如此（祁聿民，2003）。在之前的访谈中，我们确实可以发现文化水平越高的被试，如博士研究生，越能理解广告的诉求，给出符合实验预想的答案。在以后的实验研究中，我们可以考虑增加硕士和博士研究生被试，以检验这一学说。在广告态度和购买意愿的年级差异比较中，各年级之间除了在低美感高联觉组存在产品购买意愿的显著差异（$F=7.644$，$p<0.000$）以外，在其他维度均无显著差异。这说明联觉与美感广告心理效应在大学四个年级中没有跨年级的显著差异，这可能是因为大学生群体年龄差异不大，不存在代沟，消费能力接近，对于广告这一媒介没有显著感知差异。

三、广告联觉与美感效应的专业差异

对不同联觉及美感强度所对应的广告态度和购买意愿进行专业 t 检验，如表 7-5 所示。文科组和理科组被试在高美感高联觉组的广告态度和购买意愿上差异显著（$p<0.01$），在高美感低联觉组的广告态度上差异显著（$p<0.05$），并且文科组的得分大多高于理科组。而在其他各组的各维度值上，文科组和理科组都不存在显著差异。这说明文科生和理科生对于体验消费设计的广告，充分注重感性诉求的广告心理效应存在显著差异。具体而言，文科生更容易被高美感诉求的广告所打动、所说服。当面对相对高度情感唤醒（如美感）时，无

论联觉强度高低，文科生更容易产生更积极的广告评价与产品的购买意愿。反观理科生，美感当前，呈现出更为理性、冷静、低唤醒的状态。大学是综合的学科设置，各专业间相互联系又相互独立。就广告美感作用而言，大学生由于受审美主体的内在审美意识、审美情趣、审美标准与审美趋向的制约，以及专业背景、知识结构等方面的审美培育环境影响，他们对审美文化的理解与追求是存在差异的。这种差异性在广告联觉与美感效应上得以体现。在大数据时代，广告主完全有可能发现、找到受众的学业背景，精准定位。对文科生，可以投放更多情感诉求的广告；而对理科生，则可以考虑广告产品精准、简洁的感知定位。

表 7-5　四组广告心理效应评定的专业差异比较

维度	专业		t	p
	文科（$n=33$）	理科（$n=59$）		
一组广告态度	5.52±0.88	4.89±1.05	2.935	0.004**
一组购买意愿	5.39±0.82	4.82±1.08	2.659	0.009**
二组广告态度	5.19±0.84	4.71±1.05	2.265	0.026*
二组购买意愿	4.76±1.00	5.00±0.84	1.465	0.146
三组广告态度	4.25±1.29	4.07±1.05	0.674	0.502
三组购买意愿	2.87±0.85	2.88±0.97	−0.056	0.955
四组广告态度	3.77±0.75	3.68±0.98	0.454	0.651
四组购买意愿	3.73±0.84	3.40±1.05	1.554	0.124

注：一组为高美感高联觉组，二组为高美感低联觉组，三组为低美感高联觉组，四组为低美感低联觉组。**表示 $p<0.01$，*表示 $p<0.05$

第三节　广告联觉与美感的交互心理效应

一、高低美感条件下不同强度联觉广告的心理效应比较

（一）高美感条件下不同联觉水平广告心理效应差异

在高美感条件下，对高低联觉组的广告作了配对 t 检验，高联觉组的广告态度显著好于低联觉组的，而在购买意愿上，两组无显著差异，这可能与产品类型、被试群体的消费习惯有关，结果如表 7-6 所示。

表 7-6　高美感条件下不同联觉广告的心理效应差异检验

项目	高联觉组	低联觉组	t	p
广告态度	5.12±1.04	4.89±1.00	2.15	0.034*
购买意愿	5.02±1.03	5.10±0.77	−0.716	0.476

注：*表示 $p<0.05$

（二）低美感条件下不同联觉水平广告心理效应差异

在低美感条件下，对高低联觉组的广告作了配对 t 检验，高联觉组的广告态度显著好于低联觉组的，在购买意愿上，两者也有显著差异，这说明当美感较低的时候，广告的联觉效应更突出，即不同联觉水平对广告态度和购买意愿的影响更大，结果如表 7-7 所示。

表 7-7　低美感条件下不同联觉广告心理效应差异检验

项目	高联觉组	低联觉组	t	p
广告态度	4.14±1.20	3.71±0.90	3.55	0.001**
购买意愿	2.87±0.92	3.51±0.99	−5.490	0.000***

注：双尾检验，***表示 $p<0.001$，**$p<0.01$

二、高低联觉条件下不同强度美感广告的心理效应比较

（一）高联觉条件下不同美感水平广告心理效应差异

在高联觉条件下，对高低美感组的广告作了配对 t 检验，高美感组在广告态度和购买意愿上与低美感组存在显著差异，这说明在高联觉程度下，美感强弱对被试的广告心理效应有重要影响，结果如表 7-8 所示。

表 7-8　高联觉条件下不同美感广告的心理效应差异检验

项目	高美感组	低美感组	t	p
广告态度	5.12±1.04	4.14±0.12	6.11	0.000***
购买意愿	5.10±0.77	3.51±0.98	13.279	0.000***

注：双尾检验，***$p<0.001$

（二）低联觉条件下不同美感水平广告心理效应差异

在低联觉条件下，对高低美感组的广告心理效应作了配对 t 检验，高美感组和低美感组在广告态度上存在显著差异，但在购买意愿上不存在显著差异，这说明不同美感水平下被试的广告态度受到低联觉的影响，结果如表 7-9 所示。

表 7-9 低联觉条件下不同美感广告的心理效应差异检验

项目	高美感组	低美感组	t	p
广告态度	4.89±1.00	3.71±0.90	6.77	0.000***
购买意愿	3.70±1.20	3.51±0.99	1.557	0.123

注：双尾检验，***$p<0.001$

总体可见，高美感组的广告态度显著好于低美感组的，但在购买意愿上却无显著差异。在实验后的访谈中，研究者发现，无论对广告本身的评价、喜好如何，被试对低美感低联觉组中的巧克力有强烈购买意愿，这与大学生被试对巧克力食品的喜爱与需求密切相关。尽管实验要求被试尽量不考虑个体偏好，只考虑广告的联觉与美感效应，但结果显示，抑制个体因素对实验结果的影响是不现实的。在后面的研究中，我们应控制产品类型的被试熟悉度、喜好度，避免对实验造成污染。从接受美学的观点也可解释这一现象，文化的接受者一般都会有与文化内容相匹配的心理结构。如果没有与之相适应的心理结构，两者就会相互割裂而不可能产生共鸣。共鸣是客体所蕴含的结构与主体的心理结构形成的"同心同构"和"异质同构"。如果客体对象不具备产生共鸣的客观基础，没有与接受者的心理律动形成共同的频率，就不会有共鸣。从这一观点看，广告文化的传播必须有与之相应的接受客体的心理结构（宋玉书和王纯菲，2004）。

三、不同联觉与美感水平广告的心理效应差异比较

（一）不同联觉与美感水平广告的受众广告态度差异

我们将不同联觉与美感体验的广告作为自变量，广告态度和购买意愿作为因变量，进行重复测量的方差分析，结果如图 7-2、表 7-10 和表 7-11 所示。

表 7-10 不同联觉和美感程度对广告态度影响的重复测量方差分析

变异来源	SS	df	MS	F	p
美感	107.136	1	107.136	75.526	0.000***
美感误差	129.087	91	1.419		
联觉	9.946	1	9.946	17.005	0.000***
联觉误差	53.226	91	0.585		
美感×联觉（交互作用）	0.853	1	0.853	1.408	0.238
美感×联觉误差（交互作用）	55.143	91	0.606		

注：***表示 $p<0.001$

方差分析的结果显示，美感程度和联觉对广告态度的变化具有显著主效应，美感对广告态度的影响是显著的，$F(1, 91)=75.526$，$p=0.000$。联觉效应也是显著的，$F(1, 91)=17.005$，$p=0.000$。美感和联觉不存在显著交互作用，观看不同联觉和不同美感程度的广告都会引起被试对广告的不同认可程度。美感程度对广告态度的影响不依赖于联觉的高低，联觉对广告态度的影响也不依赖于美感程度的高低。

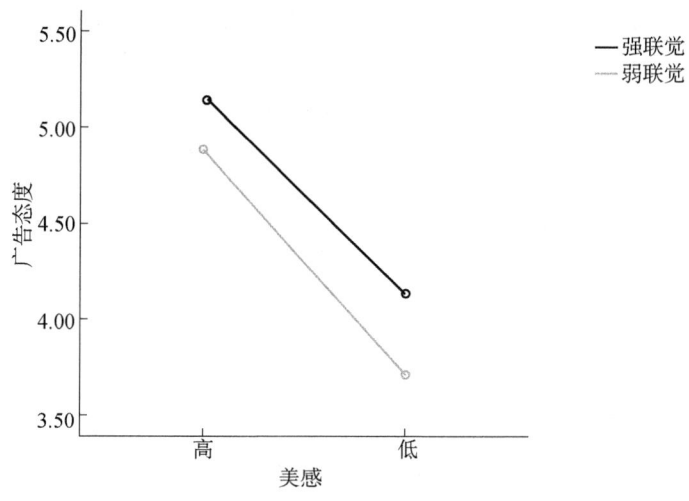

图 7-2 不同联觉美感对广告态度的影响

（二）不同联觉与美感水平广告的受众购买意愿差异

表 7-11 不同联觉和美感程度对购买意愿影响的重复测量方差分析

变异来源	SS	df	MS	F	p
美感	320.370	1	320.370	350.135	0.000***
美感误差	83.264	91	0.915		
联觉	11.780	1	11.780	26.426	0.000***
联觉误差	40.564	91	0.446		
美感×联觉（交互作用）	7.382	1	7.382	10.862	0.001
美感×联觉误差（交互作用）	61.846	91	0.680		

注：***表示 $p<0.001$

结果显示，美感和联觉对购买意愿的主效应都显著，如图 7-3 所示。美感对购买意愿的影响是显著的，$F(1, 91)=350.135$，$p=0.000$。联觉效应也是显著的，$F(1, 91)=26.426$，$p=0.000$。但是，联觉和美感的交互作用也很显著，$F(1, 91)=10.862$，$p=0.001$。交互作用的结果如图 7-3 所示。与其他联觉和美感的结合相比，低美感高联觉的购买意愿是最低的。为了探索这种交互作用，明晰美感和联觉的交互关系，我们作进一步的简单效应分析，探索不同美感条件下，强联觉和弱联觉对购买意愿的影响。结果表明，不论在何种强度的联觉下，美感的简单效应都显著。在强联觉条件下，美感的简单效应显著，$F(1, 91)=225.83$，$p=0.000$；在弱联觉条件下，美感的简单效应也显著，$F(1, 91)=176.32$，$p=0.000$。这说明无论是在强联觉条件下还是弱联觉条件下，购买意愿都会因为美感的变化而变化，并且高美感的广告购买意愿明显好于低美感广告的。这可以理解为用户感官与情感的双重满足才会对广告产生积极的态度，从而达到广告品牌宣传与促进销售的目的。而联觉只有在低美感条件下，简单效应才显著，$F(1, 91)=30.14$，$p=0.000$。这说明只有在低美感条件下，购买意愿才会因为联觉的变化而变化，高低联觉广告购买意愿存在显著差异，并且低美感低联觉的广告激发的购买意愿（$M=3.51$）还显著好过低美感高联觉的广告激发的购买意愿（$M=2.87$）。

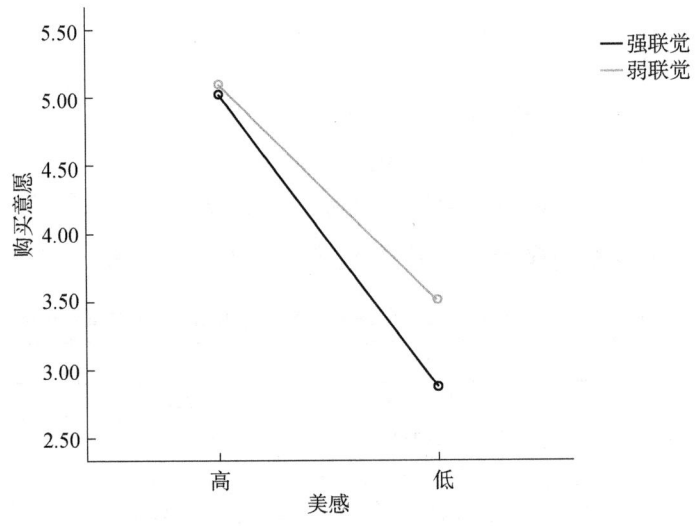

图 7-3　不同联觉美感对购买意愿的交互作用

（三）广告心理效应受不同联觉、美感与被试性别影响的检验

1. 广告态度受不同联觉、美感与被试性别交互影响的检验

重复测量方差分析显示，在广告态度上，美感和性别存在极显著交互作用，$F(1, 91)=13.539$，$p=0.000$，无论强弱联觉，美感程度对女性广告态度的影响都显著大于男性，即美感强烈的时候，女性的广告态度显著优于男性，美感弱的时候，女性的广告态度低于男性。不同美感程度对广告态度有极其显著的主

效应，$F(1, 91)=94.516$，$p=0.000$。

联觉和性别不存在显著交互作用，$F(1, 91)=0.939$，$p=0.335$；联觉主效应显著，$F(1, 91)=15.420$，$p=0.000$；联觉、美感和性别不存在显著交互作用，$F(1, 91)=0.323$，$p=0.571$。

2. 购买意愿受不同联觉、美感与被试性别交互影响的检验

购买意愿统计结果显示，美感的购买意愿主效应显著，$F(1, 91)=446.802$，$p=0.000$；美感和性别存在显著交互作用，$F(1, 91)=21.138$，$p=0.000$；联觉存在单纯主效应，$F(1, 91)=28.874$，$p=0.000$；联觉和性别不存在显著交互作用，$F(1, 91)=2.638$，$p>0.05$；美感和联觉与购买意愿存在显著交互作用，$F(1, 91)=12.359$，$p=0.001$；联觉、美感和性别不存在显著交互作用，$F(1, 91)=2.363$，$p>0.05$。

美感和年级高低对产品购买意愿存在交互作用。联觉和年级高低对购买意愿不存在交互作用。美感、联觉和年级对购买意愿不存在显著交互作用。美感和年级高低对广告态度不存在显著交互作用，$F(1, 91)=0.902$，$p>0.05$；联觉和年级高低不存在显著交互作用，$F(1, 91)=0.598$，$p>0.05$；联觉、美感和年级高低对广告态度不存在显著交互作用，$F(1, 91)=1.663$，$p>0.05$。

3. 不同联觉与美感水平广告组的联觉与美感相关分析

对四组广告的联觉和美感进行相关分析，高美感高联觉组广告的联觉均值和美感的均值呈显著正相关，$r=0.560$，$p<0.01$。高美感低联觉组广告的联觉与美感的均值呈显著正相关，$r=0.568$，$p<0.01$。低美感低联觉组广告的美感和联觉的均值也显著相关，$r=0.345$，$p<0.01$。也就是说，除了低美感高联觉组广告的美感与联觉没有显著相关以外，其他各组广告的美感与联觉都显著相关。这在一定程度上说明联觉和美感存在密切联系。

第四节 广告联觉与美感交互心理效应的综合讨论

一、四种条件广告的优势效应对比

研究结果表明，四种广告的优势效应非常突出，不同美感和联觉的广告心

理效应差异显著。观看高美感高联觉广告的被试,会产生强烈的美感和联觉反应,这种反应能激起最强烈的广告态度,进一步产生强烈的购买意愿。而观看高美感低联觉广告的被试,则会产生强烈的美感与较低的联觉反应,而广告态度依然十分积极,证实了"美的就是好的"这一古老并具有现实意义的命题。高美感低联觉广告被试的购买意愿甚至超过了高美感高联觉组,这除了美感的主导因素以外,还与购买意愿涉及的众多变量密切相关。广告的一大特点在于其特异性,不同的情景、不同的产品、不同的受众都会影响广告效果,或者会使不同的广告产生不同的效果(向梦弦,2007)。在现实生活中,能让消费者产生强烈的美感体验并且诱发消费者充分感官体验所产生的心理效应,都更有可能导致消费者购买意向的形成和购买行为的发生,因此不能笼统地推广研究结论。这一结果的原因还可能是联觉强度诱发不足,高美感高联觉组联觉 $M=4.82$,高美感低联觉组联觉 $M=4.37$。虽然无论是在筛选广告还是正式测试阶段,被试能明确地区分出高低联觉程度,高低联觉广告强度差异显著,但是在正式测试阶段,被试评分远高于筛选广告的联觉评分,可能是因为正式测试是 E-Prime 程序个别施测,程序更严谨,被试的卷入度更高,导致两组联觉诱发程度远低于筛选广告阶段的评分,从而高美感低联觉组广告的广告态度与购买意愿都十分强烈,并且在购买意愿上,高美感低联觉组广告比高美感高联觉组广告强烈。

低美感高联觉组广告的广告态度好于低美感低联觉组,但购买意愿竟低于低美感低联觉组,与研究假设不符。一种解释是联觉是多种感觉互通的现象,而呈现的广告图片中虽然一些是低美感广告图片,但是它带给了被试其他感觉的互通。比如,一幅除臭剂的广告图片是这样的,在一辆空间狭小的轿车中,有几个光着上身的大汉拥挤在一起,他们大汗淋漓,这幅广告图片没有给被试带来美感,但是它能够给被试造成一种触觉-嗅觉的联觉,被试普遍反映这幅广告设计得好,对其有积极的广告态度。然而,由于这幅广告图片无甚美感可言,甚至可以说给被试带来极度的臭感,因而爱美、爱干净的女性被试厌恶此广告,而且自己在生活中不会遇到这样臭感的情景,因此不愿意、也不需要购买此种广告产品;而男性被试则比较理性,既然出这么多汗,这么臭了,何不洗洗,干吗要用除臭剂呢?这样就会使人们对这幅广告图片中的产品的购买意愿低,虽然对它的广告态度高。另外一种解释可能在于被试对广告的态度只在广告本身,如广告的设计、广告的创意等。如果广告设计、创意等足够好,那么被试对其态度就会积极。然而,购买意愿则相对复杂得多,被试愿不愿购买广告产品,不仅仅注重广告本身,而且还会受广告产品类型、被试的实际需要等因素的影响,因此会有多种重要因素影响被试的购买意愿,到底有哪些重要的因素会影响被试的购买意愿，这一问题有待进一步探究。

二、美感和联觉对广告心理效应的交互影响

美感和联觉对购买意愿都有显著的主效应，但显著的主效应受到了同样显著的交互作用限制。为了探索这种交互作用，明晰美感和联觉的交互关系，诸如联觉可能在特定的美感程度下才能有显著性差异，凸显联觉与美感广告心理效应，我们作了进一步的简单效应分析，探索不同美感条件下，强联觉和弱联觉对购买意愿的影响。进一步的简单效应检验表明：不论在何种强度的联觉下，不同美感广告的购买意愿差异都显著，且高美感广告的购买意愿强于低美感广告的购买意愿。只有在低美感条件下，不同联觉广告的购买意愿才有显著差异，$F(1, 91)=30.14$，$p=0.000$，且低美感低联觉广告激发的购买意愿（$M=3.51$）显著好过低美感高联觉广告激发的购买意愿（$M=2.87$）。

这一结论表明，联觉对购买意愿的影响取决于美感，联觉对购买意愿的影响因为美感水平的变化而变化。被试美感体验水平是广告心理效应好坏的压倒性因素，高美感高联觉与高美感低联觉广告组都能增强广告受众的购买意愿，然而，低美感高联觉与低美感低联觉对广告受众购买意愿的影响却存在差异。这种结果的产生在于，广告在低美感条件下，高联觉是无效的甚至起反作用，增加了其对广告的消极情感体验。比如，对于除臭剂广告（广告9），几个大汉光着上身，大汗淋漓地挤在一个狭小的、污浊的小车中，被试都认为这一则广告不能带来任何美感体验，是低美感广告，此视觉广告带给受众强烈的嗅觉感受：臭气熏天。广告受众由臭气熏天这种感受产生的是对广告的消极情感，如恶心、厌恶等。而已有研究也证实，给广告受众带来消极情感的广告往往会降低广告受众的购买意愿（Henthorne et al., 1993; Coulter & Pinto, 1995; Shimp & Stuart, 2004; 周象贤和金志成，2006）。这样一来，在低美感下，联觉越高，那么购买意愿就越低；而在低美感下，联觉越低，购买意愿反而没有在高联觉情况下低。这也能够解释我们在实验中会得到低美感高联觉广告的购买意愿还低于低美感低联觉广告组的结论。

联觉与美感对广告态度主效应显著，不存在显著交互作用。但是在购买意愿这个维度上，联觉对购买意愿的影响却受制于美感高低程度，即在低美感条件下，高联觉广告的购买意愿还显著低于低联觉广告，可能是由于影响购买意愿的因素更复杂，如产品类型。而本书所选产品主要是低卷入产品，对于低卷入产品，情感广告的影响更大，因此被试的购买意愿更受制于广告美感的影响。

情感体验的性别差异和发展性差异已经得到了许多研究的支持，表明广告诉求针对消费者性别时会表现出显著的作用。在自然情感状态下，情感诉求引发的女性受众对品牌名称的控制性加工要明显高于理性诉求所引发的控制性加工，这与生活常识相符，女性消费者易受情感诉求情感化的线索指引进行信息加工，表明情感诉求可以激活情感体验（陈永，2008）。

此外，除低美感高联觉组外，包括高美感低联觉组广告的美感和联觉皆呈显著正相关。因为能让被试觉得美的广告往往也让被试觉得联觉强度唤醒程度高，这也从另一个角度证实了广告联觉与美感的密切联系。

实验结果还显示，广告态度和购买意愿呈高度正相关，具有一致性，证明了这两个因变量是测查广告心理效应的有效指标。

三、小结

综上所述，本实验提供了联觉和美感对广告心理效应影响的实证证据，还发现了美感和联觉对购买意愿存在的交互作用，支持了广告美感在广告中的重要性和广告心理学对联觉效应的假设，证实了联觉与美感广告心理效应的存在，提供了情感在广告心理效应中的核心作用的证据。若广告不美，联觉越大则购买意愿越低；若广告美，联觉大小则对购买意愿不重要。这个结论与实验假设不符，可能是因为筛选材料本身的联觉区分度不足，更可能是让被试觉得美的广告往往也让被试觉得联觉强度唤醒程度高，两者之间也呈显著正相关，这也从另一个角度表明了广告联觉与美感的密切联系。为了进一步明晰联觉和美感对广告心理效应的影响并细化影响被试联觉与美感体验的因素，接下来我们将进行不同情境下广告的联觉美感效应实验。

第五节　实验 3b 广告图片选择实验

一、实验目的、被试

（一）目的

本实验属于实验 3a 的重复研究，因变量采取不一样的操控方式，通过广告图片的选择频数，使广告态度和购买意愿在本实验中得到更加有效的测量，可以更直观地探查美感与联觉的交互效应。此外，实验二通过不同组别图片分别呈现的方法，用被试在不同情境接触到广告图片的反应来检验比较联觉与美感对广告心理效应的影响。

（二）被试

102名本科生自愿参加这次实验，通过分析实验数据，剔除实验数据不完整的被试10名，参与结果分析的被试为92人，其中男生53人、女生39人，年龄为18~25岁（平均年龄21±1.41岁），均为右利手。在实验后，给予其适当报酬。

二、实验材料、实验程序

（一）实验材料

研究所挑选出来的可以诱发四种实验水平的16张图片材料。

（二）实验程序

实验采用2×2被试内设计，有两个自变量：第一个自变量是联觉，分为高、低两个水平；第二个自变量是美感，分为高、低两个水平。因变量是广告态度与购买意愿。

实验包含两个步骤。首先，本实验主试向被试呈现指导语。指导语为："下面请欣赏一系列广告图片，按照图片左下角的编码选出你认为最好的那一张。"被试在明白指导语后开始实验前的练习，在确认完全明白实验如何操作后开始正式实验。每一组随机呈现，每一组里面的广告图片也是随机呈现。

在每个跟踪中，首先出现一个注视点，时间为300毫秒，随后出现不同的广告图片，被试按照图片左下角的序号（1~16）选择按键。这样依次进行9次。程序分成不同联觉美感广告、不同联觉广告、不同美感广告对比三个部分。第一部分单独呈现四张广告图片为一组，一次为一个跟踪，每组随机呈现，每组里面的广告也随机呈现。呈现4次，从高低美感、高低联觉两个维度出发，包含了它们每个水平的比较。第二部分呈现8张广告图片，是把高低美感、高低联觉分别两两组合，形成4次跟踪，相邻图片在美感和联觉上必有一个维度水平不同。第三部分即最后一个跟踪，为实验中所有的16张图片的组合。第二步采用和第一步一样的程序，指导语如下："下面是一些广告，请只根据广告图片带给你的感受，按照图片左下角的编码选出你最想购买其产品的那一张。"正式实验前均进行练习,练习次数由被试控制,以完全掌握指导语为准。两个阶段结束后,给被试一定的经济报酬,并记录被试对实验的意见,将获得的实验数据导入SPSS17.0以进行统计分析。

三、结果分析

(一)广告联觉与美感心理效应的总体特点

为了解广告联觉与美感心理效应产生的总体特征,本书对不同美感、联觉广告所产生的广告心理效应做了描述统计及卡方检验统计,所得结果如表7-12所示。

表7-12 联觉与美感广告心理频数选择

图片	联觉	美感	广告态度频数(n)	购买意愿频数(n)
1	高	高	3	3
2	高	高	15	17
3	高	高	10	9
4	高	高	12	15
5	低	高	18	19
6	低	高	2	3
7	低	高	3	2
8	低	高	14	11
9	高	低	2	4
10	高	低	3	0
11	高	低	1	4
12	高	低	4	0
13	低	低	1	2
14	低	低	3	3
15	低	低	1	0
16	低	低	0	0
合计			92	92

数据结果如表7-13所示,四个类型的16则广告的广告态度频数较高的4则分别是广告2、广告4、广告5、广告8;频数较低的4则分别是广告16、广告15、广告13、广告11;其余8则处于中间频数。因此可以得出,不同强度的联觉美感广告相比,无论联觉高低程度如何,高美感的广告是被试选择最多、评价最积极的广告,而低美感低联觉的广告最不受欢迎,选择人数为0,可见

其广告因为无甚美感可言，诱发的感觉微弱，让被试不知所谓，评价自然最低。

表 7-13　广告联觉与美感心理效应卡方检验

项目	广告态度	购买意愿
卡方	79.522	57.217
df	14	11
渐近显著性	0.000	0.000

四个类型的 16 则广告的购买意愿频数较高的 4 则分别是广告 2、广告 4、广告 5、广告 8；频数较低的 4 则分别是广告 10、广告 12、广告 15、广告 16；其余 8 则为中间频数。被试最有可能购买其产品的广告依然集中在高美感高联觉组、高美感低联觉组，并且与广告态度的频数选择完全一致。

可见广告心理效应中的购买意愿和广告态度呈显著正相关，即被试认为最好的、最喜欢的广告与其购买广告产品的可能性高度一致。因此，广告设计创意具有极其重要的价值，尤其是美的因素占据极其显著的地位，起到正向积极作用。由结果可知，被试在购买意愿维度上，因为购买意愿是态度中的行为倾向，最接近实际行为，相较对广告的感性评价，被试更为理性，最不可能购买的产品广告选择人数皆为 0，并且都集中在低美感高低联觉组，与最不喜欢的广告并不完全一致。这表明除了对广告本身的评价是影响购买意愿的重要因素，产品本身的因素、消费习惯等起着重要作用。尤其值得注意的是广告 12，因为是除臭剂广告，虽然被试不否认其广告具有创意，成功诱发了被试的嗅觉，但因画面过于沉闷、压抑，被试有不愉悦的感官体验，其购买意愿非常低。无论是广告态度还是购买意愿，广告 2 和广告 5 都是被试选择频数最高的广告。广告 2 属于高美感高联觉组，是一则香蕉果汁的广告，其画面颜色为悦目的黄色，颇具质感，构图简单明了，让人能立即产生香蕉的口感与愉悦的体验。设计师借用了香蕉的形象和色泽来表现果汁的内容，使购买者在品尝前就能联觉猜测到果汁的口味，这是一个非常明显的由视觉向味觉转移的通感化设计。例如，颜色可以改变消费者关于商品的味觉和嗅觉感知（Rolls & Baylis 1994）；红色会增加消费者对食物甜度的感知（Clydesdale, 2004）。而颜色的缺失会影响消费者对食物气味的感知，并影响其最终的满意度和购买意愿，消费者习惯把无色同无味联系在一起，Zellner（2005）的研究说明，无论颜色和食物是否匹配，食物颜色越深，消费者对气味的感知越强烈。为了验证视觉对消费者嗅觉感知的影响，Spangenberg 等（2005）让被试完成嗅觉感知任务。结果表明，当气味和与之相匹配的食物图片同时呈现时，被试对气味的感知要强于气味和图片不匹配的情况。同样，听觉也会影响消费者的嗅觉和味觉。轻快的声音往往和清淡的味道、食物相联系，而凝重的音乐往往和浓烈的味道、食物相联系。因此，电子商务企业在销售与嗅觉和味觉相关的商品时，要注意商品展示背景色和音乐对消费者的影响（黄静等，2012）。

广告 2 的香蕉果汁广告明显体现了形式美的基本法则——单纯齐一。单纯指画面形体色彩的单一纯正，见不到明显的差异和对立的因素。齐一指形体重复的整齐和一律。广告 2 画面干净，只有两个颜色一致的香蕉色的果汁盒子整齐地堆靠在一起，既形成齐一的美又表现出单纯的美。单纯齐一是最简单的形式美，也是广告形式美最基本的法则。与此同时，广告 2 的画面也体现了广告中常见的设计手法：对称均衡。虽然画面中的两个香蕉汽水盒子不是绝对的对称平衡，但恰恰是广告画中常用的形式与心理上的平衡也叫不正规的平衡，即在画同样大的图形时，要把左边画大，有远处和近处的物体时，远处的画小一些，这样能给人以兴奋而生动的感觉。另外，广告 2 绿动香蕉果汁广告构图虚实得当。虚实指画面有显有隐，有实笔有空白，有密有疏等。各构成要素之间的搭配、间隔、呼应等，安排得合理恰当。这其中，空白的处理极为重要。对于眼睛来讲，视觉对象的各个部分，包括空白，都是视觉传达的信息要素，因此，空白在广告构图中的中心意义在于强调广告的核心部分。另外，它在促使人们认知广告、引起人们的注意和调动其心理情感方面的作用也是不容忽视的。有人曾做过实验，一则广告中，空白占画面面积的 60%时，广告效果较好。广告 2 绿动香蕉果汁广告就是运用空白的典范（祁聿民，2003）。可见这是增强广告魅力的重要手段。最后，这则广告很明确地在其中贯入了主题，使受众在接触、感受和体验的快乐之中对产品产生认同心理。由此，该广告诉求也不杂乱，否则会引起受众感觉上的混乱，无法达到联觉效果，选择一点进行重点发挥，以求最强印象（江波，2003）。

广告 5 属于高美感低联觉组广告，这无疑是被试的最爱，这是一则咖啡广告，食品广告中运用恰当的色彩可使消费者感受到食品的味道。例如，咖啡广告以咖啡色为基调可以突出产品的特点。该广告充分调动被试的美感体验、激发被试的想象力、触发被试的情感。被试在看到这个广告的时候就会情不自禁地产生种种美好意象，过目难忘，产生积极的广告态度和购买意愿。由于是咖啡广告，所以其产品的购买风险水平较低，因而采取感性诉求具有更好的广告效果。早有研究指出，消费者购买商品时往往面临一定的购买风险，包括经济风险、安全风险、社会风险、心理风险等。一般来说，价格较低的、经常购买的、制造技术较为成熟的商品，其购买风险较低；价格昂贵、购买频次低、新开发的商品，购买风险相对较高，这时消费者往往会多方收集信息，仔细权衡之后才作出购买决策。因此，对后一类商品采取理性诉求往往具有较好的广告效果（王泳，2009）。

广告16是一则冰箱广告，它的广告态度和购买意愿频数都是最低的，皆为0，这与其在16幅广告中是购买风险相对较高，对于大学生来说购买频次较低等因素有关。与此同时，广告16在之前的美感与联觉评定中，得分都很低。之前的访谈结果显示，大部分受访者均报告这则广告不知所云，缺乏重点，平淡无奇。我们知道广告作品的艺术设计应获得形式美，诱发被试联觉反应，必须注意突出重点（主题或卖点等）。所谓重点，是指在设计中有意识地突出和强调整体构成要素中的某一个或几个，使其成为整体中最能产生吸引力的"视觉中心"，而其余部分则明显处于从属和陪衬地位，从而做到主从分明、重点突出（祁津民，2003）。广告14的汽水广告也存在以上问题，因而广告心理效应不佳。广告设计需遵循主从法则，在广告艺术创作中主要表现为主题与副主题、主体形象与陪衬形象、主色调与陪衬色调、主题音乐与音响伴奏、重点与一般等。这些都应该按照一定的主从关系进行处理。如果各部分不分主次、同等对待，或盲目突出某一审美要素，都会破坏整体的和谐统一，使作品流于松散、单调、杂乱、突冗。

通过卡方检验，我们可以发现个体的差异性十分突出，无论是广告态度还是购买意愿，显著性均达到0.000。

（二）不同情境下广告联觉与美感心理效应特点

除了对整体情况的研究与分析，本书还分别研究了美感程度相同、联觉不同的广告联觉与美感心理效应，以及联觉相同、美感不同的广告联觉与美感心理效应，结果如表7-14所示。

表7-14　高美感条件下不同联觉的频数分析

	广告	广告态度频数	购买意愿频数		广告	广告态度频数	购买意愿频数
强联觉广告	1	5	3	弱联觉广告	5	22	25
	2	18	22		6	5	8
	3	14	10		7	2	5
	4	13	11		8	13	8

在高美感条件下，从表7-15的数据结果可见，强弱联觉的8则广告的广告态度频数较高的3则分别是广告2、广告5、广告3；频数较低的3则分别是广

告1、广告6、广告7；其余2则为中间频数。因此，我们可以看出，美感是影响消费者广告态度的主导乃至压倒性因素。强弱联觉的8则广告的购买意愿频数最高的2则分别是广告2、广告5；频数最低的2则分别是广告1、广告7；其余4则为中间频数。综合来看，选择频数最高的广告是广告2、广告5。也就是说，这两则广告的审美联觉效应是最佳的。两则广告分属高联觉组和低联觉组。虽然广告5因为画面有分心因素，万马奔腾的头发让被试对广告的主要诉求点产生歧义，但由于画面优美，被试还是能心驰神往，令广告产生绝佳的广告心理效应。这充分说明在美感高的情况下，被试对强弱联觉广告的心理效应没有显著差异。

表7-15 高美感条件下不同联觉的频数分析

项目	高美高低联觉广告情况
卡方	29.391
df	7
渐近显著性	0.000

在低美感条件下，如表7-16所示，强弱联觉的8则广告的广告态度频数最高的前2则分别是广告10、广告13；频数最低的2则分别是广告15、广告16；其余4则为中间频数。购买意愿频数最高的是广告10、广告11；频数最低的2则是广告9、广告16。综合来看，选择频数最高的广告是广告10、广告13。也就是说，这两张广告的联觉效应是最佳的。我们通过分析可以发现，被试广告态度和购买意愿频数最低的都属于低美感低联觉组的广告，这符合我们的实验预想。但是在广告心理效应最好的两幅中，有一幅是低美感低联觉组的巧克力广告，这与实验假设不一致。在实验后的访谈中我们也了解到，这与大学生被试群体对产品的熟悉度高度相关，巧克力是青年人最喜爱的食品之一，所以不管广告本身的美感与联觉程度如何，都将显著影响大学生被试的广告心理效应。而高联觉组最受欢迎的广告是咽喉片的广告，此广告能形象直观地唤起被试的联觉，而且因为其属于实用产品，故被试对其广告的美感要求不高。而对广告9除臭剂广告的态度频数尚可，但是购买意愿频数却十分低，这种现象可以理解为该广告产品为除臭剂。前面的研究证明，该广告唤起了被试强烈的视觉-嗅觉联觉，美感程度低，这种情况下，反而抑制了被试的购买意愿，再次凸显了审美化消费的趋势，即人们对美的需求。加之产品本身与大学生的日常需求联系不密切，所以该广告产生的购买意愿的频数十分低。这也需要研究者在以后的研究中注意控制产品熟悉度对实验的污染。

表 7-16 低美感条件下不同联觉的频数分析

广告		广告态度频数（n）	购买意愿频数（n）	广告		广告态度频数（n）	购买意愿频数（n）
强联觉广告	9	15	3	弱联觉广告	13	19	19
	10	25	25		14	15	15
	11	8	20		15	4	4
	12	6	6		16	0	0

在高联觉条件下，从表 7-17 的数据结果可见，高低美感的 8 则广告中，广告态度频数最高的 2 则分别是广告 2、广告 4；频数最低的 2 则分别是广告 10、广告 11；其余 4 则为中间频数。广告购买意愿频数最高的 2 则仍是广告 2、广告 4；频数最低的 2 则是广告 11、广告 12；其余 3 则为中间频数。广告心理效应最好的广告都是高美感高联觉组的，最差的皆属于低美感低联觉组的，这符合我们的实验设想，也可以看出美感是影响消费者广告态度的主导乃至压倒性因素。

表 7-17 高联觉条件下不同美感的频数分析

广告		广告态度频数（n）	购买意愿频数（n）	广告		广告态度频数（n）	购买意愿频数（n）
高美感广告	1	9	8	低美感广告	9	8	5
	2	28	34		10	3	4
	3	13	11		11	3	4
	4	20	21		12	7	3

在低联觉条件下，高低美感的 8 则广告的广告态度频数最高的 2 则分别是广告 5、广告 8；频数最低的 2 则分别是广告 15、广告 16；其余的 4 则为中间频数。购买意愿频数最高的是广告 5、广告 7；频数最低的 2 则是广告 13、广告 16。综合来看，选择频数最高的广告是广告 5、广告 8。也就是说，这两则广告的审美联觉效应是最佳的。我们通过分析可以发现，被试广告态度和购买意愿频数压倒性最高的仍是广告 5——咖啡广告，足见此广告无论是和高美感高联觉组的广告比较还是总体比较，都是最受欢迎的广告。该广告充分调动受众的联觉、激发受众的想象力、触发受众的积极情感。受众在看到这个广告的时候就会情不自禁地产生积极的广告态度，产生购买欲望。结果如表 7-18 所示。

表 7-18 低联觉条件下不同美感的频数分析

广告		广告态度频数(n)	购买意愿频数(n)	广告		广告态度频数(n)	购买意愿频数(n)
高美感广告	5	42	36	低美感广告	13	3	3
	6	6	7		14	4	8
	7	7	18		15	3	4
	8	23	16		16	0	0

四、综合讨论

本实验通过对广告态度和购买意愿的频数分析得出的结果与实验 3a 研究结果一致。

（1）广告中的美感体验是影响广告态度和购买意愿的决定性因素。高美感广告，无论其联觉高低，都会带给广告受众积极的广告态度和强烈的购买意愿，这说明广告受众对待广告最重视的是一幅广告有没有美感。如果一幅广告无美感可言，那么将会极大地降低广告受众的广告态度和购买意愿。现代的广告受众已经摆脱了单纯追求广告产品功能的满足，而转变为对感觉审美的追求，广告受众对广告审美活动的主动性大大加强，尤其在广告审美活动中体现出关注直观浅表，具象而直观的视觉图像代替了抽象的文字符号，感性大于理性，情感更加丰富（陈滢媛和朱舟，2009）。

（2）高美感高联觉广告的广告受众对广告态度评价最积极，购买意愿也最强。当某一广告特别美的时候，广告受众都可以将其实用价值抽象掉，而对其审美价值及感性外观作专注的观照与欣赏，并在情感上获得审美愉悦，产生积极的广告评价与购买意愿。如果此广告还能给广告受众带来多感官感受，如美好的味觉、触觉等，那么这种广告带给受众的不仅是美感，而且是多重愉悦感，必然易被广告受众所喜爱，进而产生购买行为。

（3）我们在本实验中还发现一种特殊情况，那就是对于有的低美感低联觉广告，并没有像我们预想的那样，购买意愿是最低的，反而还具有较高的购买意愿，如巧克力广告（广告 5）。这种情况出现的可能原因在于，心理科学研究中没有孤立的变量，Catanescu 和 Tom（2001）曾指出，当决定是否要在广告中使用情感进行诉求时，需要考虑的因素很多，诸如受众情况、信息内容、媒体方式、产品特点、情感类型等都极为重要。其实，任何情感诉求的传播效果都会受到以上这些因素的制约（Catanescu & Tom，2001）。那么美感体验的广告同样应该重视以上影响因素。其他的研究者也注意到了这一现象,因个体对产品的已有态度存在差异,而原本就对该产品持积极态度者则在广告诉求方式的认知反应、态度变化上均没有出现明显的差异(周象贤,2007;向梦弦,2007),例如,有的产品虽然广告美感和联觉程度都较低,但因被试对产品的已有积极态度、熟悉度而大受好评,如巧克力广告。而有的产品由于被试群体使用较少,如除臭剂,或购买风险相对较高,以及属于高卷入实用范畴的产品,如冰箱广告,其联觉美感、被试广告心理效应都不良。可见产品熟悉度、卷入度、产品类型是影响联觉与美感广告心理效应的重要因素。以上研究结论与本书发现较为一致。因此在接下来的研究中,将增加一个实验变量,即产品类型,以探讨美感、联觉和产品类型对广告心理效应的交互作用,进行跨产品类型的广告审美联觉心理效应探讨。

五、结论

广告的联觉与美感存在相关,除低美感高联觉组,其他组广告的美感与联觉均呈显著正相关。

在广告态度上,美感和联觉主效应极其显著,联觉与美感交互作用不显著。

在购买意愿上,联觉和美感存在极其显著的主效应,与此同时,联觉和美感具有显著的交互作用。对于高美感来说,高低联觉广告的购买意愿没有显著差异。低美感条件下,高低联觉广告的购买意愿存在显著差异,且低美感高联觉广告显著低于低美感低联觉广告。联觉对购买意愿的影响受制于美感。

无论是广告态度还是购买意愿,联觉、美感和性别都不存在显著的交互作用。

高美感组高联觉组和高美感组低联觉组的广告选择频数最大,具有最佳广告心理效应。

第八章 不同类型产品的广告联觉与美感心理效应

根据前面的文献综述，我们发现基于消费者态度的广告产品维度应该划分类型。其中，享乐型产品维度与实用型产品的维度划分契合了广告联觉与美感心理效应的产品诉求边界。因此，为了进一步细化广告联觉与美感心理效应研究，我们增加关键变量——产品类型，拓展如下理论假设：

H4：不同产品类型的广告，其广告联觉与美感心理效应存在类型差异。

基于上述理论假设，我们需要回答的问题包括：享乐型产品的广告联觉与美感效应中的广告态度优于实用型产品吗？享乐型产品的广告联觉与美感效应中的购买意愿优于实用型产品吗？享乐型产品广告的主效应存在吗？

第一节 享乐型产品的内涵和广告联觉与美感心理效应

不同类型的广告产品会对广告受众产生不同的心理效应，影响广告受众的态度和购买意愿。比如，对于家庭电器等用品，广告受众的态度和购买意愿更多受广告中对产品功能、价值呈现程度的影响；而对于巧克力等用品，广告受众的态度和购买意愿则更多受广告带给受众的情绪或情感体验。因此，不同类型的广告产品所产生的不同心理效应也引起学者的关注，成为广告心理学研究的重要内容之一。

一些研究者根据卷入程度，将广告产品分为两种类型：高卷入产品和低卷入产品（Mittal & Lee，1988；Zaichkowsky，1994；McQuarrie & Munson，1992）。高卷入产品通常指与受众内在的需要、生活理想及其兴趣高度相关联的产品，如电器、汽车、房子等，而低卷入产品通常是指与受众内在的需要、生活理想及其兴趣关联度低的产品，如食品、饮料、日用品等。而一些研究者将广告受众的态度看作是认知（或者理性）和情感的，据此将产品分为认知（理性）消费产品和情感消费产品（Resnik & Stern，1977；Pelsmacker & Geuens，1997；Liebermann & Flint-Goor，1996）。认知（理性）消费产品通常指广告受众关注产品特性、功能、实用等事实性信息的产品，而情感消费产品通常是指易引起受众情绪和情感反应的、满足其情感需要的产品。Vaughn（1980，1986）将之前对广告产品的分类综合，认为广告产品都具有两个维度：一个维度是受众的高-低卷入连续体；另一个维度是产品的认知-情感连续体。他据此将产品分为四种类型：高卷入认知型、高卷入情感型、低卷入认知型和低卷入情感型。而每种类型的产品，影响受众的广告态度和购买意愿的因素可能是不同的。比如，高卷入认知型的产品，由于这种类型的产品主要是指投资较大、风险高的产品（房产、大型家居等），受众在产生购买意愿之前往往需要考虑价格、属性、功能、实用等因素，这类产品的广告需要遵循信息策略，即尽可能提供详尽而精确的信息。而低卷入情感型产品，主要是指那些满足个人嗜好的产品（饮料、洗发水等）。对于这种类型的产品，受众不过多地考虑功能、属性等，而更多注重自我体验、自我满足，这类产品的广告则需要以受众的自我满足为出发点。而另一些研究者则认为，由于消费者态度是二维的，分为享乐维度和实用维度，那么产品也应该以消费者对产品的两种态度的强弱为划分标准（Batra & Ahtola，1990；Voss et al.，2003），建议将产品分为实用型和享乐型两类（Batra & Ahtola，1990；Voss et al.，2003）。享乐型产品，即享乐主义的消费，指的是有感情和审美感觉体验的，或可以产生感官愉快、幻想和娱乐的消费。也就是说，它追求的是一种即时的感官上的反应，为消费者提供的主要是一种体验型的乐趣。而实用型产品提供消费者对产品功能性或工具性的需求（Hirschman & Holbrook，1952；Dhar & Wertenbro，2000；向梦弦，2007），追求的是一种比较理性的消费，满足消费者的个人或家庭生活需求，而不是为了追求乐趣、愉悦和刺激的需要。消费者对于享乐型产品和实用型产品会产生不同类型的广告偏爱，同时可能产生不同的购买意愿。

就目前的研究者对产品类型的划分来看，无论是高卷入/低卷入、认知/情感，还是享乐/实用，都是基于广告受众的态度维度而进行的，但我们知道态度的两个基本成分就是认知和情感（王怀明，1999；向梦弦，2007），因而从这个角度来看，认知/情感、享乐/实用的划分更合理。实际上，认知/情感、享乐/实用的划分是比较相似的划分，享乐在本质上就是一种情感体验，而实用的态度在本质上就是一种理性认知态度。两者的不同仅仅在于，享乐/实用的划分更强调产品是否带给受众愉悦或情感体验，在划分的界定上更分明。并且，享乐型产品是个新概念，根据 DMH 模型，个体对享乐型产品的品牌态度，将会影响其购买意向。有学者通过对相关文献的梳理发现其研究的空白点——享乐型产品的广告研究,并以享乐型产品广告引发的情绪为切入点,进行了探索性研究(温孝卿和王碧含,2015)。本书同样通过文献梳理进一步发现了享乐型产品广告研究中的缺失,即基于享乐型产品的内涵匹配度的广告心理效果研究。因此,本书以享乐型产品广告引发的感觉与情绪为切入点,在研究中采用产品的享乐、实用两个维度的划分,探讨不同类型产品下联觉与美感的广告心理效果。

人们对于享乐型产品和实用型产品会产生不同类型的广告偏爱,享乐型产品尤其适用于联觉与美感广告,因为联觉与美感广告更注重诉诸消费者的感官反应与审美体验。与此同时,有文献显示 18~25 岁的消费者只在享乐型产品条件下才出现对情感型广告的偏爱,对于实用型产品他们则偏爱理智型广告(向梦弦,2007)。因此本书提出实验假设,认为享乐型产品的联觉与美感广告心理效果好于实用型产品的联觉与美感广告心理效果。本书同样选择了本科生参与实验。

第二节 广告联觉与美感心理效应的实验构成

一、实验目的、被试

(一)实验目的

检验享乐型产品的广告联觉与美感心理优势效应。

(二)被试

本科生 30 名,其中男生 18 名、女生 12 名,年龄为 18~25 岁(平均年龄 21±1.41 岁)。

二、实验材料与程序

(一)实验材料

根据不同类型产品广告的美感体验存在差异,以及 Voss 等在 2003 年的研究中划分出的维度——实用型和享乐型,我们最终选定享乐型产品(如巧克力、香水等)和实用型产品(如除臭剂、辣椒酱等)。同时,代表两个维度联觉、美感各个水平广告图片共 8 张。

（二）实验程序

本书增加一个自变量，即产品类型，采用 2×2×2 的 3 因素被试内实验设计。自变量一为联觉程度，分为强、弱两种水平；二为美感程度，分为高、低两种水平；三为产品类型，分为享乐型和实用型。因变量为联觉与美感广告心理效应（广告态度评分、购买意愿评分）。首先，请被试对实验刺激物是属于享乐型产品还是实用型产品进行评定，以符合我们的实验设计。所有实验参与者在进行决策之后都被要求根据享乐型产品的定义（"不是非常必需的产品，但可以给你带来快乐和享受"）和实用型产品的定义（"实用的产品／服务，更强调实用性，往往为必需品"），分别对 8 种产品（果汁、洋酒、巧克力、香水、大米、洗发水、辣椒酱、除臭剂）是属于享乐型产品还是实用型产品进行评分（利克特七点量表，1 代表完全实用型，7 代表完全享乐型）。结果显示，实验刺激物是属于享乐型产品还是实用型产品的感知符合我们的实验设计：实用型产品评分均值为 1.6，标准差为 0.71，样本数为 30；享乐型产品评分均值为 6.4，标准差为 0.56，样本数为 30，实验参与者对产品属于享乐型产品还是实用型产品的感知差别显著（$t=210.923$，$p=0.000$）（郑毓煌和董春艳，2011）。

之后，随机呈现 8 张广告图片，被试按键评分后跳转。指导语如下："你觉得呈现的广告好吗？请进行 1～7 级评分，1 表示非常不好，4 表示一般，7 表示非常好，即数值越大，表明广告评价越积极。准备好后请按任意键开始。"被试在广告呈现后按键进行 1～7 级广告态度评定。

呈现指导语："请只根据广告带给你的感受，对购买意愿进行 1～7 级评分，1 表示完全不可能买，4 表示一般，7 表示完全可能买。"

三、实验结果分析

（一）不同类型产品联觉与美感广告心理效应描述性统计

1. 不同类型产品联觉与美感广告的受众广告态度差异

对被试跨产品类型的不同联觉和美感的广告心理效应评定进行均值和标准差两个维度的描述性统计，所得结果如表 8-1 与图 8-1 所示。结果表明，不同类型广告的广告态度得分由高到低依次为：享乐产品高美感高联觉型、实用产品高美感高联觉型、实用产品高美感低联觉型、实用产品低美感低联觉型、享乐产品高美感低联觉型、享乐产品低美感高联觉型、享乐产品低美感低联觉型、实用产品低美感高联觉型。

表 8-1　不同类型产品联觉与美感广告心理效应均值与标准差

项目	一组广告 M(SD)	二组广告 M(SD)	三组广告 M(SD)	四组广告 M(SD)	五组广告 M(SD)	六组广告 M(SD)	七组广告 M(SD)	八组广告 M(SD)
广告态度	5.23±1.48	4.23±1.65	4.20±1.96	3.67±1.69	4.47±1.96	3.61±1.92	4.88±1.66	5.22±1.55
购买意愿	5.38±1.64	4.18±1.78	4.27±1.98	3.83±1.95	3.55±1.92	3.22±1.87	4.70±1.64	4.82±1.73

注：一组为享乐产品高美感高联觉广告，二组为享乐产品高美感低联觉广告，三组为享乐产品低美感高联觉广告，四组为享乐产品低美感低联觉广告，五组为实用产品低美感低联觉广告，六组为实用产品低美感高联觉广告，七组为实用产品高美感低联觉广告，八组为实用产品高美感高联觉广告

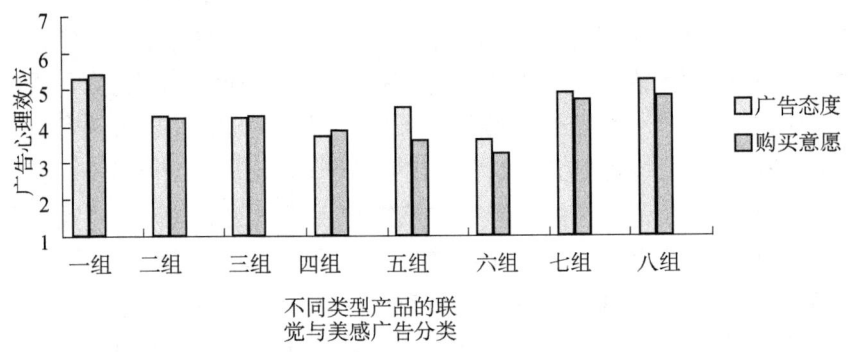

图 8-1　不同类型产品联觉与美感广告心理效应均值与标准差

2. 不同类型产品联觉与美感广告的受众购买意愿差异

表 8-1 中的数据表明，不同类型广告的购买意愿得分由高到低依次为：享乐产品高美感高联觉型、实用产品高美感高联觉型、实用产品高美感低联觉型、享乐产品低美感高联觉型、享乐产品高美感低联觉型、享乐产品低美感低联觉型、实用产品低美感低联觉型、实用产品低美感高联觉型。由结果可见，高美感高联觉的享乐型产品广告依然是得分最高的类型，这也说明了享乐型产品提供更多的体验式消费，广告若能更注重唤起消费者的感觉与情感，那么此类广告的产品则更容易被消费者所购买，所以高美感高联觉的享乐型产品广告心理效应是最好的。

（二）跨产品类型的广告联觉与美感交互心理效应

1. 跨产品类型的联觉与美感广告的受众广告态度差异

重复测量方差分析（表 8-2）显示，在广告态度上，产品类型主效应不显著，产品类型和美感不存在交互作用，产品类型和联觉存在显著交互作用，$F(1,29)=27.588$，$p=0.000$。简单效应进一步检验显示，无论是享乐产品还是实用产品，联觉的简单效应都显著。具体而言，在享乐产品条件下，联觉的简单效应显著，$F(1,29)=50.40$，$p=0.000$。在实用产品条件下，联觉的简单效

应也显著，$F(1, 29)$=8.77，p=0.004。这说明无论是在享乐产品条件下还是实用产品条件下，广告态度都会因为联觉的变化而变化。而只有在强联觉条件下，产品类型的简单效应才显著，$F(1, 29)$=18.37，p=0.000。说明在强联觉条件下，广告态度会因为产品类型的不同而变化，高联觉享乐型产品广告的广告态度显著好过高联觉实用产品的广告态度。这说明享乐产品更注意感觉体验，结果部分支持了实验假设，与前人研究较为一致。

美感和联觉交互作用显著，$F(1, 29)$=13.568，p=0.000，产品、美感和联觉不存在显著交互作用，$F(1, 29)$=2.397，$p>0.05$。不同美感程度对广告态度有单纯主效应，$F(1, 29)$=45.570，p=0.000，不同联觉程度对广告态度有单纯主效应，$F(1, 29)$=4.662，p=0.033。

表 8-2 跨产品类型的联觉与美感广告心理效应（广告态度）重复测量方差分析

变异来源	SS	df	MS	F	p
产品类型	8.056	1	8.056	2.323	131
美感	148.860	1	148.860	45.570	0.000***
联觉	11.751	1	11.751	4.662	0.033
产品×美感（交互作用）	2.284	1	2.284	0.820	0.367
产品×联觉（交互作用）	48.534	1	48.534	27.588	0.000***
美感×联觉（交互作用）	31.806	1	31.806	13.568	0.000***
产品×美感×联觉（交互作用）	6.099	1	6.099	2.397	0.125

注：***表示 $p<0.001$

2. 跨产品类型的联觉与美感广告的受众购买意愿差异

重复测量方差分析（表8-3）显示，在购买意愿上，产品类型存在显著主效应，$F(1, 29)$=6.772，$p<0.05$，即购买意愿会因为产品类型的不同而变化。美感对购买意愿具有显著主效应，$F(1, 29)$=64.887，p=0.000，联觉对购买意愿具有显著主效应，$F(1, 29)$=7.483，p=0.000。

产品类型和美感存在显著交互作用，$F(1, 29)$=5.420，p=0.022。简单效应进一步检验显示，只有在享乐产品条件下，美感的简单效应显著，$F(1, 29)$=24.14，p=0.000，这说明只有在享乐产品条件下，不同美感广告的购买意愿存在显著差异，并且高美感广告的购买意愿显著好于低美感广告。产品类型和联觉存在显著交互作用，$F(1, 29)$=22.861，p=0.000。简单效应进一步检验显示，只有在强联觉条件下，产品类型的简单效应才显著，$F(1, 29)$=15.85，p=0.000，这说明在高联觉条件下，享乐产品明显激发了比实用产品更积极的购买意愿。产品类型和美感、联觉不存在显著交互作用，$F(1, 29)$=0.366，p=0.547。

表 8-3　跨产品类型的联觉与美感广告心理效应（购买意愿）重复测量方差分析

变异来源	SS	df	MS	F	p
产品类型	21.914	1	21.914	6.772	0.011*
美感	203.490	1	203.490	64.887	0.000***
联觉	23.317	1	23.317	7.483	0.000***
产品×美感（交互作用）	18.599	1	18.599	5.420	0.022*
产品×联觉（交互作用）	39.730	1	39.730	22.861	0.000***
美感×联觉（交互作用）	16.740	1	16.740	6.936	0.010*
产品×美感×联觉（交互作用）	0.990	1	0.990	0.366	0.547

注：***表示 $p<0.001$，*表示 $p<0.05$。

四、综合讨论

　　从实验结果对广告态度和购买意愿的描述分析，我们可以看出，无论是享乐产品还是实用产品，只要是典型的高美感高联觉广告，被试的广告态度和购买意愿都是最积极的。无论享乐产品还是实用产品，美感强弱都是决定性因素。实验结果与我们的实验设想存在不一致，实验构想认为，对于实用产品，被试可能会较少关注美感体验的影响，因为实用型产品提供消费者对产品功能性或工具性的需求（Hirschman & Holbrook，1952；Dhar & Wertenbro，2000），而享乐型产品提供更多的是体验式消费，满足消费者追求乐趣、愉悦和刺激的需求。这可能还是可以用产品的熟悉度与卷入度来解释。不少研究者认为消费者的情感因素对低卷入产品的影响更大（Batra & Ray，1986；Zajone & Markus，1982，转引自向梦弦，2007），低卷入产品更适合用于情感广告（庞颖，2006）。由于我们实验材料选择的都是一些经常购买的产品（食品、饮料、日用品等），这些通常都是低卷入产品，不论实用产品还是享乐产品，这样作为积极情感范畴的美感体验自然就成为对广告心理效应影响更大的因素，研究结果与前人研究较为一致。未来的研究应可以考虑增加卷入程度这一维度变量，这样就能更加全面地考察美感体验对于广告受众心理效应的影响。

　　实验发现，实用产品高美感低联觉型的广告态度和购买意愿还优于享乐型产品高美感低联觉型，这可能是广告产品的类型不同导致的。对于同样是高美感低联觉的广告产品而言，广告受众可能会更加注重产品的功能性或需求性，广告受众正好需要这个广告产品，而且这个广告产品在功能上也非常好，很自然地，广告受众对这个广告产品的态度和购买意愿也就更加积极。相反，享乐型广告产品主要是满足广告受众追求乐趣、愉悦和刺激的需求，如果此类广告产品不能在美感、感觉等方面为广告受众提供比实用产品更加丰富的刺激，那么广告受众对其就不会有积极的广告态度和购买意愿。比如，巧克力广告和除臭剂广告，如果两则广告同样被设计成高美感低联觉型的广告，那么对于一个喜欢家庭干净、清新的主妇而言，她对除臭剂广告的广告态度和购买意愿就会比巧克力广告更加积极。

实验考察了产品类型、联觉、美感三者的交互作用。就广告态度而言，产品和联觉具有交互作用，并且联觉对享乐产品广告态度的影响还是要大过对实用产品的。只有在高联觉条件下，产品类型才会对广告态度有显著影响，即高联觉享乐产品广告的广告态度显著高于高联觉实用产品的广告态度，说明享乐产品更注意感觉体验，部分支持了实验假设，与前人研究较为一致。产品类型、联觉、美感对广告态度没有交互作用，实验假设未被支持。

就购买意愿而言，产品类型和美感有显著交互作用，产品类型和联觉也有显著交互作用。这意味着人们在考虑购买产品可能性的时候，比单纯对广告的评价更理性、更复杂、更具体。只有在享乐产品条件下，美感对购买意愿才有显著作用，说明美感广告对购买意愿的影响受制于产品类型，受众对享乐型的产品更注重美感体验。在高联觉条件下，享乐产品明显激发了比实用产品更积极的购买意愿，说明受众对享乐产品更注重感觉体验，这个结论支持了我们的部分假设，与前人的研究一致。产品类型、联觉、美感对广告态度没有交互作用，实验假设未被完全证明。

五、结论

在广告态度上，产品类型和联觉存在极其显著交互作用，高联觉享乐产品广告的广告态度显著好过高联觉实用产品的广告态度。

在购买意愿上，产品类型和美感存在显著交互作用、产品类型和联觉对购买意愿存在极其显著交互作用。在享乐产品条件下，高低美感广告的购买意愿存在显著差异，且高美感享乐产品广告的购买意愿显著高于低美感享乐产品广告。在高联觉条件下，享乐产品明显激发了比实用产品更积极的购买意愿。

第九章 广告联觉与美感心理效应的总讨论与总结论

本章主要是对广告联觉与美感心理效应的实证研究部分的相关成果进行总体回顾，梳理所有实验的结论，并以实证结果为支撑，尝试回答本书开篇提出的问题。实验着重探讨了心理学联觉与美学通感的异同，虽然联觉从理论上被认为是美感体验的起点，但不等同于美学通感，两者有相同之处亦有不同之处。

第一节 心理学联觉与美学通感的异同

一、联觉与通感的内在关联

synesthesia 一词在心理学中译作联觉，在美学中译作通感。联觉是心理学前沿研究的热点问题，通感是美学上的一个核心话题。换言之，synesthesia 既是一个心理学问题，也是一个美学问题。之前不少研究将"联觉"与"通感"概念相混同，两者虽存在着密切、复杂的联系，但不可简单划一。美学认为，通感多指在文学艺术创作和鉴赏中各种感觉器官间的互相沟通，指视觉、听觉、触觉、嗅觉等各种官能可以沟通，不分界限。它系人们共有的生理、心理现象，与人的社会实践的培养分不开。通感是一定会产生美感的，它实际上就是一种审美活动，在人们的审美活动中使各种审美感官，如人的视觉、听觉、嗅觉、触觉等多种感觉互相沟通、互相转化。通感的运用，可突破人的思维定式，深化艺术，可以使读者的各种感官共同参与对审美对象的感悟，克服审美对象知觉感官的局限，激活最大程度的美感（陈育德，2000）。而对于联觉，其最新研究已经突破了概念边界。在前面文献综述与理论分析的时候，我们也通过厘清强弱联觉的研究脉络、概念界定，认为通感与弱联觉两者间没有不可逾越的界定鸿沟，两者之间有内在关联，尤其可以考虑将通感纳入弱联觉范畴。从理论上来说，任何人都能产生此类联觉。

但通过研究二（第五章）的实验一中对四组广告的联觉和美感进行相关分析，发现除了低美感高联觉组广告的美感与联觉没有显著相关以外，其他各组广告的美感与联觉都显著相关。这在一定程度上说明联觉和美感存在密切联系，但弱联觉不可以与通感等同。

在前面的文献综述中，联觉（通感）从理论上被认为是美感体验的起点、来源之一，能有效增强美感体验。而从广告心理的实验结果分析看，广告中的联觉虽然与美感体验存在密切联系，甚至高美感低联觉组的联觉与美感都存在显著正相关，但联觉并非必然会产生相同强度的美感体验，部分联觉现象同样可以唤起被试的消极情感。这说明不是所有的联觉现象都必然伴有美感体验。换言之，联觉不等同于美学通感。这个结论利于我们更全面、准确地看待联觉现象，揭示了联觉与美学通感的关系并非美学学者所指出的那样单一，进而为辨明同样属于弱联觉范畴的广告载体中的联觉与美学通感两个概念提供了实证依据，利于我们更加清晰地对两者进行区分。

心理学联觉与美学通感都具有跨通道感觉的性质，美学通感也可归属于联觉范畴。以往心理学把联觉界定为一种感觉激发另一种感觉的心理现象，继而，心理学在联觉的研究中，又通常将联觉确定为具有遗传性且为少数人拥有，美学中的通感被排除在联觉的范畴之外。近年来，学者提出将联觉分为强联觉和弱联觉，强联觉是具有遗传性且为少数人所拥有的，而弱联觉主要指出现在语言中或写作中的一种隐喻、文学与美学中的通感及训练关联现象（Martino & Marks，2001；Salzinger，2010；刘思耘，2012）。因此美学通感可以纳入联觉范畴，将其作为一种弱联觉形式也是可以的。

二、联觉与通感的不同之处

联觉与通感的不同之处在于，首先，心理学联觉是真实的感觉唤醒，是一种感觉引起另一种感觉，心理学的联觉与联想、想象具有本质的不同，不是由联想或想象产生的。而美学通感在本质上更多地被看作是借助联想或想象而产生的综合性、整体性感受，因此美学通感总是与联想或想象纠葛在一起，不容易被区别出来。其次，联觉被界定为少数人所拥有的，且具有遗传性，这就使得联觉并不是大部分人都具有的能力。美学通感则不一样，它是大部分人都能够具有的能力，不具有遗传性。最后，我们的实验证实了联觉并不一定导致美感体验，还可能导致一些消极的情绪体验。而美学通感被认为通过感觉的挪移而产生美感体验，实际上美学通感=联觉+美感，不会导致消极的情绪体验。

第二节 平面广告多媒介的"联觉"制造

平面广告的媒介发展对广告创意技法与理念的作用同样是革命性的。从纸质媒介到广播，再到电视，直至今天的多媒体，我们可以利用的感觉符号也在急剧扩展。但是从目前来看，承载广告信息的媒介依然是以传播视觉（文字、色彩、图形、图像）符号为主。对于广告创意来讲，空间（版面）或时间资源的有限性决定了广告只能用尽可能少的信息来达到尽可能大的刺激效果，也就是通常所说的心理冲击强度。那么，在现有条件下，如何增强信息的刺激强度，用有限的感觉符号来调动多种感觉器官呢？人的感觉中有一种特殊的现象——联觉，可以为我们实现创意效果的提升。不少科学家的尝试提示我们，人类的"五觉"之间存在着神秘的彼此关联性、互补性，甚至是彼此之间的转换。联觉认知边界的不断刷新，支撑了联觉的应用研究，让我们能够从更广的角度来探讨它。例如，联觉在广告中的应用已经引起了相关学者的注意与研究（Nelson & Hitchon，1995；Kim，2002）。在今天的广告界中，那些聪明的广告制作者也正是利用人类视觉心理中存在的"联觉"，在平面广告单一的视觉刺激中，传达出视觉感官对于其他感官的联动反应，由此摆脱了以往单一的视觉刺激，充分考虑到消费者多感官的体验，依靠多方位诉诸感官的浸入式体验，产生强烈的情感，进而在较短时间内抓住消费者的注意力，使其对广告的产品产生兴趣，这样更能迅速调动消费者的购买意愿。

通过研究一中的访谈和研究三与研究四的实验，发现就广告态度而言，联觉的广告效应非常显著。但在购买意愿上，要注意与美感的匹配。受访者与被试都对高联觉的广告表现出了积极的广告态度，认为广告有创意，充分唤起了自己的跨感觉通道感受。传统的平面广告设计模式，把广告设计禁锢在狭小的范围内，这种单一、被动、封闭式的设计使广告创作者的创新意识受到了很大的抑制。运用联觉手段能营造的开放式的创作环境和创作情绪，是广告创意的有效武器。同时，联觉广告表达使受众将广告形象的视觉刺激通过心理联觉作用转换为对商品的其他感官感受，给予受众多感官感受，实现多感官信息整合与转译，带给受众更强烈的感官体验，必然更能够促进广告心理效应。这种方法在现代广告中很受重视，其原因是现代消费者都很注重自我价值，对自身感觉十分在意，广告采取这种表达方式，与受众的这种心理很合拍（祁聿民，2003）。同时，有学者认为"高明"的广告还能通过各种话语转换机制，以"暗示"的方式作用于消费者无意识层面，激发其对于商品/品牌的想象与欲望。这个过程不仅能使商品/品牌实现其符号价值的生产和再生产，同时也帮助消费者完成欲望的再生产。尤其是在现代广告中，通过视觉、听觉、触觉，甚至嗅觉、味觉等多层次全方位感官刺激，发展出一种与消费者之间的交互式关系（一种突出全方位互动性的关系，而不只是传统平面广告与消费者之间"展示—接收"的关系）（高婕，2016）。上述观点一方面肯定了感官交互体验广告于消费者深层次的影响，另一方面忽略了联觉广告是颠覆传统平面广告印象的一大绝技。联觉广告就是着力于可以突破传统平面广告与消费者之间机械枯燥单一的关系，通过"高明"的联觉话语转换机制，多层次、全方位带给消费者感官刺激，从而完成不动声色的说服与诱导。

第三节 悦目者夸之趋之——广告美感的积极心理作用

美感对于消费者在消费行为中的影响已经引起了越来越多学者的关注（Bloch et al.，2003；Brown & Patterson，2000；Maclaran & Brown，2005；Schroeder，2002），这些研究主要集中在时尚（Murray，2002；Thompson & Haytko，1997）、艺术（Joy & Sherry，2003）、表演（Deighton，1992）及视觉影像（Schroeder，2002；Scott，1994）消费过程中美感对消费行为的影响。随着物质生活水平的提高，消费体验成为一种追求想象、感受和兴趣的现象，消费者对体验类型产品的消费，变成了一种对享乐和愉悦感受体验的需要（Holbrook & Hirschman，1982），消费者有一种通过感觉体验满足自己美感需求的潜在性（Heilbrun，2002）。这样，美感成为影响消费者消费的一个重要因素，而广告要达到的最终目的就是要使消费者产生消费行为，因此，美感在广告中的作用从理论上就必然是影响消费者产生消费行为的一个重要因素，即必然成为影响广告心理效应的一个重要因素。随之而来的问题就是：美感对广告心理效应的作用机制及影响程度如何？由于广告态度和购买意愿是测查广告心理效应的两个关键指标，因此这一问题也就可以转化为：美感对消费者的广告态度和购买意愿的作用机制和影响程度如何？

在研究一的访谈和研究二、研究四的实验中，我们都明晰了美感对广告态度和购买意愿的显著影响。在我们的实验中，广告图片呈现给被试的时间都很短，只有5000毫秒的时间，这样尽量把被试限制在对广告图片的感觉加工层面，而避免被试陷入深层次的理性认知加工层面。被试对广告图片的美感体验主要有两个来源：一是广告颜色带来的美感。人们对颜色在心理上都有所喜爱和偏好（林崇德等，2003），虽然不同的群体对抽象颜色的喜爱和偏好存在差异（孙青青等，2011），但是人们对具体物色的喜好与偏好具有一般性（Julia，2005）。比如，汽车颜色多为蓝色、银白色和红色，而地毯、家具和油漆则一般为米色。喜爱和偏好的颜色往往能带给人舒服、愉悦的感受，带给人美感体验（Mundell，1993）。这一点在我们的研究中也得到了证实，不少被试反映广告图片内容的颜色是带给自己美感体验的关键要素之一，并且被试对带给自己美感体验的颜色的喜爱与偏好具有一致性。比如，美达苹果汁广告，几乎所有的被试都反映喜爱其流畅的绿色，并认为能给自己带来美感；而对于除臭剂广告，由于广告图片内容的颜色是比较暗淡的灰黑色，几乎所有的被试都认为其无甚美感。二是广告的表现形式带来的美感。审美心理学发现刺激物的形状、位置、大小、线条等物理形式属性对个体的审美影响明显，刺激物的这些形式属性往往是造成个体产生美感体验的要素之一（Parkhaust & Niebur，2004）。不少广告心理学研究者也已经注意到了广告中的这种形式属性产生的美感，朱健强（2000）和祁事民（2003）都指出，广告中的形式美通过广告画面的视觉形态，按照一定的法则组合来呈现，并给出了广告中形式美的法则，如主从、均衡、对比、韵律、比例、和谐等法则。在我们的实验中，被试都强调广告的视觉形态组合是带给自己美感体验的重要因素，如广告的形状、大小、线条等视觉形态的组合（图9-1）。

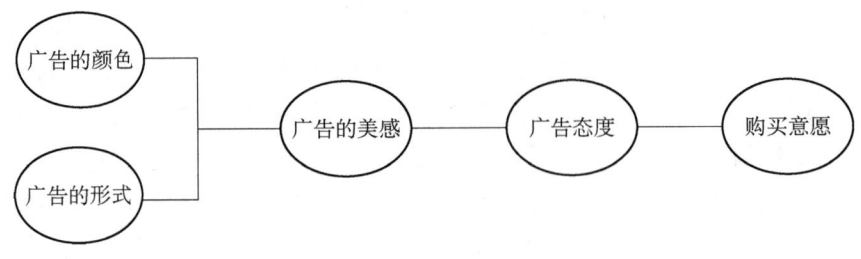

图9-1 广告美感机制

在广告心理学领域，学者已经区分了两种不同类型的诉求——情绪

(emotional)诉求广告和理性(rational)诉求广告——对广告效果的不同影响(Pelsmacker & Geuens, 1997; Holbrook & Shaughnessy, 1984; Faseur & Geuens, 2012;王怀明，1999；陈丽娟，2004）。根据 Pelsmacker 和 Geuens（1997）对情绪广告的定义，只要一则广告具有热情、幽默、怀旧、优美、恐惧与愤怒等情绪中的一个或几个，这则广告就是情绪广告。对情绪广告的研究目前集中在幽默（Spotts et al., 1997; Cline et al., 2003）和怀旧（Baumgartner et al., 1992; Muehling & Sprott, 2004）等情绪诉求，探讨了其作用机制和传播效果。然而，目前的情绪广告对其他形式的情绪诉求手段却研究较少，如对积极情绪中常见的美感研究很少。Baumgartner 等（1992）研究发现，有两个因素会降低受众对广告的注意：一是诱发了受众的一些消极情感，如愤怒、厌恶等；二是降低了对广告中产品正面信息的接收。对于第一个因素，这是因为作为个体的受众往往倾向于那些能够给自身带来愉悦、轻松等积极情感的广告；而对于第二个因素，这是因为如果受众未能对广告产品的正面信息进行充分加工，那么将不能使受众产生更积极的广告态度。而 Sujan 等（1993）及 Muehling 和 Sprott（2004）则进一步发现，诱发受众积极情感的广告能增强受众的情感体验而降低对广告产品属性的注意，受众不再关注产品属性的优缺点，仅仅由受众当时的情感决定其是否购买此广告产品。Madden 和 Weinberger（1984）及 Spotts 等（1997）通过调查研究发现，给受众带来积极情感的广告能够明显提高受众对广告的注意力，能够有效地捕获受众的注意。这几项研究都表明，受众更倾向于注意那些能带来积极情感的广告，并且常常重视当时的情感体验而忽视对广告产品属性的关注。也有研究表明，当情感与产品属性匹配时，广告更能唤起消费者对信息的注意，帮助个体在购买、使用产品之前有效确认经验属性的质量，从而降低个体对于信息的不信任感，进而帮助提升广告的传播效果（Bulbul et al., 2010）。正是因为这样一种原因，我们在研究中选取了美感这种研究较少的积极情绪作为对象，并且选用的广告产品有香水等产品。香水等产品的属性理应与美感这样的情感匹配。我们在研究中发现，美感也如其他积极情绪一样，对被试产生更积极的广告态度和购买意愿，被试更喜爱具有美感的图片，也更愿意购买美感强的广告产品，尤其是产品属性与美感体验这一类情感是相匹配的产品，如香水等。这一结果与之前的研究相吻合。这一结果与之前的研究一起说明了能够给广告受众带来积极情绪体验的广告，对受众的心理效应具有正向作用。

为了更进一步的探讨美感对广告心理效应的影响，我们在研究中以美感和联觉为因变量，按美感与联觉的层级分别将广告图片划分为高、低两组，并由此区分出高美感高联觉、高美感低联觉、低美感高联觉、低美感低联觉四组广告图片。通过对这四组广告图片的受众心理效应的测定，我们发现，无论联觉强度如何，被试对于高美感的广告都持更积极的广告态度和购买意愿。对于高美感高联觉广告图片能带给受众更积极的广告态度和购买意愿，这一结果易于解释。因为高美感高联觉广告图片带给受众更强烈的愉悦感受，受众也更容易改变其广告态度，增强其对广告产品的购买意愿。而对于高美感低联觉依然能带给受众更积极的广告态度和购买意愿，这一结果似乎有点难以理解。低联觉广告图片说明，广告图片不能给受众带来多感官感受，只能是单一感官的感受，然而如果单一感官的感受足够强烈，也同样能够达到改变受众的广告态度，增强受众的购买意愿（Baumgartner et al., 1992）的目的。这样一来，并非要受众具有强烈的多感官感受才能带给受众更积极的广告态度，足够强烈的单一感官感受也能够做到。因此，虽然对广告图片的美感体验是单一的，但是其美感是高美感，已经足够强烈，同样能产生积极的广告心理效应。这也从另一个方面说明，美感体验是带给被试积极广告态度和购买意愿的决定性因素，一张广告图片只要是足够美的，就能够带给被试积极的广告态度和购买意愿，即使它是低联觉的。

通过研究二（第五章）、研究四（第七章）的实验，我们发现美感的广告心理效应显著。美感也如其他积极情感一样，让被试产生更积极的广告态度，这一结果与之前的研究相吻合。研究四（第七章）的实验通过对广告态度和购买意愿的频数分析再次证实了：广告中的美感体验是影响广告态度和购买意愿的决定性因素。

因此，在世界性市场竞争极端激烈的情势下，要占据上风，就必须充分调动广告的审美功能，调动受众的审美心理，引起他们积极的心理状态和购买行为。现在世界上许多成功的广告作品已表现出这种审美的趋势。刘泓（2006）经市场调研指出，现在的购买者已经逐渐从经济意识向审美意识转化，消费审美化趋势是商品消费的一种潮流，消费者更注重广告的形式美感，按形式美的规律来创造的广告，不仅能充分发挥广告的渲染力，而且能增加消费者的购买欲望。宋玉书和王纯菲（2004）经过研究更是指出，消费者购买产品时总是追求实用和美的统一，广告只有经过艺术加工，在美的形式中展现产品，使受众的视觉和听觉产生美感，才会产生好的广告效果。广告虽然不是给人审美的，但现代的消费者在接受广告时具有审美期待。

第四节 "美的就是好的"——广告联觉与美感的交互效应

联觉在广告中的使用得到了不少学者的关注（Nelson & Hitchon，1995；Kim，2002），然而联觉在广告中成功使用的一个前提就是，我们必须要了解联觉对受众心理的影响是如何的。为此，我们设计了在美感条件下联觉对广告心理效应的影响实验。我们在研究中发现，联觉与美感对广告态度的主效应显著，交互作用不显著。而联觉与美感对购买意愿都有显著的主效应，但是显著的主效应受到了同样显著的交互作用的限制，联觉对购买意愿的影响取决于美感水平的高低，美感对联觉的广告心理效应具有调节作用。具体而言，在高美感条件下，高低联觉广告的购买意愿不存在显著差异，只有在低美感条件下，高低联觉广告的购买意愿才存在显著差异。这一结论充分印证了"美的就是好的"这一古老并仍具现实意义的命题。

同时，我们通过实验得到了两个结果：①高美感高联觉广告带给受众更积极的广告态度和购买意愿；②低美感高联觉广告反而会降低受众的广告态度和购买意愿。得到的第一个结果符合我们的研究假设，高美感高联觉广告带给受众的是多感官的美感体验，多感官美感体验更能使受众在心理上被这样的广告说服（Krishna et al.，2010），接受这样的广告，从而改变自己的广告态度，增加自己的购买意愿。比如，苹果汁广告，受众从视觉上感受到画面线条流畅、色彩鲜绿，画面视觉冲击感强烈；同时，受众从味觉上感受到鲜嫩、清爽、可口。对苹果汁视觉与味觉的感官感受，使受众产生多感觉美感，从而带给受众更多的愉悦体验。第二个结果说明，虽然广告是高联觉广告，但是由于是低美感广告，反而降低了受众的广告态度和购买意愿。造成这种结果的原因在于，低美感广告表明广告会带给受众诸多消极情绪，比如厌恶、压抑、郁闷等，让受众产生消极情绪的广告会降低受众的广告态度和购买意愿（Shimp & Stuart，2004；Coulter & Pinto，1995；Henthorne，1993）。同时，高联觉广告说明广告能给受众带来多感官感受，然而这种多感官感受都是消极情绪，多感官的消极情绪感受会使受众的广告态度和购买意愿更低。比如，多人拥挤在车里大汗淋漓的除臭剂广告，在视觉上画面颜色黑暗、脏乱等，而在触觉上带给人空间狭小的压抑感，在嗅觉上则带给人汗水的酸臭感。所有的这些多感官感受到的都是带给受众消极情绪的感受，这样会使受众的广告态度和购买意愿更低。

本书因变量广告心理效应有两大测查指标：广告态度和购买意愿。为什么在广告态度上，联觉和美感主效应显著，且不受制于交互作用，而对于购买意愿，联觉对其的影响却要通过美感起作用呢？这主要是因为购买意愿这个维度上，影响因素更复杂，如产品特点。而本书所选产品主要是低卷入产品，对于低卷入产品，情感广告的影响更大，因此被试的购买意愿更受制于广告美感的影响。有研究通过总结广告心理学、神经科学的最新研究成果，提出情感因素在加强购买意愿的过程中起到了决定性的作用（埃里克·杜·普莱希斯，2007）。周象贤（2007）及庞颖（2006）也通过实验研究证实，对于低卷入产品而言，具有美感、怀旧等情感的广告更能增加消费者的购买意愿。这与本书研究的结果是一致的。

第五节 联觉与美感广告的产品类型差异：享乐产品的优势效应

在研究四（第七章）中还发现一种特殊情况，那就是人们对于有的低美感低联觉广告产品，并没有像我们预想的那样购买意愿是最低的，反而还具有较高的购买意愿，如巧克力广告（广告5）。因此，在研究五中，我们增加了一个实验变量，即产品类型，以探讨美感、联觉和产品类型对广告心理效应的交互作用，进行跨产品类型的广告审美联觉心理效应探讨。这是因为目前的一些研究已经发现了产品类型会对广告受众的心理产生影响，Pham（1998）通过做实验发现，仅仅当消费者的情绪是与产品的类型相关时，消费者才会依赖于他们对产品评价的这种情绪。Ruth（2001）也指出，一个产品的情绪优势需要与产品的分类相一致才会有效。而Faseur和Geuens（2012）更发现，关注自我的情绪（ego-focused emotions）更多的是与私人产品（private products）一致或相关的，关注其他的情绪（other-focused emotions）则更多的是与公众产品（public products）相一致或相关的。他们进一步证实了，只有广告激发的情绪与广告的相应产品类型相一致时，这种广告才会带来更积极的广告态度和更高的购买意愿。比如，激发关注自我情绪的私人消费的产品广告比激发关注其他情绪的私人消费的产品广告带来更积极的广告态度和更高的购买意愿。所有这些研究都说明，广告激发的受众情绪只有与相应的产品类型相一致时，才会带来更积极的广告态度和更高的购买意愿，因此产品类型就成为影响广告受众心理的一个重要因素。

一些研究者从不同的角度对产品类型进行了划分，如高卷入/低卷入（Mittal & Lee，1988；McQuarrie & Munson，1992）、认知/情感（Resnik & Stern，1977；Pelsmacker & Geuens，1997；Liebermann & Flint-Goor，1996）、享乐/实用（Batra & Ahtola，1990；Voss et al.，2003）。对产品类型的享乐、实用两个维度的划分是以情感或感觉体验消费和实用消费为标准的。比如，一个产品以满足消费者美感或者愉悦等感觉体验为目的，则将其归为享乐型产品，而一个产品以满足消费者实用需求为目的，则将其归为实用型产品（Okada，2005）。而广告中的美感与联觉分别属于情绪与感觉体验，因此，我们对产品类型采用享乐/实用的划分，从享乐型产品和实用型产品两种类型来探讨跨产品类型的美感和联觉广告心理效应。我们在研究中发现：①不同美感强度广告具有跨产品类型的广告态度一致性，高美感高联觉广告都会给被试带来最积极的广告态度；②无论哪种产品类型，联觉强度都对购买意愿有显著影响，然而，只有在高享乐产品条件下，美感才对购买意愿有显著作用。第一个研究结果表明，无论是享乐型产品还是实用型产品，高美感的广告图片都会带来更积极的广告态度，而低美感的广告图片则会带来较低的广告态度。这一结果与前面的研究三和研究四的研究结果一致，美感是影响受众广告态度的决定性因素，无论广告的产品类型及联觉强度如何，高美感广告总能带给受众积极的广告态度。同时，无论是享乐型产品，还是实用型产品，高美感高联觉广告都会比其他种类的广告带来更积极的广告态度，如高美感低联觉，这说明高美感高联觉广告都受消费者喜爱和欢迎。然而，对于购买意愿而言，产品类型的影响显现出来，只有在高享乐产品条件下，美感才会对购买意愿产生显著作用。而在实用产品条件下，美感对购买意愿没有产生显著作用。这说明对于高享乐产品，高美感的广告能明显地增强受众的购买意愿，而对于实用产品，高美感的广告也不一定能增加受众的购买意愿。这主要是由于，对于广告受众而言，购买享乐型产品就是为了带给自己情感上的满足和美感上的愉悦，如果广告展现出很强的美感，那么受众会很自然地倾向于购买这种产品。而受众购买实用型产品的目的是为了实用,产品的功能、性能、价格等将会直接决定受众的购买意愿。

从图 9-2、图 9-3 可以看到,对于享乐产品,高美感和高联觉通过广告态度直接影响购买意愿,即高美感高联觉增加广告态度,也增加购买意愿。然而对于实用产品,高美感和高联觉虽然影响了广告态度,却不一定影响购买意愿。一些人已经对享乐产品和实用产品的广告效应机制进行了初步的研究(Yoon et al.,1995;Voss et al.,2003),研究认为在消费行为中存在两种产品态度:产品实用态度和产品享乐态度。而向梦弦(2007)指出,无论是在享乐产品还是在实用产品条件下,产品享乐态度和产品实用态度都存在,产品享乐态度和产品实用态度两者之间不互相影响。在享乐产品条件下,购买意愿直接受产品享乐态度影响;而在实用产品条件下,购买意愿直接受产品实用态度影响。这样一来,美感和联觉的广告心理效应模型就可进一步地修正为图 9-4、图 9-5。

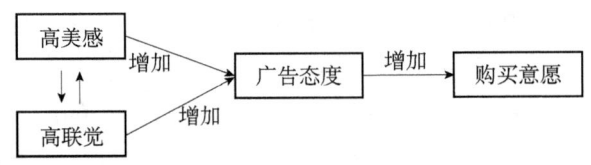

图 9-2 享乐产品下的广告心理效应

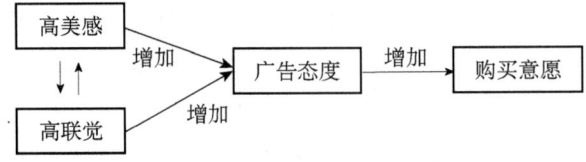

图 9-3 实用产品下的广告心理效应

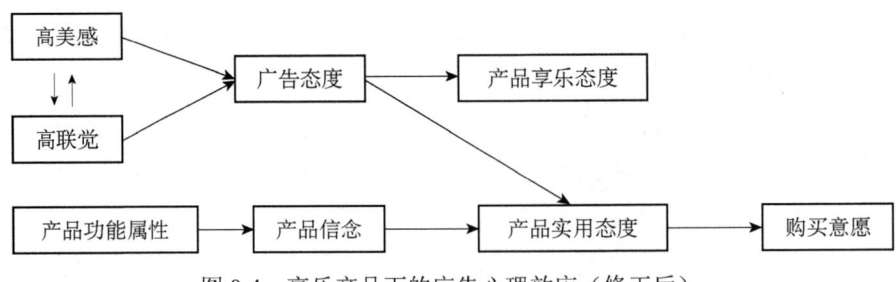

图 9-4 享乐产品下的广告心理效应(修正后)

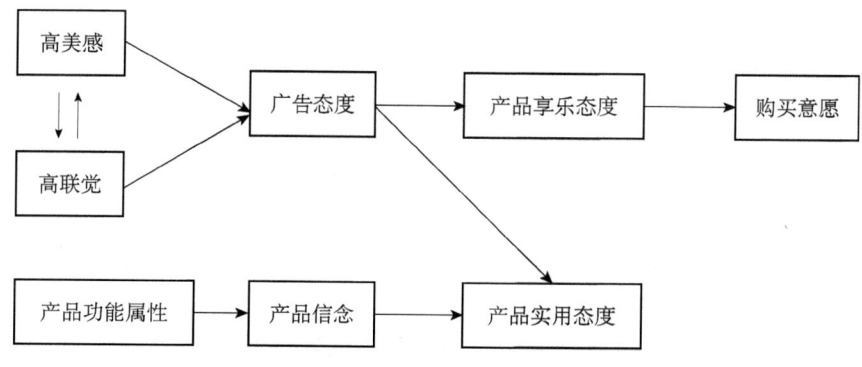

图 9-5　实用产品下的广告心理效应（修正后）

联觉和美感广告更适用于享乐型产品，就广告态度而言，联觉与产品类型有显著交互作用，说明对于享乐型产品，被试更注重跨通道的感觉体验，这符合享乐产品追求感官体验、刺激的定义。同样，因为实验所选产品大多属于低卷入产品，所以情感对购买意愿影响更大。因此，对于购买意愿，不仅是联觉和产品类型具有显著交互作用，美感和产品类型也具有显著交互作用，只有在享乐产品条件下，不同联觉和美感广告的购买意愿才存在显著差异，高联觉享乐产品广告的购买意愿显著好于低联觉享乐产品广告，高美感享乐产品广告的购买意愿显著好于低美感享乐产品广告。这一结论充分说明了，消费者更注重享乐产品广告的感觉刺激与美感体验。

第六节　结论

本书在回顾以往研究的基础上，通过深度访谈与主观评定等相结合的方法，探讨不同联觉与美感，以及不同产品类型对广告心理效应的影响。研究得到以下结论。

（1）高低联觉组广告的广告态度与购买意愿都存在极其显著的差异（$p<0.001$）。

（2）高低美感广告的广告态度与购买意愿都存在极其显著的差异（$p<0.001$）。

（3）广告的联觉与美感存在相关，除低美感高联觉组，其他组广告的美感与联觉均呈显著正相关（$p<0.01$）。

（4）在广告态度上，美感和联觉主效应极其显著（$p<0.001$），联觉与美感交互作用不显著（$p>0.05$）。

（5）在购买意愿上，联觉和美感存在极其显著的主效应（$p<0.001$），同时，联觉和美感具有显著的交互作用（$p<0.01$）。对于高美感来说，高低联觉广告的购买意愿没有显著差异。在低美感条件下，高低联觉广告的购买意愿存在显著差异，且低美感高联觉广告显著低于低美感低联觉广告。联觉对购买意愿的影响受制于美感。

（6）高美感高联觉组和高美感低联觉组的广告选择频数最大，具有最佳广告心理效应。

（7）在广告态度上，产品类型和联觉存在极其显著的交互作用（$p<0.001$），高联觉享乐产品广告的广告态度显著好过高联觉实用产品的广告态度。

（8）在购买意愿上，产品类型和美感存在显著的交互作用（$p<0.05$）、产品类型和联觉对购买意愿存在极其显著的交互作用（$p<0.001$）。在享乐产品条件下，高低美感广告的购买意愿存在显著差异，且高美感享乐产品广告的购买意愿显著高于低美感享乐产品广告。在高联觉条件下，享乐型产品明显激发了比实用型产品更积极的购买意愿。

第十章 基于广告联觉与美感心理效应实证研究的对策与建议

联觉与美感广告在迎合并满足受众感官需求的同时，也在主客体之间创造了相互解读的需求。如何理解并且提升广告联觉与美感心理效应，以及以平面广告为载体的广告联觉与美感效应背后彰显出的视觉机制与知识秩序，成为一个不容回避的问题。本章根据前面的理论梳理、实践经典案例及实证研究的结论，提出相关对策与建议，有助于我们重新估量广告联觉与美感心理效应，为我们审视联觉广告的登场、美感与联觉的匹配度，以及既往广告设计的缺失提供了进路与借鉴，为广告设计、企业营销提供了有价值的参考。

第一节 联觉广告：多感官广告的先行者

一、多感官广告的优势

在当前社会，消费者越来越凭着自己的感觉进行消费，而作为以消费者为终极诉求对象的广告就必须要正视消费者这种跟随感觉走的消费心理，必须要充分考虑到消费者的情感需求和感官刺激。颜色绚丽、画面逼真的图像，以及悦耳、动听的音律和话语等能带给消费者身临其境的感官刺激的广告必然占据上风。然而，20 世纪的广告发展却产生了两个重要结果：一是仪式广告的诉求，从价值的直接描述转向了对隐喻的价值与生活形态的塑造；二是文字说明减少，而相应的丰富视觉增加。"现代广告的特征是影像的传播模式居主宰地位……"（韩璐，2011）这样就无形地形成了传统广告中的感觉刺激比较单一的模式。相关的一个突出的表现就是，广告的视觉呈现占据主体，带给消费者感知疲劳。在如此背景下，要充分满足消费者的感官刺激，广告就必须要在感官元素的寻找上多费心思，突破单一感官刺激的弊端。多感官广告的整合设计可以让人通过两个或两个以上的感官通道同时接收同一对象发出的信息，恰好契合了媒介技术的发展和受众在生理、心理上的反应接受需求，以真实而有效地调动受众感官，带来全方位的感官侵入体验，优化广告心理效应。比如，食品广告应注重味觉和嗅觉的刺激，服装广告应注重视觉与触觉的刺激，旅游广告应注重视觉与声音的刺激。在多数消费者在以电视、广播和互联网为媒介的视听刺激为主的时代，我们更应该充分关注广告中对多种感觉的刺激，进而带给消费者丰富的感觉，促使消费者对广告产生积极的态度和购买意愿。

二、多感官广告与联觉广告的区别

曾有学者将多感官广告与联觉广告完全等同，其实，两者是需要我们细致辨别的。多感官广告是从传播技术上保证确实通过两种以上的媒介对受众两种以上的感官实施适应性刺激，因此，多感官广告能够带给广告受众多感官体验，但是要借助多种广告传播媒介来实现。而联觉广告与多感官广告具有内在关联，都是旨在丰富广告受众的跨通道感官体验，带给广告受众多感官的体验。两者的不同之处在于，联觉广告是利用受众的联觉这一特殊的感知特性，通过单一广告媒介刺激即可诱发受众跨通道的主观感官体验。正是因为联觉广告与多感官广告不同，这才造就了联觉广告的优势。它的优势体现在两点：①以联觉创意而非物质的方式，克服广告可能由于媒介自身的局限而无法直接对某一感官产生刺激，使得以联觉创意的成本极大程度地抵消了广告制作的物质成本。②易于传播，能给予消费者更多感觉、想象及回味的空间，从而制造出更为强烈的心理效应。相反，多感官广告制作成本高昂，传播速度、范围受限，不利于大规模地投放于市场。因此，联觉广告应是多感官广告的重要基础与先行者，尤其适合高效率地在这个广告信息爆炸的时代传播。众所周知，广告信息在带给我们方便的同时带来了很多副作用，例如，面对浩如烟海的广告信息，人们很难保证自己注意力被合理分配，尤其是在大数据时代下，以"消费者为中心"的取向使得消费者拥有绝对地、更自由地选择广告信息的权利，人们对广告的选择往往表现出更强的非理性倾向。这就要求广告设计者提供更加个性化的广告服务，能以最低的成本在第一时间抓住消费者的眼球，同时准确直观地传递出广告诉求。联觉广告正好能够很好地满足这一要求。

三、平面广告中多感官体验的唯一途径——联觉

对于平面广告而言，联觉设计是开启消费者多感官体验的唯一途径。Charters 和 Gallace（2011）指出，视觉的广告要激发消费者潜在的其他感觉有

两种可能的解决方法：一是在广告产品中使用与感觉相关的形容词（feeling-related adjectives），即使用文字说明方式；二是使用视觉联觉广告来激发不能被直接激发的感觉。第一种是传统的方法，然而，现代广告的发展趋势是，文字说明逐渐减少，视觉影像居主宰地位，这就更要求广告在图片感官刺激方面多做文章。第二种是正兴起的方法，而且也是一种能成功激起其他感觉的方法。联觉广告倡导的是诱发广告受众的广告联觉效应，从而摆脱了以往单一的视觉刺激，充分考虑到消费者跨感官的体验，产生强烈的情感，进而在较短时间内抓住消费者的注意力，使其对广告的产品产生兴趣，这样更能迅速刺激起购买意愿。因此，平面广告设计应该充分考虑消费者的联觉能力与感官需要，不能只是对消费者进行单一的感觉刺激，而要充分激活消费者的跨感觉通道体验，这一系列感官的交互使得消费者产生绵绵不断的联觉体验和心理冲击，从而有效地开启广告受众联觉思维的大门。通过图像的联觉设计可以有效整合多重感官体验，消弭了平面广告载体的边界，改变了传统的单一刺激习惯。平面广告的联觉设计处理在迎合并满足受众读图偏好的同时，在主客体之间创造了一种相互解读的可能，从而有力地推动广告受众在广告欣赏活动中尽情释放联觉体验的无限潜能，最终达到最佳的广告心理效应。广告实践也正证实着联觉广告的成功，近年来，戛纳广告节上获奖的广告就是能够带给受众联觉和多感官感受的广告。评委主任 DDB 广告公司全球首席执行官凯恩·雷哈德评价这些广告："广告都做到感觉里去了。"西方广告界之所以会在广告中如此推崇"感觉"，是因为"感觉"这个比理性诉求更为鲜活的品牌印记，实践着当今广告界最为先进的理念：广告做的是感觉，推销的是印象（胡川妮，2003）。

四、平面广告中联觉设计的心理特征

具体而言，联觉平面广告设计应关注以下三个心理特征。

1. 直观生动性

很多时候，用语言、文字来描述一种物品，远不如用画面的形象性语言来描述更直观生动。在现代广告中，诸多产品都离不开画面的展示，如服饰、汽车等。有些产品虽然有着可视的外形，但其特性却是通过其他感觉器官接收的，如食品饮料的味觉、香水的嗅觉、音响设备的听觉等，这就尤其需要通过广告画面使受众产生联觉。与此同时，从信息交流的角度来看，不同地区、国家之间的语言文字存在着差异，造成人们交流的障碍。联觉广告以人类共通的跨通道感受为符号，成为跨语言文字传播的桥梁。同时，联觉广告画面具有简洁、明快的视觉效果，涵盖着丰富的信息和内容，能给受众带来联想和再次创造的空间。无论识字与否，无论哪个国家、哪个民族，都能将广告信息传播的误差降低到最低程度。

值得注意的是，平面广告的联觉效应以视觉为唯一诱发因素，图片的视觉刺激通常包括图形、色彩，正所谓"远看色，近看形"，要在第一时间捕获消费者的注意，引发联觉体验，色彩毋庸置疑是关键因素。正确运用色彩是成功诱发消费者相应感官伴随体验最为有效、直观、生动且简洁的方式，尤其是在食品饮料广告中，很多时候甚至仅仅通过植根于消费者心底的颜色觉与相关感官的自然关联，就可以充分调动消费者相应的味觉体验，如橙色是甜的、黑色是苦的、绿色是凉的。广告界不乏运用广告的色彩视觉刺激与消费者的味觉体验，建立生动有效的跨通道感觉关联的经典之作。不得不提的就是雪碧饮料的系列广告，其惯用绿色为广告图片的底色，让消费者即刻清晰地感受到雪碧清凉的口感，给消费者留下生动与直观的印象。虽然颜色的运用是平面广告成功获得联觉效应的捷径，但大面积利用颜色也必须考量颜色与特定感官体验两者间的匹配性。否则，即便画面优美，消费者也难以准确、直观、生动地感受到广告产品的属性。例如，迪奥的香水广告主要运用了蓝色，画面固然高贵神秘，体现了产品的定位，可涉及具体的、特定的嗅觉唤醒时，则明显不如雪碧广告直观、生动、准确。反观迪奥的花样甜心香水广告，以粉色为基调，画面中的女孩身着粉红色的洋装，或是口中轻含着一株蔷薇，或是在蔷薇丛中游弋，美得让人窒息，无处不在的粉红色散发出鲜花的气息，就如这款迪奥花样甜心香水所表达的嗅觉一样。粉红色也成为这款 Miss 迪奥系列香水的独特代表色，成为一种经典的象征。在这种浪漫的色调中，女性仿佛嗅到了花的清新芬芳气息，由此对产品产生了喜好，从而引发购买意向。

2. 受众联觉能力匹配性

如同联觉概念本身可以划分为强弱联觉一样，广告受众的联觉能力同样有强弱之分。具体而言，联觉能力是消费者的一种感觉能力，不同消费者的感知敏锐度有个体差异，联觉能力也如此。一般而言，女性、智商高、生性敏感的人群是联觉广告的易感群体。联觉广告通过广告联觉效应的唤醒，不仅增加了受众快捷接受信息的方便性，还能引导受众感受和体味广告的独特创意，说服受众接受劝导的依从心理效果，尤其对于接近联觉者的受众更为有效。因此，联觉广告设计人员与广告主要从以上三个方面选择目标人群，在明晰各类联觉类型与受众不同信息接收心理匹配的基础上，进行有效和有针对性的广告创作与投放。尤其是针对平面广告，广告设计人员为了吸引消费者的注意力，将平面广告唯一的视觉传达渠道拓展到听觉、触觉和嗅觉领域，以视觉图片作为载体，通过图形、色彩等手段使受众形成跨通道的体验，让各感觉器官共同作用，从而赋予平面广告作品视觉形象延伸的意义。这不但能给消费者带来直观的广告产品体验，而且能显著提升平面广告设计的针对性和有效性，突破传统意义上的平面广告内涵，实现去平面化，满足消费者希望增加交互体验的期望。

3．真实可信性

为了说服广告受众，广告作品要明确自身的定位和选择有效的广告元素，采取独特的广告创意和表达方式来实现信息的传达。联觉广告能令其中的广告形象具有真实感，使广告产品看起来真实可信，"眼见为实"。在广告作品中，尤其是联觉的具象画面，能够如实逼真地表现出产品的真实状况。可以说，无论是产品的外观形态还是产品的属性，其表现出的真实感和实在感比其他广告元素与诉求手段有着明显的优势。

第二节　美感广告：积极情感广告的有益拓展

一、情感的广告心理效应

情感对于广告心理效应的作用已经得到了广告心理学家的证实。埃里克·杜·普莱希斯根据心理学家、神经学家和人工智能科学家在人脑思维运作方面获得的最新研究成果指出，一则广告能否激发目标受众的情感回应是预测该广告成功与否的最强有力因素。广告注意历来被认为是测查广告心理效应的起始指标，然而，注意其实是情感的结果，而不是起因（埃里克·杜·普莱希斯，2007）。这种思想说明广告并非是先使受众对广告注意，再使受众产生一种情感，而是广告先使受众产生一种情感，这一情感能够引起受众对广告的注意。广告的第一个任务是确保它能够被注意，为了达到这个目的，广告需要设计得更能吸引大家产生情感回应。另外，心理学认为情感不仅影响我们无意识的反应，还支持、影响并控制我们有意识的思维。这个观点说明情感不仅影响我们对广告无意识的回应，还支持、影响并控制我们关于品牌、产品和服务的有意识的思维，因此，情感因素在加强该广告的购买意愿的过程中起到了决定性的作用（埃里克·杜·普莱希斯，2007）。

二、积极情感广告的现状

情感广告目前使用非常普遍和频繁，有人对美国的广告进行了调查研究，发现在美国超过60%的广告使用了情感广告。然而，目前的情感广告主要集中在幽默等积极情感（周象贤和金志成，2006）。而Sujan等（1993）及Muehling和Sprott（2004）则进一步发现，诱发受众积极情感的广告能增强受众的情感体验而降低对广告产品属性的注意，受众不再关注产品属性的优缺点，仅仅由受众当时的情感决定其是否购买此广告产品。Madden和Weinberger（1984）及Spotts等（1997）通过调查研究发现，给受众带来积极情感的广告能够明显提高受众对广告的注意力，能够有效地捕获受众的注意。这几项研究都表明，受众更倾向于注意那些能带来积极情感的广告，并且常常重视当时的情感体验而忽视对广告产品属性的关注。

三、现代广告的趋势：积极情感广告的美感拓展

美感广告理应属于积极情感广告的拓展。众所周知，广告的功能早已不是单纯的信息传播，广告还带给我们各种感官的刺激，包括情感的享受。随着媒介资源的丰富、科学技术的发展，消费者对广告的接收越来越表现出对审美层面的高要求，即消费者不仅从广告判断商品是否具有购买性，并且还从欣赏的角度评价广告产品（余小梅，2003）。同时，有学者通过实证分析认为，消费者的广告态度的决定因素之一就是广告具有艺术感，不失品位（吴垠，2005）。这与本书的结论是一致的。

在读图时代，广告传播肩负了一个传播"美"文化的社会角色。消费者的这种需求的变化，必须会要求广告带给消费者美感。广告业内人士认为，广告设计本来就应是走在美学最前沿的东西，然而，目前中国的广告参赛作品，确实乏善可陈，很多广告在基本的视觉造型关系处理上，也显得杂乱无章，可观

性差。如何拯救中国的广告审美学，这是今后一直需要密切关注的问题。西方的视觉艺术学院及设计学院，甚至一些一般的大学都设有"审美学"课程，值得我们借鉴（转引自胡川妮，2003）。在当前商品竞争日益成为广告竞争的消费型社会中，商品广告的审美价值越高，无疑越能够给消费者留下愉悦的快感。与此同时，广告从业者应认清这样一个至关重要的事实，与其他艺术形式不同，广告美感的突出特征之一是广告表现的美感，并不是单纯诱导欣赏者寻找思想的契合点、情感的共鸣，而是期望消费者从初始审美愉悦与情感能动中，迅速注意产品本身属性，并在转瞬之间对产品产生好感，给消费者留下深刻印象，从而能在相当程度上增加商品本身的价值。

因此，广告需要表现出强烈的审美愉悦功能，尽量使情感诉求与产品形象完美契合，这样才能够达到最佳的双重艺术效果与广告效果（宋玉书和王纯菲，2004）。同时，广告是消费流行文化的一个重要构成要素，重塑着人们的消费理念、购买习惯，引导着时尚潮流，与其他实用艺术一起共同构成消费审美文化的世界。这种世界的创造既是现代企业推销商品的需要，也是现代消费者日益增长的精神需要，会被越来越多的人所重视。这是我国广告界无法回避且应该积极面对的事实，因此提高我国广告美感水平迫在眉睫。

事实上，现代广告发展也正向美感增强的趋势发展。广告心理学家 Charters（2006）及 Hoyer 和 Stokburger-Sauer（2012）通过对市场上的大量产品式样、包装和产品广告的统计分析发现，无论是产品式样、包装，还是产品的广告，美感考虑都成为首要的而非次要的目标，美感产品、美感消费及美感广告将成为市场的发展取向。随着消费者物质生活的极大提高，在现代社会，物质产品琳琅满目，非常丰富，即使是同一用途的产品也可能有多重式样、颜色等，消费者对产品的选择面更大。消费者不再仅注重实用性的消费，而是兼顾享乐性的消费（或者完全是享乐性的消费）。消费者对产品的接受越来越体现出审美的需求，对于产品广告的接受同样体现出审美的需求，认为广告美的产品就美，产品美的就是好的。这样美感不仅影响消费者对广告的注意力，还支持、影响并控制消费者关于品牌、产品和服务的有意识的思维（埃里克·杜·普莱希斯，2007）。现代社会是广告充斥其间的社会，繁多的广告视觉呈现使人们目不暇接，在此情况下，对广告视觉上的第一感觉就显得尤其重要，而广告的视觉美感必然是抓住人们视觉上第一感觉的首要选择。

四、广告美感心理效应的强化路径

有学者提出,广告审美在发生路径中通常具有以下几个特点:第一,传统审美"无限艺术性"将被广告作品内容的"客观真实性"消解。广告作品首先要满足的是作为劝说型艺术手段的真实原则,这样才能履行其美的传递功能。第二,产品利益点和消费者审美培育(即美感唤醒)相结合。消费者的审美培育是指借助于外力来启动消费者的审美意识和审美趋向,广告设计者希望借助的外力就是广告。通过广告对受众审美心理的迎合及引导,唤起受众的注意,促成其购买行为。第三,广告中的审美范式具有双系统性。广告审美活动通常被分为显性审美和隐性审美两种范式,显性审美范式指的是审美主体对审美客体的一种直觉审美判断,而隐性审美范式是指这种范式的发生通常在显性审美范式之后,它是审美接触发生之后的一种审美联想和心灵感动,是消费者作为审美主体充分结合个性化的自我审美经验,对审美要素的重新构建(许敏玉,2015)。

对于广告美感效应的提升也可以从以下三个方面入手。

一是广告作品内容要客观、真实。广告是对产品内容信息的传递,而对商品信息的传递就必须要坚持客观、真实的原则。如果广告传递出的产品信息是虚假的,无论广告被设计得多么具有美感,即使能够刺激和打动消费者购买产品,这种刺激和打动也是欺骗性的。欺骗总会有被识破的时候,一旦被识破,给产品形象带来的破坏是不可估量的,这是已经被广告实践所证实了的。比如,一则牙膏的广告,以浅蓝色为背景,俏丽、甜美的代言人展露出一口整齐、炫白的牙齿,带给消费者一种刷牙之后的清爽、炫白的感觉,广告的美感淋漓尽致地展现出来。然而,画面中呈现的不是真正使用牙膏的效果,而是用软件处理出来的。2015年,上海市工商行政管理局对此虚假违法广告给出罚单。更为重要的是,此事件被媒体披露后,不仅给牙膏生产企业带来极坏的影响,而且代言人的形象受损,得不偿失。

二是产品利益诉求与美感唤醒相结合。广告美感不同于一般艺术品的美感,它不像想艺术品美感那样,只是追求纯粹的美感,还需要承载产品的利益诉求。产品利益诉求与美感唤醒两者是必须共存的,只有两者同时存在、互为条件,广告美感才能够真正实现且有效。因此,广告设计者必须认真思考和寻找两者的最佳关联点,将这个关联点进行准确定位并放大,这样才能实现商业与审美的双重目标。

三是注重消费者直观的显性审美。广告美感需要从画面直观地展现出来，给消费者造成强烈的视觉冲击力，第一时间抓住消费者的注意力。若抓不住消费者的注意力，激起消费者的购买欲望就无从谈起了。因此，消费者直观的显性审美占据着美感广告的中心地位，广告设计者必须清醒地意识到这一点。基于此，广告设计者要充分地利用现有手段，在广告画面的形状、色彩、质感、比例等方面将美感直观地显露出来。

第三节 联觉与美感交融的广告：广告王者

一、后现代广告浪潮中的联觉与美感广告

随着后现代主义思潮在社会各方面的渗透，后现代广告亦随之兴起，成为一种新兴的广告类型。后现代广告体现出四大趋势：一是主题的观念化；二是视觉的冲击力；三是风格的多样化；四是诉求的个性化。视觉的冲击力是后现代广告的显著趋势之一，就是逐渐脱离以语言文字为中心而转向图片、影像等的视觉呈现（高渊和李晓英，2010），在视觉刺激上更加强烈，在消费者的心理迅速留下痕迹。而联觉与美感广告正体现了这一趋势，更注重多感官美感的视觉冲击。

消费心理学家 Krishna 等（2010）及 Hagtvedt 等（2008）经过实证研究指出，美感产品、美感广告应当超越视觉美感的单一要求，而要将多感觉和美感结合起来。对于广告创意来讲，空间（版面）或时间资源的有限性决定了广告只能用尽可能少的信息来达到尽可能大的刺激效果，也就是通常说的心理冲击强度。那么，在现有条件下，如何增强信息的美感刺激强度及用有限的感觉符号来调动多种感觉器官呢？传统的平面广告设计模式，把广告设计禁锢在狭小的范围内，这种单一被动封闭式的设计使广告创作者的创新意识受到很大抑制。运用联觉和美感手段能营造出开放式的创作环境和创作情绪，是广告创意的有效武器。同时，联觉和美感广告表达使受众将广告形象的视觉美感刺激通过心理联觉作用转换为对商品的其他感官感受，给予受众多感官美感感受，实现多感官美感信息整合与转译，带给受众更强烈的感官体验，必然更能够促进广告心理效应。这种方法在后现代广告中很受重视，其原因是现代消费者都很注重自我价值，对自身感觉十分在意，广告采取这种表

达方式,与受众的这种心理很合拍(祁聿民,2003)。

二、广告联觉与美感交融的关键

如前所述,我们虽然在研究中实验证实了联觉是一种很好的广告刺激因素,但在具体应用时需要注意联觉诉求与美感体验的匹配性,重视美感的主导作用,否则,高联觉广告带来的可能是无效甚至反面效果。因此,在广告设计中首要考虑的是广告的美感,消费者对产品的接受越来越体现出审美的需求,对于产品广告的接受同样体现出审美的需求,广告美的产品就美,产品美的就是好的。其次需要考虑的就是,将广告中的美感与联觉完美结合,产生超越单一美感的广告效果。现代消费者购买广告中的产品,不仅仅在意视觉或听觉的单一感受,而且在意其他感官感受。如果能在满足消费者对广告的美感需求的前提下,从联觉上下功夫,满足消费者这种多感官感受的需要,那么在美感与联觉双重刺激下,消费者必然对广告持更加积极的态度,产生更加积极的购买意愿。

在广告实务界中,不乏此类将联觉与美感相交融的广告设计。例如,扬·罗比凯(Yong Rubicam)创作的美国"四玫瑰威士忌"广告作品,如图10-1所示,四朵花苞初绽、楚楚可怜的玫瑰被雪藏在晶莹剔透的冰块里,借助广告联觉效应使人产生一种深切的清爽细腻的味觉感受,提示着消费者,一杯加冰的"四玫瑰威士忌"在盛夏炎热的下午会何等凉爽清新,那无比的芳香和成熟温顺的口感给消费者带来的极度享受会在脑海中长久驻留、挥之不去、难以忘怀。"四玫瑰威士忌"广告既具有较高的艺术美感和审美价值,又有不用言传的跨通道感官体验,因此,极为成功地达到了广告的目的,堪称经典。

图10-1 四玫瑰威士忌广告

三、联觉与美感广告契合人本广告观

今天的消费者协会对平面广告的要求越来越高,不但要求广告能有让消费者动心的广告诉求,还要求能满足人们休闲、娱乐、文化等人文精神方面的需求,因此,对创意奇妙、设计精美的要求在不断增加。消费者的这种观念变化对广告提出了新的要求,即现代广告已不仅仅只为一个单纯的经济目标——销售产品,而是更多地重视消费者的人文精神的满足,实现广告商业行为与人文精神的完美结合。这正是人本广告观的体现,人本广告观具有普适的价值(何云开,2010)。它坚持广告传播活动的"以人为目的,以人为根本"的人文价值观,以实现人的精神需求和人的价值。它注重与消费者的全方位沟通、对话和产生共鸣,注重强化品牌,注重广告符号价值的生产及注重广告作品的艺术品位。

联觉与美感交融的平面广告无疑契合了人本广告观,时代需要联觉与美感交融的平面广告。联觉与美感交融的平面广告通过丰富的感官体验获取受众的注意力,迎合目标受众的审美需要,使受众产生共鸣。当平面广告中的联觉与美感自然而然地唤醒已根植于消费者心底的多感官诉求与美感共鸣时,消费者便会倾向于在同类产品或服务中选择自己有联觉反应与审美认同的产品或服务。因此,联觉与美感交融的广告必将成为攻克各种消费者心理的秘密武器,是当下与未来很长一段时间的广告王者。对于现代的广告设计者而言,必须更多地重视消费者的多感官与美感体验,注重作品的联觉与美感设计。

第十一章 研究局限与展望

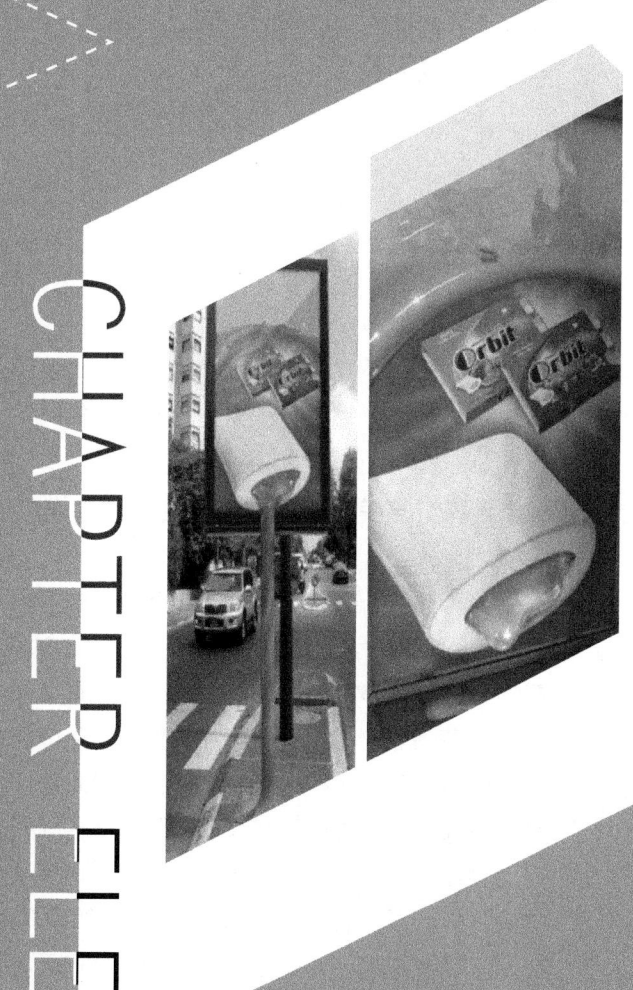

近年来，关于广告业如何迎接广告业"新常态"的挑战、如何应对大数据时代影响的讨论甚嚣尘上。本章首先阐释了本书中广告联觉与美感心理效应研究的不足，然后基于实证研究的结论且密切联系新的时代背景赋予广告业的要求，指明未来进一步研究的方向——着力于破除既有研究局限。同时，将研究重点转向广告联觉与美感效应的神经生理机制。最后对基于消费者为中心的互联网、移动网络广告的多感官交互与整合进行探讨。

第一节 研究局限

目前，研究只揭示了广告心理效应之联觉美感效应的冰山一角，还存在着大量的问题，有待在以后的研究中进一步解答。

一、广告联觉与美感心理效应研究的结论推广还有待检验

联觉与美感效应结论推广还有待检验。从可得文献来看，大多数广告心理效应研究的外部效度偏低，因为广告是最注重市场细分和目标受众的。由于个人资源有限，本书样本遵循了通常惯例，选取了大学生作为被试。大学生必然属于现实的消费者群体，但大学生群体仅仅是广告目标受众的一部分，自然不能完全代表所有消费者群体的特征，未来的研究可以考虑从年龄、学历、收入等对比的维度入手，增加更加广泛、大量的被试样本，细致检验广告联觉与美感心理效应的使用边界。可以选择多种不同收入的广告受众，如普通的市民、白领阶层等；还可以选择不同年龄的群体，如少年受众、青年受众、中年受众、老年受众等。只有这样，我们才能得到更加有效度、更加有说服力、更加全面的研究结论。

二、研究中自变量的控制难度

研究面临的现实挑战就是，研究自变量联觉与美感体验都较难控制。首先，美感体验在可得文献中被公认为最具难度的研究领域，实证美学旨在探讨美感体验的基本规律，而学界对美的界定从无定论，于是美的实证研究在逻辑起点上面临难题。其次，人们的审美对象通常是绘画、音乐和雕塑，而要对这些复杂的审美对象进行严格实验控制会遭遇很多困难。最后，美感体验有时也存在个体差异、群体差异或者民族差异，而要将这样的差异完全避免非常困难。因此，研究者需要将复杂的实验材料和任务予以简化，目前研究所用实验材料主要包括听觉类的音乐片段及视觉类的面孔、图画和抽象几何图形，审美判断实验任务主要包括偏好评定（preference ratings）和美的程度评定（beauty ratings）（王乃弋等，2010），美感体验研究有效性的前提条件是，审美反应能够被解构和量化，并且能够反映审美体验的本质。然而，关于"好-恶""美-丑"维度的判断或评定能够在多大程度上反映审美体验的本质特征尚无定论（Chatterjee，2004）。本书探讨的美感体验使用的实验材料是更复杂、与现实关联的广告，较之视觉类的面孔和抽象几何图形，实验的难度更大，虽然在筛选材料时，笔者尽量选择简化了的广告图片，只包括图形、品牌，但作为审美对象的广告仍难以严格控制。并且美感体验的测查方法还是沿用了主要的主观评定方法：利克特七点量表评分，由于人们对美的主观界定多样化，因此，维度评定能在多大程度上有效，能否反映美感体验的本质特征也无定论。此外，目前的研究对影响审美体验的其他因素（如注意、刺激效价等）的控制尚不足，这可能导致审美研究测量的心理活动与审美体验无关（Nadal & Pearce，2011）。

三、研究的生态效度有待提升

我们知道实验情境与真实播放环境差别是较大的，而我们的研究大多是在严格控制的实验室条件下进行，被试仅一次且强制接触广告，这样难免使得研究的外推力低。因为现实中的消费者每天会多次甚至上百次接触同一广告，并且广告是镶嵌在特定的环境中，他们对美感诉求广告的反应可能受到周边线索的影响，也可能有足够的时间与机会对品牌信息进行加工（黄子岚和张卫东，2012）。

第二节　研究展望

未来的研究应增加不同联觉类型的广告心理效应考察，不限于平面广告的单一视觉联觉诱发刺激，结合考虑广告产品刺激的特点、受众的认知因素、人格特征和情感状态，以及广告受众与消费者感官、美感体验形成过程的神经生理基础等对广告联觉与美感心理效应的影响，从而发展出一个具有更高生态效度的理论。

一、拓宽广告联觉效应研究的领域

进一步考察不同联觉类型广告的心理效应，继而拓宽广告联觉效应的研究。首先，本书只考察了以平面广告为主要载体，以视觉诱发的单一感官体验，即一个感官对另一感官影响的单一联觉现象，没有考察视觉诱发多种感觉伴随体验，即一种感官对多个感官影响的联觉现象。联觉的形式并不仅仅表现为一对一地打通、融合，有时也表现为多种感官同时打通、融合，多种感知觉同时形成、融合在一起，成为主体对某一外部信息刺激的多重、多层、多方位、多样性的丰富感受，从而形成一种立体的、多元化联觉形式（崔书宜，2006）。近年来，一种感官诱发两种以上感官的这类联觉设计的例子逐渐增多，如台湾的"宝岛四季"高山茶系列。其中无论是被誉为"茶中圣品"的冻顶乌茶，还是梨山茶、阿里山茶都无一例外采用了视觉与味觉之间的关联体验，特别是系列产品中的大庚岭茶，其是标准的清香型高山茶，不苦也不涩，入口则是典型的高冷香。因此，此处香气的"冷"不光是从味觉关联，也涉及味觉带来的温度感，所以根据色彩与温度觉，采用了冷色中温度最低的蓝色（27.95℃）作为产品的底色，在表达视觉感官刺激同时引起的冷与香的两种感官伴随体验（韦佳，2016）。

其次，本书都是以平面广告为载体，研究范围比较狭窄，还未考察电视广告、网络广告、3D广告等其他广告媒介，还没有考察除了视觉之外的其他感官为诱发刺激导致一种或多种感官伴随体验的联觉现象，也没有考察两种以上感官对两种以上感官产生影响的多对多的广告联觉效应。在日常生活中，人们不仅仅接收平面广告，还会面对更复杂、更为多元化的广告刺激。在国内早有此类联觉广告设计的传世之作，那就是本书多次提及的德芙巧克力系列广告。其中德芙巧克力的电视广告"丝滑篇"堪称经典中的经典。这则广告采用了"觉"的广告创意，整合设计了视觉、听觉、味觉、触觉多种感官元素。运用动感的视觉呈现出巧克力滑爽的味觉、丝绸顺滑的触觉，同时有音乐与广告语等听觉元素的相互作用。这些多通道感官体验的完美融合，形成了真实、生动的广告情景，具有很强的冲击力、说服力与诱惑力，从多层面淋漓尽致地展现出德芙巧克力是美妙感受、美好享受的代名词，是女子精致、知性气质的源泉（莫梅锋，2013）。

再次，听觉诱发触觉的广告联觉效应也十分值得我们探讨。跟视觉和触觉之间密切的感官体验关联一样，听觉和触觉也存在交互与整合现象。广告受众已经在大脑中储存了大量关于声音与触觉感知的信息，不同的声音会激发消费者不同的触觉感知（朱国玮和肖梦，2016）。第一，声音可以改变消费者对商品质地粗糙程度的感知（Zampini et al.，2006），声音越大越刺耳，消费者越感到广告产品粗糙；相反，声音越小越轻柔，消费者越感到广告产品顺滑。第二，声音可以影响受众对广告产品坚硬程度的触觉感知（Guest & Conway，2002），声音越清脆，消费者越感到广告产品的硬度低。第三，声音可以影响消费者对广告产品重量的感知，轻快的声音往往会降低消费者感知的广告产品重量。第四，听觉也会影响消费者的嗅觉和味觉，轻快的声音往往和清淡的味道、食物相联系，而凝重的音乐往往让消费者感知到浓烈的味道、食物。

最后，听觉诱发视觉的广告联觉效应也值得关注。有学者已经提出基于声音视觉化的界面图符的广告设计方法，即将声音的视觉化作为一种创作工具和手段应用到界面设计之中，这是对听觉-视觉的交互作用应用到广告设计领域。通过这种设计方法设计出的图符，不仅具有声音的美感，还能帮助消费者在界面的不同感觉通道之间建立起更直观的联系，从而显著提升消费者与界面的交互体验。例如，研究者基于声音的洗衣机界面的广告设计，如图11-1所示，在设计增加水量的界面时，使用了由界面操作为"增"的声音素材得到的图符创作结果，并将结果中每一条不同粗细、长短、浓淡的线对应到不同的水量值之中，水量小，线细且短，水量大，线粗且长。这样，如果用户在想要增加洗衣机水量时，用食指从左向右依次划过界面中的线元素时，界面中"增"的操作音量就会随着用户的操作音调越来越高，响声越来越大；同时，整个图标中具有不同视觉特征的线也会逐一被点亮，且呈现出不断上升的变化趋势，这势必将为用户带来美好的界面感官体验（谭浩和谢思远，2016）。

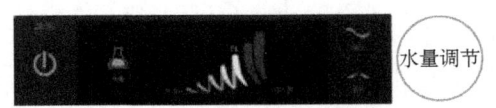

图 11-1　洗衣机图符设计
资料来源：谭浩和谢思远，2016

因此，在未来的研究中，有必要进一步考察不同联觉类型的广告心理效应，然后，我们可比较特定的一种感官诱发刺激引起的单一感官伴随体验与特定的一种感官诱发刺激引起的两种以上的感官伴随体验的联觉现象之间的广告心理效应差异。此外，多感官与单一感官之间的交互与整合的联觉作用，也具有不可或缺的研究价值。总之，应当让消费者与广告的每一个接触点都成为体验点。

二、聚焦新常态与大数据时代背景下的广告重点：联觉广告

"新常态"是我国当前最大的经济现实，广告作为经济的晴雨表，与经济发展高度吻合；在"新常态"背景下，总体而言，媒体广告市场也进入了低增长的"新常态"时期，然而，网络广告市场却依然保持了相对高速的增长（邵华冬，2016）。在广告"新常态"时期，媒体与非媒体的界限日益模糊，消费者高度碎片化、互联网化及移动网络化，针对这样的状况，广告如何才能够抓住消费者？这实际上预示着广告市场面临着诸多挑战与机遇，特别是对于联觉广告而言更是如此。例如，有学者认为，各大媒体应对广告市场的"新常态"时需要跨界融合、开放共享再造媒体。要做到跨界融合，首先就应该做到感官的跨界融合，即联觉广告的运用。同时，随着互联网技术的发展，越来越多的企业逐渐由以二维广告平面展示商品为特征的第一代电子商务向以 3D 等虚拟现实广告技术展示商品为特征的第二代电子商务过渡，这一分水岭可能改变整个网络购物产业的竞争格局。基于这样的时代趋势，研究者们日益重视把多感官交互与整合理论引入体验营销研究（刘晟楠和董大海，2011）。Meltzoff，（1979）和 Moore（2000）在其具有开创性的研究中发现，个体生而具有将一个感官系统的信息传递给另一个感官系统的能力，而不同感官系统信息的整合同样可以进行传递。将一种或多种感觉通道的信息传递给另一种或多种感觉通道的过程，称为多感官交互（multisensory inter-action）。而将同一感官通道的不同信息或不同感官通道的信息有效地合并为统一的知觉过程，称为多感官整合（multisensory integration）。依据 Lugo 等（2008）以上的界定，我们可以清晰地看到联觉研究

理属于多感官交互与整合的范畴，其势将更多与互联网营销融合。

与此同时，我们身处在一个大数据时代，大数据正在引发中国互联网行业新一轮技术浪潮，尤其是在网络（互联网与移动网络）广告领域，网络广告平台依托大数据技术，使得有的放矢的广告推送成为可能，使得广告投放的高效和精准化成为可能。通常而言，广义的广告效果是指广告的心理效果，狭义的广告效果就是指广告所带来的销售效果。广告传播效果决定广告销售效果，销售效果是传播效果的最直接体现。虽然广告销售效果是广告的终极目标，但它是传统广告最难衡量的环节，这主要是因为缺乏数据支撑和对接，测量具有延迟性、间接性和模糊性。而基于大数据技术的互联网、移动互联网平台，能对目标消费者及其行为轨迹进行全面记录和动态追踪，再通过数据挖掘和关联分析，从目标消费者的精准定位、消费需求的分析和预测、投放过程的精准可控、广告效果的精准评估四个方面，全面实现了精准传播（倪宁和金韶，2014）。这也对基于大数据技术的网络广告创作提出了更为精准的要求：要能双向互动循环传播；要能保证信息传播的有效性；还要能处理虚拟环境下的感觉补偿。其中处理虚拟环境下的感觉补偿是所有网络媒介广告都要面对的重要问题。在虚拟环境下，面对消费者某种特定感觉体验的缺失，要能使消费者可以通过其他感官如视觉、听觉等来补偿其余感觉的缺失，最终才能影响消费者的购买决策，引发人们的积极购买行为（朱国玮和肖梦，2016）。无疑，联觉广告在大数据时代下将成为互联网广告的佼佼者，因为它能有效解决感觉补偿问题。同时，联觉广告的细节设计如何能更契合互联网、移动网络媒介的特性，也是值得我们进一步研究的重点问题。总之，关于互联网、移动网络广告的跨通道感官体验研究，将为大时代的广告界提供颇具针对性与时效性的学术支撑。

三、突破广告联觉与美感水平测查范式

由于考察广告联觉与美感反应的相关成熟量表至今仍未出现，所以研究采用了基于广告产品联觉属性的形容词量表对消费者的联觉感知体验进行检验。对美感的探查历来都是实证美学的大难题，尚未有公认的美感测查量表，所以本书仍沿用了传统的、简单可行的形容词评定美感量表进行广告美感体验的测查。那么我们的实验选用的广告都是通过利克特七点量表和形容词评定来测量美感体验与联觉的水平。这固然简化、规范化了实验操作，但也降低了研究结果解释的精准性。这样的方法就难免存在一定缺陷。因此，在未来的研究中，

有必要针对联觉与美感体验的各个维度开发专门的量表。

另外，目前的研究者们大都在进行广告心理效应研究的时候采用了一种实验范式——被试观看某种诉求与无该诉求的广告后，进行回忆、再认测验，或者是广告态度、品牌态度、购买意向的问卷调查，以此来判断所用诉求的传播效果，本书也不例外。然而，认知神经科学技术的发展为联觉内在机理的研究开启新的大门，功能性核磁共振及脑电图等技术将联觉研究提升到了神经层面，通过大脑负责不同感觉区域活跃度来反映联觉的发生变化，为广告产品诱发刺激与伴随体验的联系提供了更可靠的证据。神经科学会提供情感上和认知上的解释，不仅能开辟广告感知与情感研究的新道路，还能为广告的联觉设计和营销带来更多新的突破。尤其是目前对于弱联觉现象的研究都还停留在现象的考察上，但它为认知心理学家提出了一系列有关感觉编码和跨感觉通道信息加工的基本问题。未来的研究应在强联觉的神经机制模型指导下，综合考虑弱联觉现象的内在加工机制，包括弱联觉现象的神经机制、信息加工机制上的异同。总而言之，以后应逐步采纳心理研究中较先进的仪器（如眼动仪等）和方法（如启动实验方法）对联觉与美感诉求的广告进行探讨。随着眼动、核磁共振、脑成像技术在消费者行为研究中的应用，广告的研究将逐渐上升到神经研究层面（杨治良等，2007）。因此，未来的研究可以从根本上探究消费者感官、美感体验形成过程的神经生理基础。

四、增加产品属性考察广告联觉与美感交互效应

本书已比较充分地发现了联觉与美感广告的心理效果与产品类型中的享乐产品之间必然的关联，因为产品类型的划分标准之一是将产品划分为享乐型产品与实用型产品，享乐型产品恰恰指的就是注重感官体验，情感享受的产品，其内涵与本实验提出的联觉美感诉求广告是完全匹配的类型。但本书实验目前未考虑产品特点包括产品熟悉度、消费者卷入度，产品已有态度与美感体验、联觉反应之间的匹配，这也是进一步研究中需要深入关注的。

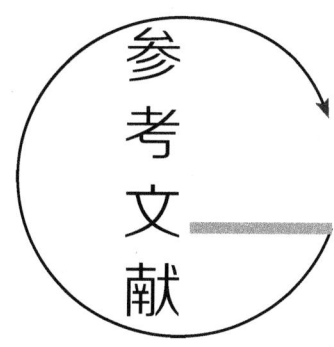

参考文献

埃里克·杜·普莱希斯. 2007. 广告新思维. 李子，李颖，刘壤译. 北京：中国人民大学出版社.

鲍姆嘉通. 1987. 美学. 朱光潜译. 北京：文化艺术出版社.

柴俊武, 李晶晶. 2008. 消费者广告信任度及其影响因素的实证分析. 管理学家, 532（6）: 7-12.

车文博. 2001. 当代西方心理学新词典. 长春：吉林人民出版社.

陈丽君. 2010. 美感与积极情感的关系及对变化觉察的影响. 西南大学博士学位论文.

陈庆忠. 1993. 创造美的广告的研究. 商业研究, （8）: 39-42.

陈睿, 高湘萍. 2011. 加工越流畅越美？——抽象艺术作品审美加工探秘. 心理科学, 34(3): 42-49.

陈烨. 2014. 平面广告设计中色彩的应用研究. 江苏师范大学硕士学位论文.

陈英和. 1996. 儿童社会认知的早期表现. 北京师范大学学报, 7: 24-30.

陈滢媛, 朱舟. 2009. 关于广告艺术的视觉美感解读. 作家杂志, （24）: 281-282.

陈永. 2008. 大学生对情感诉求广告反应差异性研究. 西南大学硕士学位论文.

陈育德. 2000. 灵心妙悟感而遂通——论艺术通感. 安徽师范大学学报（人文社会科学版）, 28（3）: 34-39.

程大志, 隋光远, 陈春萍, 2009. 联党的认神经机制. 心理科学进展, （5）944-950.

程宽. 2016. 基于视听联觉教育的智能玩具设计研究. 浙江大学硕士学位论文.

崔书宜. 2006. 球形思维模式：解构广告创意. 河南大学硕士学位论文.

戴维·迈尔斯. 2006. 心理学. 7版. 黄希庭等译. 北京：人民邮电出版社.

邓敏芳. 2005. 平面广告的美感阐释. 华中科技大学硕士学位论文.

丁宁. 2011. 美术心理学. 哈尔滨：黑龙江美术出版社.

丁晓君，周昌乐. 2006. 审美的神经机制研究及其美学意义. 心理科学进展，29（5）：1247-1249.

丁月华. 2008. 美感体验在11—14岁儿童科学概念隐喻中作用研究. 西南大学博士学位论文.

多米尼克·夏代尔. 2007. 消费者行为学：概念、应用及案例. 李屹松，王飙译. 北京：中国财经出版社.

樊琪. 2007. 美感及其结构的心理测量分析//中国科学、艺术（审美）、创新跨学科理论与研究方法高峰论坛论文集. 重庆：西南大学出版社.

高婕. 2016. 大众消费时代广告本质的批判社会学解读. 中国民族大学学报（人文社会科学版），36（4）：105-109.

高渊，李晓英. 2010. 后现代广告从"文本文化"向"视觉文化"的转变. 新闻世界，7：136-137.

高志明，朱玲. 2010. 通感研究. 语言文字应用，11：141.

官甜甜. 2014. 基于多感官理念对通用包装设计的应用研究. 北京印刷学院硕士学位论文.

郭成，赵伶俐. 1998. 美育心理学. 北京：警官教育出版社.

郭秀艳. 2006. 实验心理学教程. 北京：中国轻工业出版社.

郭秀艳，郭晓蓉，魏志超. 2005. 自传体广告优势效应的实验研究. 应用心理学，11（3）：233-240.

郭秀艳，朱磊，魏知超. 2006. 内隐学习的人工神经网络模型. 心理科学进展，14（6）：837-843.

郭秀艳，焦岚，唐菁华，等. 2012. 人格障碍对审美心理的影响研究述评. 西南大学学报（社会科学版），38（3）：89-93

韩佳璇. 2014. 电视广告中味觉的视觉化表征策略. 当代电视，（6）：106-107.

韩璐. 2011. 广告艺术化对品牌价值提升. 吉林大学硕士学位论文.

何云开. 2010. 动荡中显反派、混乱中求生存——互联网广告突围. 华东师范大学学报，6：59-64.

胡川妮. 2003. 广告创意表现. 北京：中国人民大学出版社.

黄合水，雷莉. 2006. 品牌与广告的实证研究. 北京：北京大学出版社.

黄劲松. 2006. 品牌熟悉度对广告过程中品牌态度改变的影响. 心理科学，（1）：226-231.

黄静，王诚，曾一帆. 2012. 感官品牌传播策略研究述评. 统计与决策，357（9）：121-123.

黄美琴. 2008. 广告学概论. 北京：中国建筑工业出版社.

黄希庭. 2004. 简明心理学词典. 合肥：安徽人民出版社.

黄希庭. 2007. 心理学导论. 北京：人民教育出版社.

黄子岚，张卫东. 2012. 神经美学：探索审美与大脑的关系. 心理科学进展，20（5）：672-681.

季涛频. 2012. 品牌广告创意表现中的视触联觉意象及其有效沟通策略. 包装工程，（16）：

36-39.

季钰. 2008. 通感的多角度立体化研究. 扬州大学硕士学位论文.

江波. 2003. 广告心理新论. 厦门：暨南大学出版社.

克罗齐, 黄文捷. 2009. 文学或艺术和语言哲学. 天津：百花文艺出版社.

李佳源, 赵伶俐. 2014. 联觉的大脑网络激活. 华东师范大学学报, 2：81-87.

李佳源. 2015. 联觉的发展与习得. 心理科学进展, 23（1）：41-50.

李琼, 吴作民. 2008. 广告态度和品牌态度作用机制研究综述. 中国广告, 11：137-140.

李有亮. 2007. "通感"的发生机制解析——一个视觉心理学的理论视角. 社会科学, 6：185-189.

林崇德, 杨治良, 黄希庭. 2003. 心理学大词典. 上海：上海教育出版社.

刘泓. 2006. 广告社会学. 武汉：武汉大学出版社.

刘晟楠, 董大海. 2011. 基于两大心理学理论对网购消费者虚拟体验的解读. 外国经济与管理, 33（2）：41-47.

刘叔成, 夏之放, 楼昔勇. 1987. 美学基本原理. 上海：上海人民出版社.

刘思耘. 2012. 强联觉的认知加工模型及其脑机制. 心理科学进展, 20（4）：514-522.

刘艺琴. 2012. 转换与融合——20世纪平面广告设计观念与形态的历史演进. 武汉大学博士学位论文.

刘兆吉. 1989. 美育心理学. 重庆：西南师范大学出版社.

鲁道夫·阿恩海姆. 1990. 走向艺术心理学. 丁宁, 陶东风, 周小仪, 等译. 郑州：黄河文艺出版社.

马克·第亚尼. 1998. 非物质社会. 滕守尧译. 成都：四川人民出版社.

马斯洛. 2003. 马斯洛人本哲学. 成明编译. 北京：九州出版社.

马谋超. 2008. 广告心理. 北京：中国市场出版社.

毛萍. 1982. 人的自我意识与美感. 湘潭大学学报（哲学社会科学版）, 12：132-137.

孟昭兰. 1994. 普通心理学. 北京：北京大学出版社.

莫梅锋. 2013. 多感官整合设计理念在广告中的. 应用包装工程, 32（20）：4-7.

慕明春. 2000. 试论广告艺术的审美特征. 人文杂志,（5）：153-156.

倪宁, 金韶. 2014. 大数据时代的精准广告及其传播策略——基于场域理论视角. 现代传播,（2）：99-104.

潘红莲, 李杰. 2016. 论知觉通感在色彩设计中的应用. 艺术研究, 11：196-197.

庞颖. 2006. 大学生对情感广告和理性广告的态度及其影响因素. 首都师范大学硕士学位论文.

裴学胜. 2005. 现代设计中的通感化设计. 河南科技大学学报, 23（1）：69-71.

彭立林. 2014. 多感官设计在食品包装中的运用研究. 湖南工业大学硕士学位论文.

彭立勋. 1985. 美感心理研究. 长沙：湖南人民出版社.

祁聿民. 2003. 广告美学：原理与案例. 北京：中国人民大学出版社.

冉秋. 2013. 色彩搭配销售的重要性. http：//club. whinfo. net. cn/blog-683401-52260. htm[2013-11-22].

邵华冬. 2016. 精准、夸张、重复——经典广告作品的三大法宝. 新闻与写作, 2：164.

施咏. 2005. 中国音乐审美中的通感心理及其成因. 交响（西安音乐学院学报）, 12：38-44.

舒咏平. 2010. 广告心理学教程. 2版. 北京：北京大学出版社.

宋玉书, 王纯菲. 2004. 广告文化学. 长沙：中南大学出版社.

苏新庆. 2015. "六根互用, 感而遂通"——绘画艺术中的通感研究. 南昌大学硕士学位论文.

孙青青, 陈本友, 赵伶俐. 2011. 颜色偏好研究进展. 心理科学, 34（6）：1332-1337.

谭浩, 谢思远. 2016. 基于声音视觉化的界面图符设计研究. 装饰, 276（4）：84-85.

滕守尧. 1985. 审美心理描述. 北京：中国社会科学出版社.

托马斯·拉塞尔, 罗纳德·莱恩. 2005. 克莱普钠广告教程. 15版. 王宇田, 王颖, 钟莉译. 北京：中国人民大学出版社.

瓦伦丁. 1987. 实验审美心理学. 潘智彪译. 海口：三环出版社.

汪济生. 2001. 美感概论. 上海：上海科学技术文献出版社.

王纯菲, 宋玉书. 2005. 广告美学——广告与审美的理性把握. 长沙：中南大学出版社.

王端. 2014. 图形在平面广告创意中的作用与使用. 新闻界, 1：45-47.

王怀明. 1999. 理性广告和情感广告对消费者品牌态度的影响. 心理学动态, 1：58-65.

王怀明. 2012. 广告心理学原理. 北京：清华大学出版社.

王怀明, 马谋超. 2004. 广告心理. 济南：山东大学出版社.

王怀明, 王咏. 2003. 广告心理学. 长沙：中南大学出版社.

王乃弋, 罗跃嘉, 董奇. 2010. 审美的神经机制. 心理科学进展, 1：75-77.

王泳. 2009. 现代广告心理学. 北京：首都经济贸易大学出版社.

韦佳. 2016. 影响茶叶包装色彩设计的因素. 茶叶, 42（4）：206-208.

温孝卿, 王碧含. 2015. 广告情绪对享乐性产品品牌态度的影响研究. 江西社会科学, 5：190-196.

翁珉. 2006. 马雷克拓展艺术前沿——联觉艺术简介. 湖北美术学院学报, 12：19-27.

吴柏林. 2011. 广告心理学. 北京：清华大学出版社.

吴林博. 2010. 审美体验的心理过程. 边疆经济与文化, （10）：70-71.

吴垠. 2005. 广告态度的结构与区域及分群特征的研究. 中国经济学年会（厦门大学工商管理与管理经济学）.

向梦弦. 2007. 情感、认知和态度：探索跨产品类型广告的心理效应. 浙江大学硕士学位论文.

徐舫. 2009. 浅析平面广告作品中的形式美. 苏州大学学报, 5: 1-4.

徐光远, 王旭海. 2013. 注意力经济研究的新视角. 思想战略, 39 (3): 115-119.

许敏玉. 2013. 商业视域下广告审美研究. 吉林大学博士学位论文.

许敏玉. 2015. 经济符号中的审美传递：广告审美机制解读. 新闻界, 3: 35-39.

薛媛. 2010. 感官体验策略在广告创意中的运用. 传媒观察, 3 (1): 1-4.

闫珂. 2016. 平面广告设计中的视觉张力研究. 苏州大学硕士学位论文.

严晨. 2013. 现代视觉传达设计中的多感官表达研究. 安徽工程大学硕士学位论文.

杨莹. 2010. "通感"在平面广告设计中的优势研究. 武汉理工大学硕士学位论文.

杨治良. 1991. 内隐记忆的初步实验研究. 心理学报, 23 (2): 113-119.

杨治良, 程利, 王新法. 2007. 不同呈现方式的网页广告的眼动研究. 心理科学, 30 (3): 584-587.

杨治良, 李林. 2006. 内隐记忆研究的回顾与展望. 心理学探新, 26 (4): 3-8.

杨中芳. 1999. 广告的心理原理——广告背后的心理历程. 北京：中国轻工业出版社.

姚卿, 陈荣, 赵平. 2011. 自我构念对想象广告策略的影响与分析. 心理学报, 43 (6): 674-683.

原研哉. 2006. 设计中的设计. 朱锷译. 山东：山东人民出版社.

叶朗. 1999. 现代美学体系. 北京：北京大学出版社.

佚名. 2015. 关于中国广告行业现状及前景的分析. http://www.allchina.cn/news/xinwenAD_post_90155.html.

余小梅. 2003. 广告心理学. 北京：中国传媒大学出版社.

俞黎平. 2006. 多感觉整合效应及感觉皮层的跨模式可塑性. 生物学教学, 8: 8-11.

曾永成, 董志强. 1993. 美学原理教程. 成都：电子科技大学出版社.

张红霞, 王晨, 李季. 2004. 青少年对广告的态度及影响因素. 心理学报, 11: 601-607.

张家平. 2003. 说服的艺术——广告心理解析. 上海：上海辞书出版社.

张家平. 2005. 广告心理学课程辅导. 上海：上海财经大学出版社.

张建华. 2007. 广告学概论. 北京：机械工业出版社.

张微. 1996. 广告美学. 武汉：武汉大学出版.

赵春雨. 2015. 通感意象转换的认知与美学阐释. 华东理工大学学报（社会科学版）, 5: 110-116.

赵伶俐. 1999. 论美感增力性的生理和心理基础——美育科学化原理研究之一. 西南师范大学学报（哲学社会科学版）, 25 (4): 44-49.

赵伶俐. 2000. 审美概念理解对审美感性和创造性思维影响的探索性研究. 西南大学博士学位论文.

赵伶俐. 2004. 审美概念认知：科学阐释与实证. 北京：新华出版社.

郑毓煌，董春艳. 2011. 决策中断对消费者自我控制的影响. 营销科学学报，7（1）：27-33.

郅阳. 2013. 百年麦肯广告设计研究. 苏州大学博士学位论文.

钟建安. 2000. 探索心理的奥秘：心理学及应用. 杭州：浙江大学出版社.

周象贤. 2007. 受众卷入的作用机制及其与广告诉求方式的匹配. 华南师范大学博士学位论文.

周象贤. 2009. 广告情感诉求探微. 厦门：厦门大学出版社.

周象贤，金志成. 2006. 情感广告的传播效果及作用机制. 心理科学进展，14（1）：126-132.

朱国玮，肖梦. 2016. 触觉在营销领域的应用与展望. 软科学，9（30）：79-82.

朱健强. 2000. 广告视觉语言. 厦门：厦门大学出版社.

朱立元. 2010. 美学是一门什么样的学科？艺术百家，3：80-86.

朱智贤. 1989. 反映论与心理学. 北京师范大学学报，3：46-52.

Amin M, Olu-Lafe O, Claessen L E, et al. 2011. Understanding grapheme personification: a social synaesthesia? Journal of Neuropsychology, 5: 255-282.

Anderson C M, Martin M M. 1983. The effects of communication motives, interaction involvement, and loneliness on satisfaction: a model of small groups. Small Group Research, 26: 118-137.

Ang S H, Lim E A C. 2006. The influence of metaphors and product type on brand personality perceptions and attitudes. Journal of Advertising, 4: 284-291.

Annie L, Kuljinder D, Dong Q. 1995. The effects of emotional arousal and valence on television viewers' cognitive capacity and memory. Journal of Broadcasting and Electronic Media, 39(3): 313-325.

Aronson S B, Mcmaster P R. 1971. Passive transfer of experimental allergic uveitis. Archives of Ophthalmology, 86（5）：557-563.

Asher J E, Lamb J A, Brocklebank D, et al. 2009. A whole-genome scan and fine-mapping linkage study of auditory-visual synesthesia reveals evidence of linkage to chromosomes. American Journal of Human Genetics, 84: 279-285.

Banissy M J, Stewart L, Muggleton N G, et al. 2012. Grapheme-color and tone-color synesthesia is associated with structural brain changes in visual regions implicated in color, form, and motion. Cognitive Neuroscience, 3（1）：29-35.

Bargary G, Mitchell K J. 2008. Synaesthesia and cortical connectivity. Trends in Neuroscience, 31（7）：335-342.

Barnett K J, Finucane C, Asher J E, et al. 2008. Familial patterns and the origins of individual differences in synaesthesia. Cognition, 106（2）: 871-893.

Barnett K J, Newell F N. 2008. Synaesthesia is associated with enhanced, self-rated visual imagery. Consciousness and Cognition, 17: 1032-1039.

Batra R, Ahtola O T. 1990. Measuring the hedonic and utilitarian sources of consumer attitudes. Marketing Letters, 2（2）: 159-170.

Batra R, Holbrook M B. 1990. Developing a typology of affective responses to advertising. Psychology & Marketing, 7（1）: 11-25.

Batra R, Ray M. 1986. Affective responses mediating acceptance of advertising. Journal of Consumer Research, 13: 234-249.

Baumgartner H, Sujan M, Bettman J R. 1992. Autobiographical memories, affect and consumer information processing. Journal of Consumer Psychology, 1（1）: 53-58.

Beauchamp M S, Ro T. 2008. Neural substrates of sound-touch synesthesia after a thalamic lesion. Journal of Neuroscience, 28: 13696-13702.

Bechara A, Damasio H, Adolphs R, et al. 1995. Double dissociation of conditioning and declarative knowledge relative to the amygdale and hippocampus in humans. Science, 269: 1115-1118.

Beck A T, Steer R A, Brown G K. 1996. Manual for the revised beck depression inventory-Ⅱ. San Antonio: Psychological Corporation.

Beeli G, Esslen M, Jänke L. 2005. Synaesthesia: when coloured sounds taste sweet. Nature, 434（7029）: 38.

Berman G. 1999. Synesthesia and the arts. Leonardo, 32（1）: 15-22.

Bien N, Oever S T, Goebel R, et al. 2012. The sound of size crossmodal binding in pitch-size synesthesia: a combined TMS, EEG and psychophysics study. NeuroImage, 59: 663-672.

Blakemore S J, Bristow D, Bird G, et al. 2005. Somatosensory activations during the observation of touch and a case of vision-touch synaesthesia. Brain, 128（7）: 1571-1583.

Bloch P H, Brunel F F, Arnold T J. 2003. Individual differences in the centrality of visual product aesthetics: concept and measurement. Journal of Consumer Research, 29: 551-565.

Blood A J, Zatorre R J, Bermudez P, et al. 1999. Emotional responses to pleasant and unpleasant music correlate with activity in paralimbic brain regions. Nature Neuroscience, 2（4）: 382-387.

Blood A J, Zatorre R J. 2001. Intensely pleasurable responses to music correlate with activity in brain regions implicated in reward and emotion. Proceedings of the National Academy of Science, 98（20）: 11818-11823.

Borghi A M, Cimatti F. 2005. Embodied cognition and beyond: acting and sensing the body.

Neuropsychologia, 48（3）：763-773.

Bower G H. 1970. Imagery as a relational organizer in associative learning. Journal of Verbal Learning and Verbal Behavior, 9：529-533.

Brang D, Ramachandran V S. 2010. Visual field heterogeneity, laterality, and eidetic imagery in synesthesia. Neurocase, 16：169-174.

Brown S, Patterson A. 2000. Imagining Marketing: Art, Aesthetics and the Avant-Garde. New York: Routledge.

Bulbul C, Menon O. 2010. The power of emotional appeals in advertising the influence of concrete versus abstract affect on time dependent decisions. Journal of Advertising Research, 7：84-92.

Burke M C, Edell J A. 1989. The impact of feelings on ad-based affect and cognition. Journal of Marketing Research, 2：69-83.

Catanescu C, Tom G. 2001. Types of humor in television and magazine advertising. Review of Business, 22（1/2）：92-95.

Cela-Conde C J, Marty G, Maestú F, et al. 2004. Activation of the prefrontal cortex in the human visual aesthetic perception. Proceedings of the National Academy of Sciences of the United States of America, 101（16）：6321-6325.

Charters S, Gallace A. 2011. Multisensory design: reaching out to touch the consumer. Psychology & Marketing, 28（3）：267-308.

Charters S. 2006. Aesthetic products and aesthetic consumption: a review. Consumption Markets Culture, 9（3）：235-255.

Chatterjee A. 2004. Prospects for a cognitive neuroscience of visual aesthetics. Bulletin of Psychology and the Arts, 4：55-60.

Chattopadhyay A, Prakash N. 1992. Does attitude toward the ad endure? The moderating effects of attention and delay. Journal of Consumer Research, 19（6）：307-309.

Chebat J C, Gelinas-Chebat C, Hombourger S, et al. 2003. Testing consumers motivation and linguistic ability as moderators of advertising readability. Psychology & Marketing, 20（7）：599-618.

Chiou R, Rich A N. 2014. The role of conceptual knowledge in understanding synesthesia: evaluating contemporary findings from a "hub-and-spokes" perspective. Frontiers in Psychology, 5：105.

Cho H, Schwarz N. 2010. I like those glasses on you, but not in the mirror: fluency, preference, and virtual mirrors. Journal of Consumer Psychology, 20（4）：471-475.

Cline T W, Altsech M B, Kellaris J J. 2003. When does Humor enhance or inhibit ad response?

The moderating role of the need for humor. Journal of Advertising, 32（3）：31-45.

Clydesdale J. 2004. Functional foods：opportunities and challenges. Food Technology, 58（12）：35-40.

Cochran L, Quester P. 2001. Product involvement and humour in advertising：an australian empirical study. Journal of Asia Pacific Marketing, 3（1）：68-88.

Cohen K R, Henik A, Walsh V. 2009. Synaesthesia：learned or lost? Developmental Science, 12（3）：484-491.

Cohen K R, Henik A. 2007. Can synaesthesia research inform cognitive science? Trends in Cognitive Science, 11：177-184.

Cohen K R, Terhune D B. 2012. Redefining synaesthesia? British Journal of Psychology, 103：20-23.

Cohen S B, Bor D, Billington J, et al. 2007. Savant memory in a man with colour form-number synaesthesia and asperger 976 syndrome. Journal of Consciousness Studies, 14（9/10）：237-251.

Cohen S B, Burt L, Smith L F, et al. 1996. Synaesthesia：prevalence and familiarity. Perception, 25：1073-1079.

Cohen S B, Wyke M A, Binnie C. 1987. Hearing words and seeing colours：an experimental investigation of a case of synaesthesia. Perception, 16：761-767.

Colizoli O, Murre J M, Rouw R. 2013. Pseudo-synaesthesia through reading books with colored letters. PLoS One, 7：97-99.

Coulter R H, Pinto M B. 1995. Guilt appeals in advertising：what are their effects? Journal of Applied Psychology, 80（6）：697-705.

Crawford H J. 1982. Hypnotizability, daydreaming styles, imagery vividness, and absorption：a multidimensional study. Journal of Personality and Social Psychology, 42, ：915-926.

Cretien Van Campen, The Hidden Sense, Cambridge：The MIT Press, 2010.

Cupchik G C, Vartanian O, Crawley A, et al. 2009. Viewing artworks：contributions of cognitive control and perceptual facilitation to aesthetic experience. Brain and Cognition, 70：84-91.

Cytowic R E. 1993. The Man Who Tasted Shapes. New York：Putnam.

Cytowic R E. 1995. Synesthesia：phenomenology and neuropsychology. Psyche, 2（10）：724-729.

Cytowic R E. 2002. Touching tastes, seeing smells and shaking up brain science. Cerebrum, 4：7-26.

Daphne M, Thanujeni P, Catherine J. 2006. The shape of boubas：sound–shape corres- pondences in toddlers and adults. Developmental Science, （3）：227-239.

Day S. 2005. Some demographic and socio-cultural aspects of synesthesia//Robertson L C, Sagiv N. Synesthesia: Perspectives from Cognitive Neuroscience. New York: Oxford University Press: 11-33.

Dehaene-Lambertz G, Hertz-Pannier L, Dubois J, et al. 2006. Functional organization of perisylvian activation during presentation of sentences in preverbal infants. Proceedings of the National Academy of Sciences of the Vnited States of America, 103: 14240-14245.

Deighton J. 1992. The consumption of performance. Journal of Consumer Research, 19 (3): 362-372.

Deroy O, Spence C. 2013. Training, hypnosis, and drugs: artificial synaesthesia, or artificial paradises? Frontiers in Psychology, 4: 660.

Dhar R, Wertenbro K. 2000. Consumer choice between hedonic and utilitarian goods. Journal of Marketing Research, 37: 60-71.

Diessne R, Frost N K, Parsons L. 2008. Engagement with beauty: appreciation. The Journal of Psychology, 142 (3): 303-329.

Dio C D, Macaluso E, Rizzolatti G. 2007. The golden beauty: Brain response to classical and renaissance sculptures. PLos One, 2 (11): e120 1.

Dixon M J, Smilek D, Cudahy C, et al. 2000. Five plus two equals yellow. Nature, 406 (6794): 365.

Dixon M J, Smilek D, Merikle P M. 2004. Not all synaesthetes are created equal: Projector versus associator synaesthetes. Cognitive Affective & Behavioral Neuroscience, 4: 335-343.

Dudley S C. 1999. Consumer attitudes toward nudity in advertising. Journal of Marketing Theory and Practice, 7 (4): 89-96.

Duncan C P, Owen J E 2000. The power of feelings in understanding advertising effects. Journal of Consumer Research, 14: 421-433.

Eagleman D M, Goodale M A. 2009. Why color synesthesia involves more than color. Trends in Cognitive Sciences, 13: 288-292.

Eagleman D M. 2012. Synaesthesia in its protean guises. British Journal of Psychology, 103: 16-19.

Elias L J, Saucier D M, Hardie C, et al. 2003. Dissociating semantic and perceptual components of synaesthesia: Behavioural and functional neuroanatomical investigations. Cognitive Brain Research, 16: 232-237.

Elpers J L CMW, Mukherjee A, Hoyer W D. 2004. Humor in television advertising: A moment-to-moment analysis. Journal of Consumer Research, 31 (3): 592-598.

Escalas J E, Luce M F. 2004. Understanding the effect of process-focused versus outcome- focused thought in response to advertising. Journal of Consumer Research, 31（2）: 264-285.

Esterman M, Verstynen T, Ivry R B, et al. 2006. Coming unbound: Disrupting automatic integration of synesthetic color and graphemes by transcranial magnetic stimulation of the right parietal lobe. Journal of Cognitive Neuroscience, 18（9）: 1570-1576.

Evans K K, Treisman A. 2010. Natural cross-modal mappings between visual and auditory features. Journal of Vision, 10（1）: 1-12.

Faseur T, Geuens M. 2012. On the effectiveness of ego- and other-focused ad-evoked emotions. International Journal of Advertising, 31（3）: 529-546.

Fevre L. 1989. Optimal experience in work and leisure. Journal of Personality and Social Psychology, 5: 815-822.

Fitzgibbon B M, Enticott P G, Rich A N, et al. 2012. Mirror-sensory synaesthesia: Exploring 'shared' sensory experiences as synaesthesia. Neuroscience and Biobehavioral Reviews, 36: 645-657.

Foxe J J, Morocz I A, Murray M M, et al. 2000. Multisensory auditory-somatosensory interactions in early cortical processing revealed by high-density electrical mapping. Brain Res Cogn Brain Res. 10: 77-83.

Galanter P. 2010. Complexity, neuroaesthetics, and computational aesthetic evaluation// 13th. Generative Art Conference, 399-409.

Grazer W F, Keesling G. 1995. The effect of print advertising's use of sexual themes on brand recall and purchase intention: A product specific investigation of male responses. Journal of Applied Business Research, 11（3）: 47-57.

Gregory L W, Cialdini R B, Carpenter K M. 1982. Self-relevant scenarios as mediators of likelihood estimates and compliance: Does imagining make it so? Journal of Personality and Social Psychology, 43（1）: 89-99.

Gresham, Trence A Shimp, et al. 1985. Attitude toward the advertisement and brand attitudes: A classical conditioning perspective. Journal of Advertising, 14（1）: 68-87.

Grossenbacher P G, Lovelace C T. 2001. Mechanisms of synesthesia: cognitive and physiolog-yical constraints. Trends in Cognitive Sciences, 5（1）: 36-41.

Guest D, Conway R. 2002. Communicating the psychological contract: An employer Perspective. Human Resource Management Journal, 12（2）: 22-38.

Hagtvedt H, Hagtvedt R, Patrick V M. 2008. The perception and evaluation of visual art. Empirical Studies of the Arts, 26（2）: 197-218.

Hänggi J, Beeli G, Oechslin M S, et al. 2008. The multiple synaesthete E. S.: Neuroanatomical basis of interval-taste and tone-colour synaesthesia. Neuroimage, 43 (2): 192-203.

Harenski C L, Hamann S. 2006. Neural correlates of regulating negative emotions related to moral violations. Neuroimage, 1: 313-324.

Heilbrun B. 2002. Alessi: Italian design and the re-enchantment of everyday objects//Solomon M, Bamossy G, Askegaard S. Consumer Behavior: A European Perspective. Harlow: Prentice Hall, 569-673.

Henthorne T L, LaTour M S, Natarajan R. 1993. Fear appeals in print advertising: An analysis of arousal and ad response. Journal of Advertising, 22 (2): 59-69.

Hevner R F, Miyashita-Lin E, Rubenstein J L. 2002. Cortical and thalamic axon path finding defects in Tbr1, Gbx2, and Pax6 mutant mice: Evidence that cortical and thalamic axons interact and guide each other. Journal of Comparative Neurology, 447: 8-17.

Hevner R F, Shi L, Justice N, et al. 2001. Tbr1 regulates differentiation of the preplate and layer 6. Neuron, 29: 353-366.

Hirschman E C, Holbrook M B. 1952. Hedonic consumption: Emerging concepts, methods and propositions. Journal of Marketing, 146 (7): 92-101.

Hochel M, Milán E G. 2008. Synaesthesia: The existing state of affairs. Cognitive Neuropsychology, 25 (1): 93-117.

Holbrook M B, Hirschman E C. 1982. The experiential aspects of consumption: Consumer fantasies, feelings, and fun. Journal of Consumer Research, 9: 132-40.

Holbrook M B, Shaughnessy J O. 1984. The role of emotional in advertizing. Psychology & Marketing, 1 (2): 45-64.

Homer P M. 1990. The mediating role of attitude toward the ad: Some additional evidence. Journal of Marketing Research, 27 (2): 347-352.

Howells T H. 1944. The experimental development of color-tone synesthesia. Journal of Experimental Psychology, 34: 87-103.

Hoyer W D, Stokburger-Sauer N E. 2012. The role of aesthetic taste in consumer behavior. Academy of Marketing Science, 40: 167-180.

Huang W X, Xu W G. 2009. Interior color preference investigation using interactive genetic algorithm. Journal of Asian Architecture and Building Engineering, 8: 439-445.

Hubbard E M, Arman A C, Ramachandran V S, et al. 2005. Individual differences among grapheme-color synesthetes: Brain-behavior correlations. Neuron, 45 (6): 975-985.

Hubbard E M, Brang D, Ramachandran V S. 2011. The cross-activation theory at 10. Journal of Neuropsychology, 5: 152-177.

Jäncke L, Beeli G, Eulig C, et al. 2009. The neuroanatomy of grapheme-color synesthesia. European Journal of Neuroscience, 29 (6): 1287-1293.

Jäncke L, Langer N. 2011. A strong parietal hub in the small-world network of coloured hearing synaesthetes during resting state EEG. Journal of Neuropsychology, 5: 178-202.

Jewanski J, Day S A, Ward J. 2009. A colorful albino: The first documented case of synaesthesia by georg tobias ludwig sachs in 1812. Journal of the History of the Neurosciences, 18: 293-303.

Jones C L, Gray M A, Minati L, et al. 2011. The neural basis of illusory gustatory sensations: Two rare cases of lexical-gustatory synaesthesia. Journal of Neuropsychology, 5: 243-254.

Julia O. 2005. Color preference as a function of context. Final Project, 13: 1-19.

Kawabata H, Zeki S. 2004. Neural correlates of beauty. Journal of NeuroPhysiology, 91: 1699-1705.

Keller G B, Block R H. 1997. Neural processing of auditory feedback during vocal practice in a songbird. Nature, 457: 187-190.

Kelly E L. 1934. An experimental attempt to produce artificial chromaesthesia by the technique of the conditioned response. Journal of Experimental Psychology, 17: 315-341.

Kim C. 2002. A study on the application of synesthesia in web banner advertising design. http://www.idemployee.id.tue.nl/g.w.m.rauterberg/Conferences/CD.do Notop.

Krishna A, Elder R S, Caldara C. 2010. Feminine to smell but masculine to touch? Multisensory congruence and its effect on the aesthetic experience. Journal of Consumer Psychology, 20(4): 410-418.

Krishnamurthy P, Sujan M. 1999. Retrospection versus anticipation: The role of the ad under retrospective and anticipatory self-referencing. Journal of Consumer Research, 26 (1): 55-69.

Kusnir F, Thut G. 2012. Formation of automatic letter-colour associations in non-synaesthetes through likelihood manipulation of letter-colour pairings. Neuropsychologia, 50: 3641-3652.

Laeng B, Hugdahl K, Specht K. 2011. The neural correlate of colour distances revealed with competing synaesthetic and real colours. Cortex, 47 (3): 320-331.

Lavack AM, Thakor. MV, Bottausci I. 2008. Music-brand congruency in high and low-cognition radio advertising. International Journal of Advertising, 27 (4): 549-568.

Leader H, Belke B, Oeberst A, et al. 2004. A model of aesthetic appreciation and aesthetic judgments. British Journal of Psychology, 95: 489-508.

Leuba C. 1940. Images as conditioned sensations. Journal of Experimental Psychology, 26:

345-351.

Lewkowicz, D. J 1992. Development of intersensory functions in human infancy: Auditory visual interactions. Newborn Attention.New Jersey (Ablex). 420-434.

Liebermann, Flint-Goor A. 1996. Message strategy by product-class type: A matching model. International Journal of Research in Marketing, 13: 237-249.

Locher P, KruPinski E A, Mello T C, et al. 2008. Visual interest in pictorial art during an aesthetic experience. Spatial Vision, 21: 55-77.

Lohse G L, Wu D J. 2001. Eye movement patterns on chinese yellow pages advertising. Electronic Markets, 11 (2): 87-96.

Lohse G. 1997. Consumer eye movement patterns on yellow pages advertising. Journal of Advertising, 26 (1): 61-73.

Lugo, et al. 2008. Trains: Realistic joint traffic and network simulator for vanes. Acm Sigmobile Mobile Computing and Communications Review, 12 (1): 31-33.

MacKenzie S B, Lutz R J. 1982. Monitoring Advertising Effectiveness: A Structural Equation Analysis of the Mediating Role of Attitude toward the Ad. Working Paper Series, Center for Marketing Studies, University of California, Los Angeles, 94.

Maclaran P, Brown S. 2005. The center cannot hold: Consuming the utopian marketplace. Journal of Consumer Research, 32 (1): 311-323.

Madden T J, Weinberger M G. 1984. Humor in advertising: A practitioner view. Journal of Advertising Research, 24 (4): 23-29.

Madzharov A V, Block L G. 2010. Effects of product unit image on consumption of snack foods. Journal of Consumer Psychology, 20 (4): 153-157.

Martin B A S, Bodo L, Stephanie W, et al. 2003. Conclusion explicitness in advertising: The moderating role of need for cognition (NFC) and argument quality (AQ) on persuasion. Journal of Advertising, 32 (4): 57-65.

Martin B A S, Wentzel D, Tomczak T. 2008. Effects of susceptibility to normative influence and type of testimonial on attitudes toward print advertising. Journal of Advertising, 26 (3): 29-43.

Martino G, Marks L E. 2001. Synesthesia: Strong and weak. Current Directions in Psychological Science, 10 (2): 61-65.

Mattingley J B, Rich A N, Yelland G, et al. 2001. Unconscious priming eliminates automatic binding of colour and alphanumeric form insynaesthesia. Nature, 410: 580-582.

Maurer D, Mondlach C J. 2005. Neonatal synesthesia: A reevaluation//Robertson L C, Sagiv S.

Synesthesia: Perspectives from Cognitive Neuroscience. New York: Oxford University Press, 193-213.

McCandliss B D, Cohen L, Dehaene S. 2003. The visual word form area: Expertise for reading in the fusiform gyrus. Trends Cognition Science, 7: 293-297.

McQuarrie E F, Munson J M. 1992. A revised product involvement inventory: improved usability and validity. Advances in Consumer Research, 19: 108-115.

Meier B, Rothen N. 2009. Training grapheme-colour associations produces a synaesthetic Stroop effect, but not a conditioned synaesthetic response. Neuropsychologia, 47 (4): 1208-1211.

Meltzoff A, Borton R. 1979. International matching by human neonates. Nature, 31: 251-260.

Mesz B, Trevisan M A, Sigman M. 2011. The taste of music. Perception, 40: 209-219.

Milan E G, Hochel M, Gonzalez A, et al. 2007. Experimental study of phantom colors in a colorblind synaesthete. Journal of Consciousness Studies, 14: 75-95.

Miller S M, et al. 2000. Pettigrew. Current Biology, 7: 247-272.

Miniard P W Rose R L, Barone M J, et al. 1993. On the need for relative measure when assessing comparative advertising effects. Journal of Advertising, 22: 41-57.

Mitchell A A. 1986. The effect of verbal and visual components of advertisements on brand and attitude toward advertising. Journal of Consumer Research, 13 (6): 109-111.

Mittal B, Lee M S. 1988. Separating brand choice involvement from product involvement via consumer involvement profiles. Advances in Consumer Research, 15: 43-49.

Moore R E, Keaton C, Watts C. 2000. The role of pitch memory in pitch discrimination and pitch matching. Journal of Voice, 21 (5): 560-567.

Muehling D D, Sprott D E. 2004. The power of reflection: An empirical examination of nostalgia advertising effects. Journal of Advertising, 33 (3): 25-35.

Muggleton N, Tsakanikos E, Walsh V, et al. 2007. Disruption of synaesthesia following TMS of the right posterior parietal cortex. Neuropsychologia, 45 (7): 1582-1585.

Mundell H. 1993. How the color mafia chooses your clothes. American Demographics, 11: 21-23.

Murray J B. 2002. The politics of consumption: A re-inquiry on Thompson and Haytko's (1997) "Speaking of Fashion." Journal of Consumer Research, 29: 427-440.

Nadal M, Pearce M T. 2011. The copenhagen neuroaesthetics conference: Prospects and pitfalls for an emerging field. Brain and Cognition, 76: 172-183.

Nader K, Hardt O. 2009. A single standard for memory: The case for reconsolidation. Nature Review Neuroscience, 10: 224-234.

Nelson M R, Hitchon J C. 1995. Theory of synesthesia applied to persuasion in print advertising headlines. Journalism and Mass Communication Quarterly, 72（2）: 346-360.

Niccolai V, Wascher E, Stoerig P. 2012. Distinct neural processes in grapheme–colour synaesthetes and semantic controls. European Journal of Neuroscience, 36: 3593-3601.

Novich S, Cheng S, Eagleman D M. 2011. Is synaesthesia one condition or many? A largescale analysis reveals subgroups. Journal of Neuropsychology, 5: 353-371.

Nunn J A, Gregory L J, Brammer M, et al. 2002. Functional magnetic resonance imaging of synesthesia: Activation of V4/V8 by spoken words. Nature Neuroscience, 5（4）: 371-375.

Odgaard E C, Flowers J H, Bradman H L. 1999. An investigation of the cognitive and perceptual dynamics of a colour-digit synaesthete. Perception, 28: 651-664.

Okada E M. 2005. Justification effects on consumer choice of hedonic and utilitarian goods. Journal of Marketing Research, 42: 43-53.

Patterson K, Nestor P J, Rogers T T. 2007. Where do you know what you know? Nature Reviews Neuroscience, 8: 976-987.

Parkhaust D J, Niebur E. 2004. Texture contrast attracts overt visual attention in natural scenes. European Journal of Neuroscience, 19（3）: 783-789.

Paulesu E, Harrison J, Cohen S B, et al. 1995. The physiology of coloured hearing a PET activation study of colour-word synaesthesia. Brain, 118（3）: 661-676.

Pelsmacker P, Geuens M. 1997. Emotional appeals and information cues in belgian magazine advertisments. International Journal of Advertising, 16（2）: 123-147.

Petty R E, Cacioppo J T, Schumann D. 1983. Central and peripheral routes to advertising effectiveness: The moderating role of involvement. Journal of Consumer Research, 10（2）: 135-146.

Petty R E, Heesacker M, Hughes J N. 1997. The elaboration likelihood model: Implications for the practice of school psychology. Journal of School Psychology, 35（2）: 107-136.

Pham M T. 1998. Representativeness, relevance, and the use of feelings in decision making. Journal of Consumer Research, 25（2）: 144-159.

Pilotta J J, Schultz D. 2005. Simultaneous experience and synesthesia. Journal of Advertising Research, 3: 19-26.

Polyorat K Alden D L. 2005. Self construal and need-for-cognition effects on brand attitudes and purchase intentions in responses to comparative advertising in Thailand and the United States. Journal of Advertising, 34（1）: 37-48.

Prescott J. 2012. Chemosensory learning and flavour: perception, preference and intake. Physiology & Behavior, 4: 1-8.

Rader C M, Tellegen A. 1987. An investigation of synesthesia. Journal of Personality and Social Psychology, 52: 981-987.

Radvansky G A, Gibson B S, Mc Nerney M W. 2011. Synesthesia and memory: Color congruency, von restorff, and false memory effects. Journal of Experimental Psychology, Learning, Memory, and Cognition, 37: 219-229.

Ramachandran V S, Hubbard E M, Butcher P A. 2004. Synesthesia, cross-activation, and the foundations of neuroepistemology//Calvert G, Spence C, Stein B E. The Handbook of Multisensory Processes. Cambridges: MIT Press, 867-883.

Ramachandran V S, Hubbard E M. 2001. Psychophysical investigations into the neural basisof synaesthesia. Proceedings of the Royal Society Biological Sciences Series B, 268 (1470): 979-983.

Ramachandran V S, Hubbard E M. 2001. Synaesthesia: A window into perception, thought and language. Journal of Consciousness Studies, 8 (12): 3-34.

Reed S K. 1972. Psychological Processes in Pattern Recognition. New York: Academic Press.

Reimann M, Zaichkowsky J, Neuhaus C, et al. 2010. Aesthetic package design: A behavioral, neural, and psychological investigation. Journal of Consumer Psychology, 20: 431-441.

Ren Y. 2007. The changing visual representation in digital era. Journal of International Communication, (2): 16-20.

Resnik A, Stern B L. 1977. An analysis of information content in television advertising. Joural of Marketing, 41 (1): 50-53.

Robertson L C. 2003. Binding, spatial attention and perceptual awareness. Nature Reviews: Neuroscience, 4: 93-102.

Rocchi B, Stefani G. 2005. Consumers' perception of wine packaging: A case study. International Journal of Wine Marketing, 18 (1): 33-44.

Rogowska A. 2011. Categorization of synaesthesia. Review of General Psychology, 15 (3): 213-227.

Rolls, Baylis. 1994. Gustatory, factory, and visual convergence within the primate orbit frontal cortex. The Journal of Neuroscience, 14 (9): 67-79.

Ronga I, Bazzanella C, Rossi F, et al. 2012. Linguistic synaesthesia, perceptual synaesthesia, and the interaction between multiple sensory modalities. Pragmatics and Cognition, 20 (1): 135-167.

Rothen N, Meier B. 2014. Acquiring synaesthesia: Insights from training studies. Frontiers in Human Neuroscience, 8: 109-122.

Rothen N, Meier B, Ward J. 2012. Enhanced memory ability: Insights from synaesthesia.

Neuroscience and Biobehavioral Reviews, 5: 12-24.

Rothen N, Wantz A L, Meier B. 2011. Training synaesthesia. Perception, 40: 1248-1250.

Rouw R, Scholte H S, Colizoli O. 2011. Brain areas involved in synaesthesia: A review. Journal of Neuropsychology, 5: 214-242.

Rouw R, Scholte H S. 2007. Increased structural connectivity in grapheme-color synesthesia. Nature Neuroscience, 10(6): 792-797.

Rouw R, Scholte H S. 2010. Neural basis of individual differences in synesthetic experiences. Journal of Neuroscience, 30(18): 6205-6213.

Rouw R. 2011. "Special cases": Neural mechanisms and individual differences in synaesthesia. Journal of Neuropsychology, 5: 145-151.

Ruth J A. 2001. Promoting a brand's emotion benefits: the influence of emotion categorization processes on consumer evaluations. Journal of Consumer Psychology, 11(2): 99-113.

Sakamoto M, Utsumi A. 2009. Cognitive effects of synesthetic metaphors evoked by the semantic interaction//Proceeding of the 31st annual meeting of the cognitive science society, 1593-1598.

Sakamoto M, Utsumi A. 2010. The role of event knowledge on comprehending synesthetic metaphors//Proceeding of the 32st annual meeting of the cognitive science society, 1898-1903.

Salzinger J. 2010. The sweet smell of red—an interplay of synaesthesia and metaphor in language. Metaphorik. de, 18: 57-91.

Scholz J, Klein M C, Behrens T E J, et al. 2009. Training induces changes in white-matter architecture. Nature Neuroscience, 12(11): 1370-1371.

Schroeder J E. 2002. Visual Consumption. New York: Routledge.

Scott L M. 1994. Images in advertising: The need for a theory of visual rhetoric. Journal of Consumer Research, 21: 252-273.

Shimp T A, Stuart E W. 2004. The role of disgust as an emotional mediator of advertising effects. Journal of Advertising, 33(1): 43-53.

Shing Y L, Werklebergner M, Li Sc, et al. 2008. Associative and strategic components of episodic memory: A lifespan dissociation. Journal of Experimental Psychology General, 137(3): 495-513.

Simer J, Holenstein E. 2007. Original linguistic personification as a variant of synaesthesia. Journal of Cognitive Neuroscience, 19: 694-703.

Simner J, Harrold J, Creed H, et al. 2009. Early detection of markers for synaesthesia in childhood populations. Brain, 132: 57-64.

Simner J, Hubbard E M. 2006. Variants of synesthesia interact in cognitive tasks: evidence for implicit associations and late connectivity in cross-talk theories. Neuroscience, 143: 805-814.

Simner J, Mulvenna C, Sagiv N, et al. 2006. Synaesthesia: The prevalence of atypical cross-modal experiences. Perception, 35: 1024-1033.

Simner J. 2007. Beyond perception: Synaesthesia as a psycholinguistic phenomenon. Trends in Cognitive Sciences, 11: 23-29.

Simner J, Brain A E. 2013. A longitudinal study of grapheme—color synesthesia in childhood: 6/7 years to 10/11 years. Frontiers in Human Neuroscience, 7: 603.

Simner J. 2012. Defining synaesthesia. British Journal of Psychology, 103: 1-15.

Simonson I, Carmon Z, Dhar R. 2001. Consumer research: In search of identity. Annual Review of Psychology, 52: 249-275.

Smilek D, Dixon M J, Cudahy C, et al. 2001. Synaesthetic photisms influence visual perception. Journal of Cognitive Neuroscience, 13(7): 930-936.

Solso R L, Maclin M K, Maclin O H. 2004. Cognitive Psychology. Beijing: Peking University Press.

Spangenberg E R, Grohmann B, et al. 2005. It's beginning to smell (and sound) a lot like Christmas: The interactive effects of ambient scent and music in a retail setting. Journal of Business, 42(5): 346-363.

Specht K, Laeng B. 2011. An independent component analysis of fMRI data of grapheme-colour synaesthesia. Journal of Neuropsychology, 5: 203-213.

Spector F, Maurer D. 2009. Synesthesia: A new approach to understanding the development of perception. Developmental Psychology, 45(1): 175-189.

Spence C, Deroy O. 2012. Crossmodal correspondences: Innate or learned? I-Perception, 3: 316-318.

Sperling J M, Prvulovic D, Linden D E J, et al. 2006. Neuronal correlates of colour-graphemic synaesthesia: A fMRI study. Cortex, 42(2): 295-303.

Spotts H E, Weinberger M G, Parsons A L. 1997. Assessing the use and impact of humor on advertising effectiveness: A contingency approach. Journal of Advertising, 26(3): 17-32.

Steven M S, Hansen P C, Blakemore C. 2006. Activation of color-selective areas of the visual cortex in a blind synesthete. Cortex, 42(2): 304-308.

Sujan M, Bettman J R, Baumgartner H. 1993. Influencing consumer judgments using autobiographical memories: A self-referencing perspective. Journal of Marketing Research, 30(4): 422-436.

Thompson C J, Haytko D L. 1997. Speaking of fashion: Consumers' uses of fashion discourses and the appropriation of countervailing cultural meanings. Journal of Consumer Research, 24: 15-42.

Tomson S N, Avidan N, Lee K, et al. 2011. The genetics of colored sequence synesthesia: Suggestive evidence of linkage to 16q and genetic heterogeneity for the condition. Behavioural Brain Research, 223: 48-52.

Treisman A M, Gelade J. 1980. Contextual cues in selective listening. Quarterly Journal of Experimental Psychology, 12: 242-248.

Turkewitz L J, Casaly J S, Dawson G A. 1992. Phenelzine therapy for headache patients with concomitant depression and anxiety. Pub Med, 169: 203-207.

van Leeuwen T M, Petersson K M, Hagoort P. 2010. Synaesthetic colour in the brain: Beyond colour areas. A functional magnetic resonance imaging study of synaesthetes and matched controls. Plos One, 5 (8): 2074.

Vaughn R. 1980. How advertising works: A planning model. Journal of Advertising Research, 20 (5): 27-33.

Vaughn R. 1986. How advertising works: A planning model revisited. Journal of Advertising Research, 26 (1): 57-63.

Villemure C, Wassimi S, Bennett G J, et al. 2006. Unpleasant odors increase pain Processing in a patient with neuropathic pain: Psychophysical and fMRI investigation. Pain, 120(1-2): 213-220.

Voss K E, Spangenberg E R, Grohmann B. 2003. Measuring the hedonic and utilitarian dimensions of consumer attitude. Journal of Marketing Research, 8: 310-320.

Walsh L M, Toma R B, Tuveson R V, et al. 1990. Color preference and food choice among children. Journal of Psychology, 124: 645-653.

Ward J, Huckstep B, Tsakanikos E. 2006. Sound-colour synaesthesia: To what extent does it use cross-modal mechanisms common to us all? Cortex, 42: 264-280.

Ward J, Jonas C, Dienes Z, et al. 2010. Grapheme-colour synaesthesia improves detection of embedded shapes, but without pre-attentive "pop-out" of synaesthetic colour. Proceedings of the Royal Society B, 277: 1021-1026.

Ward J, Li R, Salih S, et al. 2007. Varieties of grapheme-colour synaesthesia: A new theory of phenomenological and behavioural differences. Consciousness and Cognition, 16: 913-931.

Ward J, Simner J. 2003. Lexical-gustatory synaesthesia: Linguistic and conceptual factors. Cognition, 89: 237-261.

Ward J. 2004. Emotionally mediated synaesthesia. Cognitive Neuropsychology, 21: 761-772.

Wagner K, Dobkins K R. 2011. Synaesthetic associations decrease during infancy. Psychological Science, 22, 1067-1072.

Weiermann B, Meier B. 2012. Implicit task sequence learning with auditory stimuli. Journal of Cognitive Psychology, 24(4): 468-475.

Weiss P H, Fink G R. 2009. Grapheme-c olour synaesthetes show increased grey matter volumes of parietal and fusiform cortex. Brain, 132(1): 65-70.

Weiss P H, Shah J N, Toni I, et al. 2001. Associating colours with people: A case of chromatic-lexical synaesthesia. Cortex, 37: 750-753.

Weiss P H, Zilles K, Fink G R. 2005. When visual perception causes feeling: Enhanced cross-modal processing in grapheme-color synesthesia. NeuroImage, 28(4): 859-868.

Yoon K, Laczniak R N, Muehling D D. 1995. A revised model of advertising processing: extending the dual mediation hypothesis. Journal of Current Issues and Research in Advertising, 17: 151-175.

Zaichkowsky J L. 1994. The personal involvement inventory: Reduction, revision, and application to advertising. Journal of Advertising, 23(4): 59-70.

Zajone R B, Markus H. 1982. Affective and cognitive factors in preferences. Journal of Consumer Research, 9: 123-131.

Zajone R B. 1994. On the primacy of affect. American Psychology, 23(4): 117-123.

Zampini M, Mawhinney S, Spence C. 2006. Tactile perception of the roughness of the end of a tool: What role does tool handle rough ness Play? Neuroscience Letters, 400(3): 176-181.

Zeki S, Watson J D, Lueck C J, et al. 1991. A direct demonstration of functional specialization in human visual cortex. Journal of Neuroscience, 11: 641-649.

Zeki S. 1990. A century of cerebral achromatopsia. Brain, 113: 1721-1777.

Zellner D A, Whitten L A. 1999. The effect of color intensity and appropriateness on color-induced odor enhancement. American Journal of Psychology, 112: 588-604.

Zellner D A. 2005. Masculinity/femininity of fine fragrances affectscolor-odor correspondences: Acase for cognitions influencing cross-modal correspondences. Chemical Senses, 33(2): 211-222.